Martini   Handball

BLV Sporthandbuch:

Handball
Technik · Taktik · Methodik

Karl Martini

BLV Verlagsgesellschaft
München Wien Zürich

Zum Autor:

Karl Martini absolvierte eine Sportlehrerausbildung an der Sporthochschule in Bukarest/Rumänien. Danach wurde er an ein rumänisches Sportleistungszentrum für Schüler berufen, an dem er als Lehrer für Handball tätig war. In Rumänien trainierte er die Junioren-Nationalmannschaft der Handballer. Seine eigene sportliche Karriere krönte er mit einer Rumänischen Meisterschaft. 1972 kam er nach Deutschland. Seit vielen Jahren bildet er am Sportzentrum der Technischen Universität München angehende Sportlehrer in Handball aus.

Bildnachweis:

BLV Archiv Sport:
D. Birkner S. 4, 10, 13, 15, 16, 17, 18, 21, 26, 28, 58/59, 75, 81, 91, 93, 105, 106, 116, 146, 168, 170, 172, 173, 174
J. Kemmler S. 18, 19, 20, 23, 24, 25, 27, 29, 30, 31, 32, 33, 34, 36, 37, 38, 39, 40, 41, 42, 44, 46, 47, 48, 49, 50, 52, 54, 56/57, 60, 61, 62, 63, 64, 66/67, 68, 70/71, 72, 74, 76, 77, 79, 80, 86, 87, 88, 89, 92, 94, 96, 97, 98/99, 101, 102, 103, 104, 107, 108, 109, 114, 115

Klaus Weingärtner S. 2, 8, 55, 69, 82, 83, 85, 113, 124

Maria Mühlberger S. 137

Demonstration:

Mathias Anthuber
Dieter Buschbeck
Jochen Frank
Hrvoje Horvat
Werner Kämmerer
Robert Kofler
Peter Lechner
Karl Martini
Richard Mayr
Rainer Olbert
Siegfried Roch
Wolfgang Sommerfeld

Titelbild: M. Mühlberger

Zeichnungen: Hellmut Hoffmann

© 1980, BLV Verlagsgesellschaft mbH, München

Gesamtherstellung: Passavia Passau

Printed in Germany

ISBN 3-405-12085-3

CIP-Kurztitelaufnahme der Deutschen Bibliothek

Martini, Karl:
Handball: Technik, Taktik, Methodik / Karl Martini. [Zeichn.: Hellmut Hoffmann]. – München, Wien, Zürich: BLV Verlagsgesellschaft, 1980.
 (BLV-Sporthandbuch)
 ISBN 3-405-12085-3

Inhalt

Taktik 117

Die Angriffstaktik 117

Die Angriffsphasen 117

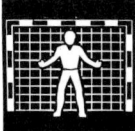

Vorwort

Weitgehende Kenntnisse über Technik und Taktik des Handballspiels muß jeder besitzen, der mit diesem Spiel in Berührung kommt. Immer wieder konnte ich feststellen, daß Aktive, Sportlehrer, Trainer, Übungsleiter, Studenten und Schiedsrichter für eine ausführliche Darstellung der technischen und taktischen Elemente des Handballspiels dankbar wären. Das ist der Gedanke, der diesem Buch zugrunde liegt: durch umfangreiches, optimales Bild- und Grafikmaterial und präzise Beschreibungen das wichtige »Handwerkszeug« des Handballspielers zu vermitteln.

Technik und Taktik werden genau systematisiert, die zum Teil komplizierten Bewegungsabläufe eingehend beschrieben und es wird ein methodischer Weg zum Erlernen der technischen und taktischen Verfahren vorgeschlagen. Einzelbilder, Bildserien, Skizzen und Bewegungsbeschreibungen sollen dazu beitragen, klare Vorstellungen von der Technik und Taktik des Handballspiels zu geben. Weiter soll dieses Buch den Leser dazu anregen, sich kritisch mit seinem Inhalt und dem eigenen Kenntnisstand auseinanderzusetzen, um so den Fortschritt in diesem schönen Mannschaftsspiel zu unterstützen. Nicht zuletzt gilt es, den Leser anzuregen, sich über die Terminologie in der deutschen Handball-Literatur und -Praxis Gedanken zu machen. In diesem Buch werden soweit wie möglich die Vorschläge des DHB (Deutscher Handball-Bund) berücksichtigt. Noch ist es offenbar nicht gelungen, sich auf eine einheitliche, verbindliche Terminologie festzulegen. Zweifelsohne wäre das eine wichtige Aufgabe für die Zukunft.

Das Buch ist in drei Hauptkapitel gegliedert: Technik, Taktik und Torwart. Durch eine starke Untergliederung der einzelnen Kapitel wird es dem Leser erleichtert, sich zurechtzufinden. Auf Übungsbeispiele zum Erlernen der Technik und Taktik wurde weitgehend verzichtet, da einerseits die Handball-Literatur genügend Material beinhaltet und andererseits Übungsreihen für jedes behandelte Technik- und Taktikelement den Rahmen dieses Buches bei weitem gesprengt hätte. Als Grundlage für dieses Buch diente die rumänische Handballschule, im besonderen die Arbeiten von Professor Ioan Kunst-Ghermanescu, dessen Student ich an der Sporthochschule in Bukarest war.

Besonderer Dank gilt den Spielern, die sich freundlicherweise für die Demonstration zur Verfügung gestellt haben.

Karl Martini

Der Weltmeister 1978: die Mannschaft der Bundesrepublik Deutschland.

9

Technik

Unter Technik des Handballspiels verstehen wir die Gesamtheit der spezifischen motorischen Fertigkeiten, die sich (unter Berücksichtigung der Spielregeln) auf die Handhabung des Balles und die Bewegungen des Spielers beziehen, mit dem Ziel, Maximalleistung im Spiel zu errreichen.
(Zitat: Vick, W./Busch, H./Fischer, G./Koch R.: Schulung des Hallenhandballs, Teil 2)

Die technischen Elemente

Die Technik beinhaltet die Elemente, die spezifisch sind für den Angriff, die Abwehr und den Torwart.

Der Angriff

■ Grundstellung
■ Bewegungen des Spielers auf dem Spielfeld
■ Annehmen des Balles (Fangen)
■ Halten des Balles
■ Werfen (Zuspielen) des Balles
■ Führen des Balles
■ Torwurf
■ Finten (Täuschbewegungen)
■ Abspiel, Abwurf vom Tor.

Die Abwehr

■ Grundstellung
■ Bewegungen des Spielers auf dem Spielfeld
■ Körpereinsatz in der Abwehr
■ Erkämpfen und Herausspielen des Balles
■ Blocken der Torwürfe.

Der Torwart

■ Grundstellung
■ Bewegungen im Tor

■ Fangen des Balles
■ Abwehren des Balles
■ Finten des Torwartes.

Die Bezeichnungen der technischen Elemente sind theoretische Oberbegriffe, die Allgemeines über die Bewegungen beim Handballspiel aussagen. Beispiel: der Begriff »Zuspiel« sagt aus, daß der Ball durch eine handballspezifische Bewegung von einem zum anderen Spieler geworfen wird. Wie das aber praktisch abläuft, beinhaltet der Begriff »Zuspiel« nicht. Dieses erfahren wir erst durch das technische Verfahren.

Die technischen Verfahren

Die Beschreibung des technischen Verfahrens präzisiert den allgemeineren Begriff des technischen Elementes. Beispiel: das spezielle technische Verfahren eines Zuspiels könnte »das Zuspielen des Balles aus dem Stand mit einer Hand« sein. Alle technischen Elemente (als theoretische Begriffe) umfassen mehrere technische Verfahren. Das »Zuspiel« als technisches Element umfaßt eine Vielzahl von technischen Verfahren, zum Beispiel:

■ Einhändiges Zuspiel mit Schlagwurf aus dem Stand
■ Einhändiges Zuspiel mit Schlagwurf aus dem Lauf, Sprung
■ Beidhändiges Zuspiel mit Druckwurf aus Brusthöhe aus dem Lauf oder Stand.

Daraus folgt, daß in der Praxis des Handballspieles keine technischen Elemente, sondern nur technische Verfahren ausgeführt werden.
Man unterscheidet einfache und zusammengesetzte (komplexe) technische Verfahren.

Durchbruchsversuch von Joachim Deckarm, kraftvoll und dynamisch wie wir ihn von vielen Spielen her kennen.

11

Die einfachen technischen Verfahren

sind unveränderbare und automatisierte Bewegungen. Sie laufen immer unter fast gleichen Bedingungen ab, haben eine Ausgangsstellung, einen bestimmten Bewegungsablauf und eine Endstellung. Sie laufen in einem bestimmten Rhythmus, Schnelligkeit und Schwingungsweite (Amplitude) ab. Einfache technische Verfahren sind zum Beispiel:
■ Der Schlagwurf aus dem Stand
■ Der frontale Fallwurf
■ Die einfache Antrittsfinte.
Sie treten als solche meist nur beim analytischen Erlernen der Technik und in bestimmten Spielsituationen auf. Zum Beispiel der Schlagwurf aus dem Stand beim An-, Ein-, Eck- und Freiwurf, der frontale Fallwurf beim 7-m-Wurf.

Die zusammengesetzten (komplexen) technischen Verfahren

sind aneinandergereihte, einfache technische Verfahren, die zwar ihre allgemeine Struktur beibehalten, aber sich mit ihrem Rhythmus, Schnelligkeit, Kraft, Amplitude den konkreten Bedingungen auf dem Spielfeld anpassen. Das schnelle, situationsgerechte Aneinanderreihen einfacher zu komplexen technischen Verfahren zeichnet den Spielvirtuosen aus. Ein komplexes technisches Verfahren könnte folgendermaßen aussehen:
Ballannahme, Antrittsfinte nach links, rechts, am Gegner vorbeigehen, Sprungwurffinte, Sprungtippen im Landen, Torwurf mit einem Seitfallwurf zur Wurfarmseite.
Auf diese Art »erfindet« ein guter Spieler, situationsbezogen, immer neue komplexe technische Verfahren, die er zwar vorher nie

ausgeführt hat, aber dank seiner Gewandtheit aus seinem »technischen Vorrat« immer wieder zusammensetzen kann. Das heißt: je größer dieser technische Vorrat ist, um so leichter kann ein Spieler situationsgerecht handeln.

Der Stil

Große Spielerpersönlichkeiten führen, bedingt durch ihre intellektuellen und physischen Fähigkeiten und morphologischen Eigenheiten, die technischen Verfahren auf eine ganz besondere, nur ihnen eigene Art aus. Diese individuelle Note in der Ausführung der Technik nennt man »persönlichen Stil«. Entstehen durch den persönlichen Stil neue Bewegungsvarianten eines technischen Verfahrens, die mit Erfolg, auch von anderen Spielern, in bestimmten Situationen übernommen werden, können sich daraus neue technische Verfahren entwickeln. Der betreffende Spieler trägt dann zur Weiterentwicklung der Technik bei. Auf diese Art hat im Laufe der Zeit die Technik in allen Sportarten ihren heutigen Stand erreicht. Es muß aber darauf hingewiesen werden, daß fehlerhafte Ausführungen, bedingt durch physische oder Koordinationsmängel, nicht als Stil angesehen werden können. Stil setzt unbedingt korrekte Struktur und Form der Bewegung voraus.

Die Angriffstechnik

Die Angriffstechnik umfaßt alle technischen Verfahren, die ein Spieler im Angriff verwendet.

Alle Beschreibungen von technischen Verfahren sind auf Rechtshänder bezogen.

Die Grundstellung

Wie bei den meisten Sportspielen, gibt es auch beim Handball eine Grundstellung. Diese Grundstellung gilt als Ausgangsstellung für alle Bewegungen und Handlungen eines Spielers. Die Bewegungen und die »technischen Verfahren« werden durch sie erleichtert und begünstigt.
Die Grundstellung wird insbesondere beim Annehmen und Abgeben des Balles, Antreten, Stoppen, Täuschen und Torwurf eingenommen.

Bewegungsablauf:
Bei der Ballannahme wendet sich der Spieler der Richtung zu, aus der der Ball kommen wird. Die Beine sind schulterbreit gegrätscht. Das entgegengesetzte Bein des Wurfarmes ist vorgestellt. Alle Gelenke, beginnend mit dem Knöchel, Knie, Hüfte sind leicht gebeugt. Die Schultern werden vorgeschoben, so daß der Rücken leicht gerundet wird. Die Arme, mit fangbereiten Handflächen, werden dem Ball locker, leicht angewinkelt im Ellbogengelenk entgegengestreckt. Auch nach der Ballannahme wird diese Stellung beibehalten, da aus ihr verschiedene Bewegungen mit dem Ball (Stoßbewegung, Täuschen, Zuspiel, Torwurf)

1

Das Sprinten

Das Sprinten über kürzere (5 m) oder längere Strecken (20 bis 30 m) wird hauptsächlich beim Gegenstoß, erweiterten Gegenstoß, gebundenen oder freien Laufspiel verwendet. Erschwert wird im Handball das Sprinten durch das Mitführen des Balles. Der Spieler muß während des Sprintens außerdem noch verschiedene taktische Aspekte beachten und zusätzlich noch den Gegner beobachten.

Das Stoppen

Das Stoppen verwendet der Angreifer, um aus schnellem Lauf plötzlich abzubremsen und so seinen direkten Gegenspieler für einige Augenblicke abzuschütteln. Für Sekunden oder Sekundenbruchteile ist der Spieler ungedeckt und kann abspielen oder auf das Tor werfen. Das Stoppen kann durch ein bis zwei Bremsschritte oder einen kleinen Sprung auf beide Beine erfolgen. Dem Stoppen ist große Aufmerksamkeit zu widmen, da von der korrekten Ausführung oft weitere Spielhandlungen, besonders mit Ball, abhängen.

Das Rückwärts- und Seitwärtslaufen

Das Rückwärts- und Seitwärtslaufen ist ein technisches Verfahren, mit dessen Hilfe der Spieler sich am Zusammenspiel seiner Mannschaft beteiligt, ohne dabei den Überblick über das Spielgeschehen und den Gegner zu verlieren.
Es ist eigentlich kein richtiges Laufen, sondern ein Gleiten mit kleinen Schritten und Nachstellschritten, abhängig vom eigenen Angriffsspiel und vom Verhalten des Gegners. Dabei ist der Spieler durch die Grundstellung immer in der Lage, den Ball richtig

leichter, schneller und sicherer ausgeführt werden können. Man kann sich einen guten Spieler ohne diese Grundstellung gar nicht vorstellen (Abb. 1).
Das Erlernen der Grundstellung geht gleichzeitig mit dem Lernen des Ballfangens und Ballwerfens vor sich. Durch Erklären und Demonstration durch den Lehrer gewinnt der Schüler zunächst eine richtige Vorstellung von der Grundstellung. Dann wird die Grundstellung in Verbindung mit dem Ballfangen und -werfen geübt, bis die Grundstellung automatisiert ist.

Die Bewegungen des Spielers auf dem Spielfeld

Unter »Bewegungen des Spielers auf dem Spielfeld« verstehen wir eine Fülle von technischen Verfahren, mit deren Hilfe sich der Spieler auf dem Spielfeld, ohne und mit Ball, bewegt, um am Spiel teilzunehmen. Dieses setzt eine fleißige und gewissenhafte Vorbereitung voraus, um den Anforderungen gewachsen zu sein.
Es handelt sich um folgende Bewegungen:
- Starten und Antreten
- Sprinten über 5 bis 30 m
- Stoppen
- Rückwärts- und Seitwärtslaufen
- Richtungsänderungen
- Springen
- Bücken.

Das Starten und Antreten

Das Starten und Antreten setzt der Spieler ein, um sich vom Gegner lösen oder kurz in den freien Raum zu starten, damit er angespielt werden kann, um aufs Tor zu werfen oder anderweitig am Spielgeschehen teilzunehmen.

zu fangen, weiterzuleiten und der Situation entsprechend sich schnell und zweckmäßig zu bewegen. Wir unterscheiden zwei Arten der Bewegung:

1. **Das Seitwärts- und Rückwärtsgleiten mit Nachstellschritten**
Bewegungsablauf: Dabei werden kleine Schritte so ausgeführt, daß immer mindestens ein Fuß den Boden berührt (nicht springen) und der Schwerpunkt des Körpers sich möglichst auf einer Horizontalen, d. h. ohne große Schwankungen auf- und abwärts, bewegt. Die Beine werden nur dann gekreuzt, wenn mit Hilfe des Kreuzens eine Richtungsänderung vorgenommen werden soll.

2. **Der normale Rückwärtslauf**
Bewegungsablauf: Das Rückwärtslaufen soll so ausgeführt werden, daß das Gleichgewicht des Körpers nicht gestört wird. Ein Fuß hat ständig dabei Kontakt mit dem Boden; das beginnt mit den Zehenspitzen, dann rollt der Fuß nach rückwärts über die Fußsohle und die Ferse ab. Der Körper ist leicht vorgebeugt, die Arme, die im Ellbogengelenk abgewinkelt sind, schwingen im Laufrhythmus mit.

Das Laufen mit Richtungsänderungen

Das Laufen mit Richtungsänderungen dient in erster Linie der Änderung der Laufrichtung und in zweiter Linie der Täuschung des Gegners. Man könnte bei der zweiten Art von Hakenschlagen sprechen. Die Richtungsänderung wird als solche oft und vielseitig im ganzen Angriffsspiel verwendet. Als Täuschungsmanöver dient sie dazu, sich vom mitlaufenden Gegner abzusetzen.

Wir unterscheiden zwei Richtungsänderungen: die einfache und die doppelte:
1. **Die einfache Richtungsänderung**
Bewegungsablauf: Aus dem normalen Vorwärtslauf setzt der Spieler das linke Bein mit der Fußspitze einwärts auf, bremst dabei den Lauf ab und drückt sich kräftig nach rechts in die neue Laufrichtung weg.

2. **Die doppelte Richtungsänderung**
Bewegungsablauf: Dabei wird eine Richtungsänderung nach rechts und eine nach links aneinandergereiht. Es erfolgt also ein Abdruck vom linken Bein nach rechts und gleich darauf vom rechten Bein nach links, um so einen Gegner, der die erste Richtungsänderung mitgemacht hat, durch die zweite abzuschütteln.

Das Springen

Das Springen umfaßt verschiedene Verfahren, ohne die ein Spieler nicht auskommen kann. Fangen sprunghoher Bälle und Sprungwürfe wären ohne situationsgerechtes Springen nicht möglich.
Die Sprünge im Handball werden mit Absprung von einem oder von beiden Beinen ausgeführt. Dabei wird der einbeinige Absprung zum größten Teil beim Sprungwurf und der beidbeinige beim Ballfangen eingesetzt.
Der einbeinige Absprung beim Sprungwurf wird auf Seite 51 behandelt.

Der beidbeinige Absprung zum Fangen sprunghoher Bälle

Bewegungsablauf:
Der Spieler orientiert sich zum Ball, beugt beide Beine (je nach beabsichtigter Sprunghöhe mehr oder weniger), führt die Arme

kurz und schnell nach unten rückwärts. Gleichzeitig mit dem explosiven Strecken der Beine reißt er die Arme hoch, die sich dem Ball entgegenstrecken. Nach der Ballannahme soll der Spieler beidbeinig wieder landen, um den Körper im Gleichgewicht halten zu können und aus der Grundstellung, die er mit dem Landen gleichzeitig einnimmt, sofort die nächste notwendige Bewegung zur Ballbehandlung ausführen zu können.
Oft gehen einem solchen Sprung, je nach Situation, Schritte vor- oder rückwärts voraus. Diese Schritte werden von einem guten Spieler als Anlaufschritte genutzt, um die Sprunghöhe zu vergrößern.
Der Ungeübte kann durch ein nicht koordiniertes Abstoßen von beiden Beinen den ankommenden Ball verfehlen oder beim Landen stürzen, wobei der Ball verlorengehen kann oder der Spielfluß unterbrochen wird.

Das Bücken

Das Bücken dient hauptsächlich der schnellen Aufnahme liegender, rollender, hüpfender Bälle oder dem Herausspielen des Balles beim ballführenden Gegner. Es kann aus dem Stand oder aus dem Lauf ausgeführt werden. Aus dem Stand bedarf es keiner speziellen Vorbereitung. Es kommt dabei nur auf die Schnelligkeit der Ausführung an.
Das Bücken nach dem Ball aus dem Lauf wird im Kapitel »Aufnehmen liegender, rollender und hüpfender Bälle« (siehe S. 20) behandelt.
Die Methodik des Erlernens der Bewegungen auf dem Spielfeld ist eng verknüpft mit dem Erlernen der übrigen Handballtechnik. Wie bei allen technischen Verfahren wird dem Schüler durch den Lehrer eine klare

Vorstellung der Bewegung vermittelt. Spezielle Übungen, Komplexübungen, kleine Spiele und Staffeln eignen sich besonders gut zum spielnahen Lernen und Üben. Viele Verfahren werden auch in anderen Sportarten (Leichtathletik) verwendet. Für sie ist es nur notwendig, eine handballspezifische Anpassung vorzunehmen.

Das Annehmen des Balles (Fangen)

Um im Handballspiel mit dem Ball richtig umgehen zu können, muß er zuerst sicher angenommen (gefangen) werden.
Man kann einen Ball beidhändig und einhändig fangen. Zu empfehlen ist immer das beidhändige Fangen, da dieses Verfahren eher gewährleistet, den Ball sicher unter Kontrolle zu bekommen. Es gibt allerdings während des Spieles Situationen, in denen man einen Ball nur einhändig fangen kann, so daß auch dieses Verfahren gut beherrscht werden muß.

Das beidhändige Fangen brust-, kopf- und sprunghoher Bälle

Dem beidhändigen Fangen verschieden hoher Bälle liegt das gleiche Prinzip zugrunde. Dabei muß bemerkt werden, daß brust- und gesichtshohe Bälle am leichtesten gefangen werden können. Die Gründe dafür sind:
- Der Ball ist unter ständiger Blickkontrolle.
- Die dem Ball entgegengestreckten Arme und Hände sind ebenfalls immer im Blickfeld des Fangenden, so daß jederzeit die notwendigen Verbesserungen an der Handstellung vorgenommen werden können.
- Die Anatomie der Hände und Arme ist für das beidhändige Fangen am besten geeignet.

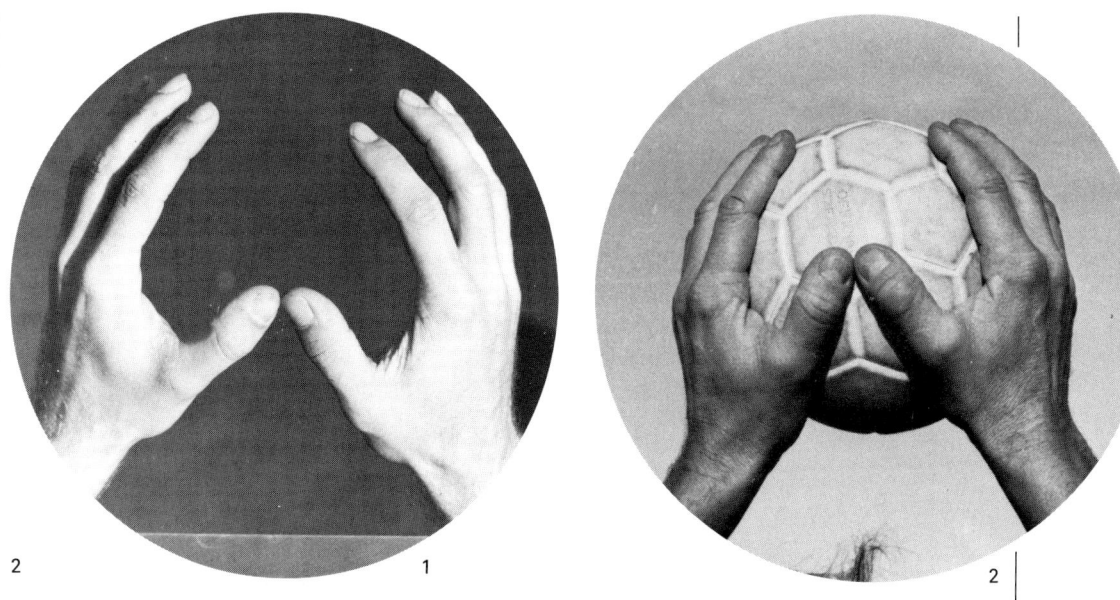

2   1   2

Bewegungsablauf:
Aus der Grundstellung führt der Spieler die Arme locker dem Ball entgegen, im Ellbogengelenk bleiben sie ganz leicht gebeugt. Die Handflächen zeigen nach vorne, und die Fingerspitzen sind schräg nach oben gerichtet. Die Daumen beider Hände berühren einander und bilden mit den Zeigefingern ein »Kuchenherz« oder »W« (Abb. 2). Die Handflächen formen die Rundung des Balles vor. Dieses Fangkörbchen wird nach rückwärts so von den Daumen geschlossen, daß ein Durchschlüpfen des Balles durch die Handflächen verhindert wird. Den ersten Kontakt mit dem Ball nehmen die Ballen der Fingerspitzen, die im Moment der Berührung leicht nach oben gezogen werden. Der Ball erhält durch diesen exzentrischen Kontakt mit den Fingerspitzenballen eine leichte Drehung nach unten, wodurch er sich in die lockeren Handflächen dreht. Die Finger sind

soweit wie möglich locker gespreizt, um eine große Fläche des Balles zu umfangen. Das Eindrehen des Balles in die Handfläche wird von den Handwurzeln gestoppt. Auf diese Art liegt der Ball nun sicher in beiden Handflächen (Abb. 3).
(Zur Kontrolle: Ein mit Kreide eingeriebener Ball muß nach dem Fangen auf beiden Handflächen einen vollen Abdruck bis zu den Handwurzeln hinterlassen. Es darf also keinen Teil der Handflächen geben, der nicht mit dem Ball in Berührung kommt.)
Im Moment des Ballkontaktes beginnen sich die Arme zu beugen; damit wird die Wucht des Balles vermindert. Der Ball wird dann bis an die Brust herangenommen. Um das Annehmen sehr scharf geworfener Bälle zu unterstützen, empfiehlt es sich, bei der Ballannahme einen Schritt rückwärts zu gehen. So wird auch ein sehr scharfer Ball sicher unter Kontrolle gebracht. Er befindet

3   1   2   3

sich nun in beiden Händen körpernah in Brusthöhe. Das ist die Ausgangsstellung für ein schnelles, sicheres Weiterspielen oder einen Torwurf. Außerdem wird der Ball einem regelgerechten Zugriff des Gegners entzogen, da er von den Handflächen und vom Körper gut abgedeckt wird.

Der hohe und sprunghohe Ball wird mit der gleichen Handstellung angenommen. Dabei werden die Arme nicht nach vorne, sondern nach oben gestreckt, um den hohen Ball zu erreichen. Die Hände geben leicht nach im Ellbogen- und Schultergelenk. Auf diese Art wird der Rest an Fahrt dem Ball genommen. Anschließend wird der Ball brustwärts geführt. Wenn beim Fangen kein Geräusch

entsteht, ist dies ein Zeichen, daß die Hände und die Arme den Ball richtig annehmen.

Fehler:
- Falsche Handstellung (Trichter).
- Harte Ballannahme, der Ball prallt wie von einer Wand ab.
- Die Arme werden dem Ball nicht entgegengestreckt, können dadurch nicht zurückfedern. Der Ball prallt hart auf die Hände und springt weg.
- Der Ball wird nur von den Fingern gefangen.
- Der Ball wird nicht sofort gesichert, so daß der Gegner ihn herausspielen kann.

4   1   2   3

Das beidhändige Fangen seithoher Bälle

Im Spielgeschehen kommt der Ball, oft unerwartet, seithoch auf den Spieler zu. Deshalb ist es notwendig, auf das Fangen dieser Bälle einzugehen.

Bewegungsablauf:
Die Bewegung zum Fangen eines rechts etwa in Schulterhöhe ankommenden Balles beginnt mit einem schnellen Ausfallschritt mit dem rechten Bein nach rechts. Die Arme werden weit nach rechts geführt. Die Handflächen zeigen in Richtung des Balles. Daumen und Zeigefinger bilden ein »Kuchenherz«

oder »W«. Der kleine Finger der rechten Hand zeigt schräg vorwärts-abwärts. Der Fänger verfolgt mit dem Blick den Ball über den linken Arm hinweg. Die Fingerspitzen nehmen zuerst Kontakt mit dem Ball und bewirken das Eindrehen in die Handflächen. Gleichzeitig geben die Handgelenke rückwärts nach. Dieses Abfedern wird im Ellbogen- und Schultergelenk unterstützt. Der Ball wird zum Körper gezogen, das seitgestellte Bein wird wieder in die Ausgangsstellung zurückgezogen (Abb. 4).

Fehler:
- Der Ausfallschritt fehlt, wodurch der Ball nicht mehr erreicht wird.
- Der Ball gleitet durch die Hände, weil die beiden Handflächen zueinander zeigen.

Das beidhändige Fangen tiefer Bälle

Tiefe, unter Hüfthöhe ankommende Bälle zwingen den Spieler, die Stellung seiner Handflächen zu ändern.

Bewegungsablauf:
Die Arme werden schräg nach unten gestreckt. Die Handflächen sind nach vorne gerichtet. Die kleinen Finger zeigen zueinan-

17

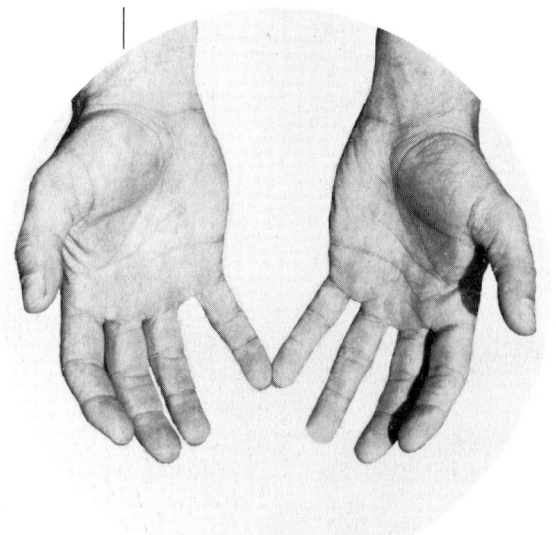

der und bilden mit den Ringfingern ein »M« (Abb. 5). Ersten Kontakt mit dem Ball nehmen auch hier die Fingerspitzen und bewirken das Eindrehen des Balles. Die Wucht des Balles wird durch ein Nachgeben der Arme nach unten abgefangen. Dann wird der Ball brustwärts gesichert. Dabei verschieben sich die Handflächen so auf dem Ball, daß die Daumen zueinander zeigen und der Ball in den Händen liegt, wie es vorher beim Fangen brusthoher Bälle beschrieben wurde (Abb. 6).

Fehler:
- Die Handflächen zeigen zueinander. Der Ball gleitet durch die Hände.
- Beim Sichern des Balles liegen die Handflächen falsch auf dem Ball.

5   1   2

6   1   2   3   4

7   1   2   3   4   5   6

Das einhändige Fangen

Der Ball kann beidhändig sicherer gefangen werden als einhändig. Deshalb sollte man auch immer versuchen, beide Hände zum Fangen des Balles zu verwenden.
Aber es gibt im Spielgeschehen Situationen, in denen man beidhändig nicht mehr an den Ball kommt, weil er zu hoch fliegt, bei schnellem Lauf nicht genügend weit vorgelegt wird oder beim Anspiel über dem Torraum (Kreisspieler) sofort geworfen werden muß. Um dem gerecht zu werden, muß auch das einhändige Fangen gelernt und perfekt beherrscht werden.

Bewegungsablauf:
Der stehende, laufende oder springende Spieler streckt dem Ball den Arm entgegen, nimmt ihn mit lockerer Hand, zuerst mit den Fingerspitzen an und führt ihn körperwärts, um ihn mit der anderen Hand zu sichern. Der ganze Körper hilft beim Abfangen der Ballwucht. Muß gleich nach Annahme abgespielt oder auf das Tor geworfen werden, geht die Abfangbewegung in eine Ausholbewegung über, um so rechtzeitig werfen zu können (Abb. 7). Auf jeden Fall benötigt der Spieler gutes Ballgefühl, um Flugrichtung, Höhe und Schärfe des Balles abschätzen und danach handeln zu können. Ein gekonntes einhändiges Fangen und der erfolgreiche Abschluß ist natürlich auch für das Auge des Zuschauers spektakulär.

Fehler:
■ Die Hand ist nicht locker genug, der Ball prallt ab.
■ Arm und Körper helfen nicht ausreichend beim Abfedern des Balles.

Nicht alle Bälle gelangen während eines Spieles sicher und ungestört an ihre Adresse. Oft liegt oder rollt ein Ball auf dem Spielfeld und muß nun sicher, schnell und zur spielgerechten Weiterbehandlung aufgenommen werden. Geschieht dies aus dem Stand, stellt es keine besondere Anforderung an den Spieler. Ganz anders sieht es dagegen aus, wenn der Spieler oder sogar Spieler und Ball in Bewegung sind. Das Aufnehmen kann beid- oder einhändig geschehen.

8 1 2 3

Das Aufnehmen liegender Bälle beidhändig von unten

Dieses Verfahren ist besonders Anfängern zu empfehlen.

Bewegungsablauf:
Der Spieler läuft auf den Ball zu. Dabei ist darauf zu achten, daß zur Ballaufnahme die Beine in offener Schrittstellung zum Ball stehen. Während dieser Aufnahmeschritt ausgeführt wird, bückt sich der Spieler schnell nach unten, gleichzeitig beugt er die Knie, die Hände fassen den Ball von unten (Abb. 8). Die Laufgeschwindigkeit darf dabei nicht wesentlich vermindert werden. Der Ball wird zur Sicherung vor die Brust gezogen.

Das Aufnehmen liegender Bälle beidhändig von oben

Es gleicht dem beidhändigen Aufnehmen von unten. Der Unterschied besteht darin, daß die Hände nicht mehr schaufelartig unter den Ball, sondern von oben auf den Ball gelegt werden. Der Ball wird von den Händen so umschlossen wie beim beidhändigen Fangen (siehe S. 15).
Mit der gleichen Technik wird der Ball auch einhändig aufgenommen (Abb. 9). Mit einer Hand ist das Verfahren zwar schneller, aber nicht so sicher. Es sollte deshalb vor allem von geübten Spielern mit relativ großen Händen angewendet werden.

Das Aufnehmen rollender Bälle

Das Aufnehmen rollender Bälle ist ein Verfahren, das im Spiel oft Anwendung findet. Dabei handelt es sich um Bälle, die in der Laufrichtung oder gegen die Laufrichtung des Spielers rollen.

9 1 2 3

Bewegungsablauf:
Da sich der Ball vom Spieler wegbewegt, müssen die Schritte entsprechend einkalkuliert werden. Der Spieler setzt den dem Ball näheren Fuß genau auf Ballhöhe. Während des nächsten Schrittes rollt der Ball dann in die schrittoffene Stellung und kann beidhändig oder einhändig, wie vorher beschrieben, aufgenommen werden. Der Schritt zur Aufnahme des Balles ist etwas größer als beim liegenden Ball.
Bei entgegenrollenden Bällen muß der Spieler versuchen, den Ausfallschritt so auszuführen, daß der Ball in die schrittoffene Stellung hineinrollt, um dann auf die schon beschriebene Art aufgenommen zu werden. Hier muß der Spieler allerdings sehr schnell reagieren, da sonst der Ball an ihm vorbeirollen würde.

Das Aufnehmen hüpfender Bälle

Als »Hüpfen« soll ein Springen des Balles unter halber Höhe des Unterschenkels bezeichnet werden. Hüpfende Bälle können nicht wie springende Bälle behandelt werden.

Bewegungsablauf:
Der Bewegungsablauf ist der gleiche wie beim Aufnehmen liegender oder rollender Bälle. Dabei ist das Aufnehmen beidhändig oder einhändig von unten am einfachsten und sichersten. Das Fassen von oben (Krallen) beid- oder einhändig ist schwerer auszuführen. Mit einem solchen Verfahren ist ein Ballverlust wahrscheinlich, besonders dann, wenn auch der Gegner versucht, an den Ball heranzukommen.

Fehler:
■ Wesentliche Verlangsamung des Laufes während des Aufnehmens.

■ Der Ausfallschritt ist zu klein, die Knie werden nicht genügend gebeugt, der Oberkörper wird zu weit nach vorne gebeugt. Folge: Das Bücken nach dem Ball bringt den Spieler aus dem Gleichgewicht.
■ Der Ball wird direkt vor den Füßen aufgenommen.

Das Halten des Balles

Von der Ballannahme bis zum Führen, zur Abgabe oder zum Torwurf darf der Spieler den Ball drei Sekunden oder drei Schritte lang halten. Das soll so ausgeführt werden, daß es dem Gegner unmöglich ist, den Ball herauszuspielen. Der Ball kann beidhändig oder einhändig gehalten werden.

10

Das beidhändige Halten

Das beidhändige Halten des Balles ist das sicherste und deshalb beste Verfahren. Beide Handflächen legen sich so auf den Ball, daß die Daumen zueinander zeigen und mit den Zeigefingern ein »Kuchenherz« oder »W« bilden. In Brusthöhe, körpernah ist das die beste Ausgangshaltung zur richtigen und schnellen Weiterbehandlung des Balles. Der Ball wird so auch vor dem Zugriff des Gegners geschützt (Abb. 10).

Das einhändige Halten (Krallen)

Das einhändige Halten (Krallen) ist ein technisches Verfahren, das eine wichtige Rolle bei der Entwicklung des Handballs zu seinem heutigen Stand gespielt hat und noch weiter spielt (Abb. 11). Es ist vor allem

11

21

dieser Technik zu verdanken, daß das Spiel heute so publikumswirksam ist. Viele Finten, Anspiele und Torwürfe wären ohne das Krallen des Balles nicht auszuführen. Es ist deshalb sehr wichtig, daß dieses Verfahren schon bei Anfängern geschult wird. Sein Fehlen würde den Spieler auf dem Weg zur perfekten Handballtechnik behindern. Vor allem für Kinder wird es wegen ihrer kleinen Hand schwer sein, den Ball zu krallen. Das ist aber kein Grund, das Verfahren auszuklammern. Die Bälle müssen allerdings den entsprechenden Umfang haben. Man sollte für Anfänger und Kinder Bälle wählen, die an der untersten Grenze des zulässigen Umfanges sind (für Minihandball 48 cm, D-Jugend 50 cm, C-Jugend 52 cm, B-Jugend und Damen 54 cm, A-Jugend und Männer 58 cm).

Das einhändige Halten (ohne Krallen)

Das Halten des Balles in einer Hand ohne zu krallen wird nur beim einhändigen Wurf von denjenigen Spielern verwendet, die den Ball nicht krallen können. Der Ball wird für den Wurf mit beiden Händen über die Wurfarmschulter geführt. Hinter der Wurfarmschulter liegt der Ball nur durch den Schwung, der ihm mitgegeben wurde, an der Hand. Der Wurfarm führt nun die Ausholbewegung zu Ende und beginnt unmittelbar die Wurfbewegung. Durch den Druck der Wurfhand nach vorne bleibt der Ball an der Hand. Bevor dieses Gleichgewicht verlorengeht, wird der Ball abgeworfen.

Das einhändige Halten des Balles zwischen Wurfhand, Unterarm und Hüfte

Dieses Verfahren wird sehr selten angewendet. Der Ball wird zwischen Wurfhand, Unterarm und Hüfte eingeklemmt und kann auf diese Art, z. B. bei einem Durchbruch durch die gegnerische Abwehr, dem Zugriff des Gegners gut entzogen werden.

Das Werfen des Balles (Zuspiel)

Das Werfen (Passen, Zuspielen) des Balles umfaßt eine Vielzahl von technischen Verfahren, mit deren Hilfe der Ball von einem zum anderen Spieler gepaßt wird. Das kann einhändig oder beidhändig, aus dem Stand, Lauf oder Sprung geschehen. Von der Sicherheit und Genauigkeit des Zuspiels ist das ganze Spiel einer Mannschaft abhängig. Dabei sollte immer das Prinzip der Ballsicherung beachtet, und das Verfahren gewählt werden, mit dessen Hilfe der Ball am sichersten und schnellsten an seinem Ziel ankommt. Die Verantwortung für die Sicherheit des Zuspiels liegt beim Werfer, der beurteilen muß, ob und wie er einen Ball an einen Mitspieler weitergibt.

Man unterscheidet vier Wurfarten, die im Handball Anwendung finden:
- Schlagwurf
- Schwungwurf (Schleuderwurf)
- Schockwurf
- Druckwurf.

Das einhändige Zuspiel mit Schlagwurf aus dem Stand

(Ball über der Schulter) Mit diesem Verfahren werden fast alle An-, Eck-, Ein- und Freiwürfe ausgeführt. Es ist die Grundlage der Würfe im Handball. Mit diesem Wurf sollte man die Wurfschulung beginnen. Wie schon oben erwähnt, sollte sehr früh damit begonnen werden, den Ball zu krallen, d. h. so zu fassen, daß damit jede Bewegung einhändig ausgeführt werden

kann, ohne daß er aus der Hand fällt. Das Einreiben der Hand mit Harz kann das Halten unterstützen. Alle Feinheiten des Zu- und Anspiels sowie das Täuschen des Gegners hängen von diesem Ballkrallen ab. Ein Spitzenhandballer ist ohne das gar nicht mehr vorstellbar.

Bewegungsablauf:
Der Werfer steht in Schrittstellung, das Bein der Wurfarmseite ist zurückgestellt. Der Ball wird beidhändig vor der Brust gehalten. Die Ausholbewegung beginnt mit der Verlagerung des Gewichtes auf das rückwärtige Bein und mit beidhändigem Führen des Balles in Richtung Wurfarmschulter. Kurz vor der Schulter löst sich die linke Hand vom Ball und der Wurfarm schwingt weiter, bis sich die Hand über der Schulter und der Arm in Verlängerung der Schulterachse befindet. Oberarm und Unterarm sollten einen rechten Winkel bilden. Der Ellbogen hat mindestens Schulterhöhe, der Ball ist über Kopfhöhe (Kontrolle: der Ball muß bei der Ausholbewegung von allen Seiten gut sichtbar sein). Die Handfläche, die den Ball krallt, liegt hinter dem Ball. Ist die Entfernung, die der Ball geworfen werden soll, sehr groß, muß der Arm mehr gestreckt werden. Dadurch wird der Hebel verlängert, und es wird dementsprechend mehr Wucht entwickelt. Ferner soll die Hand mit dem Ball hinter dem Ellbogen liegen, sonst wird gestoßen. Im Rumpf findet durch das Ausholen eine starke Verwringung statt, so daß die linke Schulter in Wurfrichtung zeigt. Die Wurfbewegung beginnt mit dem Verlagern des Gewichtes vom hinteren auf das vordere Bein und gleichzeitiger Auflösung der Körperverwringung von der Hüfte nach oben. Durch kräftiges, schnelles Vorbringen der Wurfarmschulter mit gleichzeitigem, schlagartigem Durchschwingen des Wurfar-

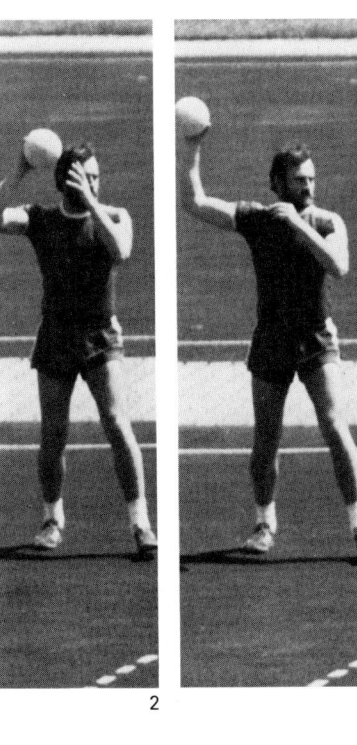

12   1   2   3   4   5   6

mes nach vorwärts wird der Ball geworfen. Am Ende der Schlagbewegung knickt der Oberkörper nach vorne, so daß auch die gesamte vordere Muskulatur des Rumpfes den Wurf unterstützt (Abb. 12). Die letzten Impulse bei der Beschleunigung soll der Ball durch das Handgelenk und Daumen, Zeige- und Mittelfinger (den drei kräftigsten Fingern der Hand) erhalten. Die Handfläche zeigt nach dem Verlassen des Balles leicht nach unten-auswärts. Der Ball erhält durch diese Handbewegung eine Drehung von vorne-aufwärts nach rückwärts, um eine horizontale Achse, die quer zur Wurfrichtung steht. Alle anderen Drehimpulse ver-

mindern die Beschleunigung und beeinträchtigen die Zielsicherheit des Wurfes. Dieser einhändige Wurf kann fein abgestimmt sein, vom leichten Zuspiel über kurze Entfernungen, wo meist nur der Wurfarm benützt wird, bis zum kräftigen Wurf auf das Tor (7 und 9 m), bei dem alle die aufgezählten Komponenten zur höchstmöglichen Beschleunigung des Balles beitragen.

Fehler:
- Falsche Ausgangsstellung.
- Zu geringe Verwringung beim Ausholen, so daß die Hand mit dem Ball vor dem

Ellbogen liegt. Der Ball wird dadurch gestoßen.
- Der Ball wird nicht gekrallt und geht deshalb leichter verloren oder wird nach oben geworfen, da die Handfläche unter dem Ball liegt.
- Der Wurfarm ist zu stark angewinkelt, der Hebel sehr klein, wodurch eine Schlagbewegung erschwert wird.
- Die Handfläche zeigt nach dem Wurf nach innen, wodurch ein großer Teil der Wurfkraft am Schwerpunkt des Balles vorbeigeht. Durch den Drehimpuls um eine vertikale Achse wird die Beschleunigung und Zielsicherheit vermindert.

23

13   1   2   3   4   5   6

Das einhändige Zuspiel als Schlagwurf mit einem Schwungschritt

Muß der Ball stärker und über weitere Strecken geworfen werden (Gegenstoß, Abwurf, Torwurf), verwendet man zum oben beschriebenen Schlagwurf einen Schwungschritt, der dazu beiträgt, die Beschleunigung des Wurfgerätes zu vergrößern. Dieser Schwungschritt kann auf maximal drei Anlaufschritte ausgedehnt werden. Der Wurf hat bei den drei Anlaufschritten denselben Bewegungsablauf von der Hüfte aufwärts wie beim Schlagwurf aus dem Stand.

Das Erlernen der Schwungschrittwürfe ist von größter Bedeutung, da das Spiel immer wieder ihre Anwendung fordert. Sie sind nicht nur für den Torwurf notwendig, sondern werden vor allem bei der Ausführung der Stoßbewegung verwendet.

Der Schlagwurf mit Hopserschritt

Der Hopserschritt ist besonders Kindern gut bekannt. Er findet in Kinderspielen vielfache Verwendung. Wegen dieser Tatsache sollte man beim Erlernen der Schwungschritte mit dem Hopserschritt beginnen. Die Schrittfolge ist rechts, rechts, links.

Bewegungsablauf:
Aus der Grundstellung beginnt der Werfer rechts mit einem Schritt vorwärts. Dabei sollte der Fuß so aufgesetzt werden, daß der Werfer seine linke Schulter in Wurfrichtung dreht. Dadurch ergibt sich eine optimale Körperverwringung. Der zweite Schritt ist der Hopserschritt auf dem rechten Bein, wobei das linke Bein schon für den Stemm-

schritt nach vorne gebracht wird. Gleichzeitig erfolgt mit diesem zweiten Schritt die Ausholbewegung mit dem ballführenden Wurfarm. Der dritte Schritt ist ein Stemmschritt. Dabei wird das linke Bein, mit einem großen Schritt – Fußspitze nach innen – stemmend aufgesetzt. Gleichzeitig mit der einsetzenden Bewegung des linken Beines beginnt die Schlagwurfbewegung (Abb. 13). Je kräftiger und schwungvoller dieser Schwungschritt ausgeführt wird, um so größer wird die Beschleunigung des Balles sein. Die optimale Beschleunigung erhält der Ball dann, wenn durch einen guten, kräftigen Stemmschritt (dritter Schritt) der Schwung der Bewegung ganz auf den Oberkörper und den gestreckten Wurfarm übertragen wird. Das Körpergewicht kann nach dem Wurf mit dem rechten Bein, das nach vorne gebracht wird, abgefangen werden.

Der Schlagwurf mit Kreuzschritt

Der Schlagwurf mit Kreuzschritt gleicht dem allgemein bekannten Kreuzschritt des Speerwerfers. Die Schrittfolge ist links, rechts, links.

Bewegungsablauf:
Aus der Grundstellung beginnt der Rechtshänder mit einem großen Schritt des linken Beines in Wurfrichtung. Dabei wird die Fußspitze nach innen gedreht. Die linke Schulter zeigt in Wurfrichtung. Der zweite Schritt ist ein Kreuzschritt (Impulsschritt) des rechten Beines über das linke (es kann vorne oder hinten gekreuzt werden). Dabei zeigt die rechte Fußspitze nach außen. Gleichzeitig mit dem zweiten Schritt erfolgt die Ausholbewegung des Wurfarmes mit dem Ball. Der zweite Schritt kann gesprungen werden, damit man mehr Raum gewinnt. Der dritte Schritt ist ein Stemmschritt

mit dem linken Bein, mit gleichzeitigem Schlagwurf, wie beim Hopserschritt beschrieben (Abb. 14).

| 15 | 1 | 2 | 3 | 4 | 5 | 6 |

Der Schlagwurf mit Nachstellschritt

Der Schlagwurf mit Nachstellschritt verwendet als Schwungschritt einen Nachstellschritt.

Bewegungsablauf:
Aus der Grundstellung beginnt der Rechtshänder mit einem Linksschritt, wobei die Fußspitze etwas nach innen gedreht wird. Dann folgt das Heranziehen des rechten Beines (regelmäßig kein Schritt). Während des Heranziehens holt der Wurfarm aus, dadurch erfährt der Rumpf eine starke Verwringung. Dann folgt der Stemmschritt mit dem linken Bein mit gleichzeitigem Schlagwurf (Abb. 15).

Dieser Schwungschritt besteht eigentlich nur aus zwei Schritten, so daß noch ein dritter Schritt gemacht werden kann, der dem Spieler unter Umständen große taktische Vorteile bringt.

Fehler:
- Der Stemmschritt (letzter Schritt) fällt zu kurz aus.
- Die Verwringung des Rumpfes ist zu gering.
- Der Wurfarm ist nicht genügend gestreckt, der Hebel wird dadurch zu klein.

Alle Schwungschritte haben einige gemeinsame Merkmale, die für die Wurfhärte und die korrekte Technik von großer Bedeutung sind:
- Das Klangbild ist bei allen gleich: lang–kurz–kurz.
- Die Ausholbewegung wird parallel zum zweiten Schritt ausgeführt (beim Rechtshänder ist das immer ein Schritt mit dem rechten Bein).
- Die Schwungschritte enden alle mit einem Stemmschritt des linken Beines. Gleichzeitig mit dem Stemmschritt erfolgt der Schlagwurf. Der Stemmschritt muß so ausgeführt werden, daß die Vorwärtsbewegung ganz abgebremst wird. Dadurch wird die Beschleunigung des Wurfarmes mit dem Ball vergrößert. Erst wenn der Ball die Hand verlassen hat, wird das Bein der Wurfseite vorgesetzt, um dann den Schwung abzufangen.

Der beidhändige Wurf von über dem Kopf

Dieser Wurf, bis vor kurzem nur zum Einwurf verwendet, gehört zu den Schlagwürfen, findet Verwendung als Zuspiel aus dem Stand, Lauf, Sprung, Fall, wie auch als Torwurf.

◁ Einer der gefürchteten Sprungwürfe aus dem Rückraum von Erhard Wunderlich.

Bewegungsablauf:

Der Ball wird mit beiden Händen gehalten. Mit einer kräftigen Ausholbewegung über den Kopf nach rückwärts wird der ganze Körper in eine Bogenspannung gebracht. Die Arme werden schlagartig vorwärts geschwungen, wobei die Hände nach vorne und unten kippen, um dem Ball die gewünschte Richtung zu geben.

Fehler:

- Der Ball wird zu früh losgelassen und fliegt deshalb nach oben.

Die Druckwürfe

Die Druckwürfe sind technische Verfahren, mit deren Hilfe man Bälle sehr schnell, gefühlvoll und im Ansatz fast unerkennbar über kurze Entfernungen spielt. Diese Würfe können ein- und beidhändig sein. Einhändig angewandt ist das Fassen (Krallen) des Balles Voraussetzung.

Der einhändige Druckwurf von oben

Bewegungsablauf:

Der Ball wird vor der Wurfarmschulter gehalten. Von hier wird er mit einer kurzen Streckbewegung des Armes in die Wurfrichtung gedrückt, wobei das Handgelenk aktiv mitwirkt (Abb. 16). Nach allen Richtungen leicht auszuführen, findet dieser Wurf gute Verwendung beim An- oder Abspiel nach einer Torwurffinte.

Fehler:

- Der Ball wird nicht gekrallt und muß deshalb beidhändig gehalten werden.

Der einhändige Druckwurf von unten

Der einhändige Druckwurf von unten kann unmittelbar aus dem beidhändigen Ballhal-

16

1

2

ten vor der Brust oder nach einer Tippfinte ausgeführt werden.

Bewegungsablauf:

Der Ball wird beidhändig vor der Brust gehalten. Von hier drückt die Hand mit Unterstützung des ganzen Wurfarmes den Ball in die gewünschte Richtung. Dabei wird die Handfläche nach rückwärts–auswärts gedreht, so daß sie ganz hinter dem Ball liegt und ihm die nötige Beschleunigung und Flughöhe vermittelt (Abb. 17). Dieser Wurf kann als überraschendes Abspiel verwendet werden (schnelles Weiter-

17

1

2

3

4

5

6

29

18

1

2

3

4

30

5

6

leiten des Balles beim Parallelstoßen im Positionsspiel), verlangt aber eine große Hand, um den Ball richtig halten zu können.

Der beidhändige Druckwurf in Brusthöhe
Der beidhändige Druckwurf in Brusthöhe (vor allem im Basketball verwendet) ist ein schneller und sicherer Wurf über kurze Entfernungen. Im Handball sollte ihn der Kreisspieler verwenden, nachdem er am Kreis angespielt wurde und den Ball sofort zurückspielen muß. Wegen der fehlenden Ausholbewegung kann der Wurf kaum vom Gegner gestört werden.

Bewegungsablauf:
Der Ball wird mit beiden Händen vor der Brust gehalten. Ohne oder mit einem Schritt vorwärts werden die Arme kräftig in Wurfrichtung gestreckt. Die Hände mit dem Ball sind so weit wie möglich nach oben – rückwärts gekippt. Zum kräftigen Strecken der Arme kommt gleichzeitig das Nach-vorne-Klappen der Hände mit dem Ball, wodurch Beschleunigung, Richtung, Flughöhe und Fluggeschwindigkeit des Balles bestimmt werden können. Die Handflächen zeigen nach Ballabgabe abwärts (Abb. 18).

Fehler:
■ Arme und Hände drücken nicht gleichmäßig.
■ Die Hände federn nicht vorwärts. Nur durch Armstrecken fliegt der Ball zu langsam.
■ Die Ellbogen werden gehoben, so daß die Fingerspitzen beim Wurf zueinander zeigen. Der Ball fliegt ungenau.
Zu diesem Wurfverfahren könnte man auch das »Pritschen«, ein Begriff aus dem Volleyball, zählen, das oft angewendet wird, wenn ein Fangen und Abspielen zuviel Zeit in Anspruch nehmen würde.

Die Hände, bereit zum Fangen des Balles, pritschen den Ball sofort in die gewünschte Richtung.

Die Schwung- und Schockwürfe

In vielen Spielsituationen wird der Spieler durch den Gegner oder andere Umstände dazu gezwungen, den Ball von unten zuzuspielen. Hierfür verwendet er die ein- oder beidhändigen Schwung- und Schockwürfe. Da beide Wurfarten sich nur sehr gering unterscheiden, werden sie hier gemeinsam behandelt. Die Schwungwürfe finden als Torwurf auch Anwendung, vor allem als Rückhandwürfe.

Bewegungsablauf:
Der Ball wird gekrallt oder eingeklemmt zwischen Hand und Unterarm gehalten. Der Arm schwingt gestreckt je nach beabsichtigter Wurfhärte mehr oder weniger nach rückwärts an der Hüfte vorbei. Durch kräfti-

ges Vorschwingen des Armes wird der Ball entsprechend beschleunigt (Abb. 19). Tiefes In-die-Knie-Gehen und frühes Loslassen beim Vorschwung des Armes kann zu einem Rollen des Balles führen. Die Bewegung ist dem Kegeln ähnlich. Wird der Wurf weiter seitlich vom Körper ausgeführt, gleicht die Bewegung dem Diskuswerfen. Wird die Wurfbewegung verkürzt und dabei der Arm im Ellbogengelenk abgewinkelt, spricht man von einem Schockwurf (Abb. 20). Er kann von unten, von der Seite und von oben ausgeführt werden (Rückhandpaß ist ein typischer Schockwurf). Der Schockwurf von unten, ein- oder beidhändig, eignet sich besonders für leichtes Abspiel aus kurzer Distanz (beim Kreuzen, Hereinschneiden der Außenspieler, Abgabe bei 9-m-Freiwürfen).

Fehler:
■ Falscher Zeitpunkt der Ballabgabe, deshalb ungenauer Paß.

19

20   1   2   3

Der Schlagwurf aus dem Lauf

Der Schlagwurf aus dem Lauf ist das am meisten verwendete Verfahren zum Zuspiel des Balles aus dem Lauf. Dabei kann der Ball direkt oder als Aufsetzer zugespielt werden. Kräftig ausgeführt findet er auch als Torwurf Anwendung.

Bewegungsablauf:

Der Ball wird im Lauf angenommen. Beim nächsten Schritt mit dem linken Bein beginnt die Ausholbewegung. Der Ball wird anfangs, wie bei allen Schlagwürfen von oben, beidhändig in Richtung Wurfarmschulter geführt. Danach beendet der Wurfarm die Ausholbewegung, wobei der Ball von der Wurfhand gekrallt werden sollte. Je nach Wurfweite und Schärfe wird der Arm mehr oder weniger gestreckt. Durch die Schnelligkeit der Bewegung wird die Verwringung des Rumpfes geringer sein als bei den anderen Schlagwürfen.

Nach dem Aufsetzen des rechten Beines und gleichzeitig mit dem Vorschwingen des linken Beines beginnt die schlagartige Wurfbewegung. Dabei wird der Ball in Kopfhöhe oder höher vorwärts gezogen und verläßt die Hand in Wurfrichtung noch ehe das linke Bein den Boden wieder berührt (Abb. 21). Der Wurf wird also vom gleichseitigen Bein des Wurfarmes ausgeführt. Nachdem der Ball die Hand verlassen hat, setzt das linke Bein auf den Boden auf, und die Laufbewegung wird dann ohne Unterbrechung fortgesetzt.

Fehler:

- Die Wurfbewegung des Armes dauert zu lange und ist dadurch nicht auf den Lauf abgestimmt.
- Es wird ein Bein stemmend eingesetzt.

Spezielle Ab- und Anspielverfahren

Außer den vorhergenannten Wurfverfahren verwenden vor allem Spitzenspieler einige Verfahren des Ab- und Anspiels, die das Spiel schnell, interessant und spektakulär machen.

Der Rückhandpaß

Der Rückhandpaß ist das oft verwendete, effektvolle Ab- und Anspielverfahren der Aufbauspieler. Er ist seiner Art nach ein

4

5

6

21

22   1   2   3

4   5   6

Schockwurf und wird gewöhnlich nach einer Torwurffinte als überraschendes Ab- oder Anspiel zum Kreisspieler verwendet.

Bewegungsablauf:
Der Aufbauspieler stößt auf das Tor zwischen zwei Abwehrspieler und täuscht einen Schlagwurf hoch oder seitlich an. Dadurch zwingt er die beiden Abwehrspieler zum Blocken. Den auf diese Art freigespielten Kreisspieler spielt er nun mit einem Rückhandpaß an. Das Verfahren kann auch sonst für ein überraschendes Abspiel eingesetzt werden. Dabei pendelt der Arm aus der Wurfauslage hinter dem Rücken am Gesäß vorbei (Abb. 22). Der Ball wird von der Wurfhand festgekrallt und erhält durch eine Schockbewegung des Unterarmes und Handgelenkes die entsprechende Beschleunigung und Flughöhe. Durch das Vorbeipendeln des Wurfarmes hinter Rücken und Gesäß von rechts nach links wird der Ball genau in die Richtung fliegen, in welche die Gegenwurfarmschulter zeigt. Dadurch kann der Ball sehr genau zugespielt werden. Eine Variante dieses Ab- und Anspiels ist der Aufsetzer. Der Ball wird, um ihn dem Zugriff des Gegners zu entziehen, nicht direkt, sondern mit Rückhandpaß als Aufsetzer auf den Boden zugespielt (Abb. 23).

34

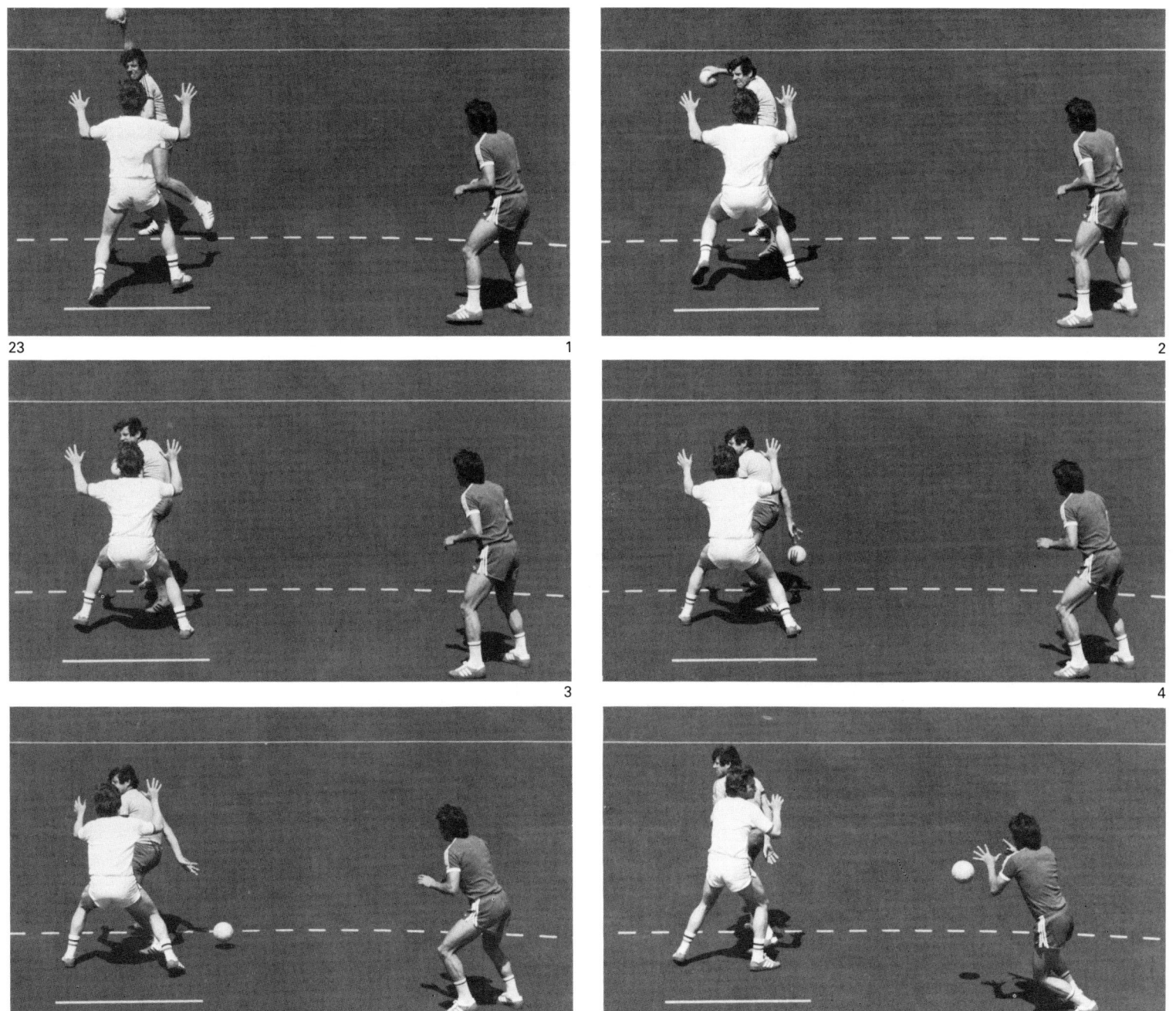

24   1

2

3

4

5

6

Fehler:

- Der Ball wird nicht gekrallt und kann deshalb leicht verlorengehen.
- Der Arm pendelt nicht aus der Wurfausla- ge nach unten, sondern wird etwas vor- gebracht und macht dann nach rückwärts einen weit ausholenden Schwung, wo- durch die Genauigkeit des Zuspiels verlo- rengeht.

Der Nackenpaß

Der Nackenpaß dient ebenfalls einem effekt-

vollen Ab- oder Anspiel und wird wie der vorher beschriebene Rückhandpaß vom Aufbauspieler verwendet.

Bewegungsablauf:

Nach dem Stoßen zwischen zwei Abwehr- spieler, die dadurch zum Blocken gezwun- gen werden, erfolgt aus der Wurfauslage mit dem Ball ein schnelles, schockartiges Anwinkeln des Unterarms zum Körper. Die Hand klappt nach, und die Finger geben dem Ball noch den letzten Impuls (Abb. 24).

Durch diese Schockbewegung hinter dem Kopf erhält der Ball eine der Schulterachse entsprechende Richtung in Verlängerung der Gegenwurfarmschulter. Die Flugrich- tung, Flughöhe und Beschleunigung hängt ganz von der Führung des Balles durch Unterarm, Hand und Finger sowie von der Körperverwringung ab.

Der Ball kann mit dieser Bewegung sogar in einem Bogen über einen Gegner hinwegge- spielt werden, ohne daß er eingreifen kann. Eine Abwandlung dieses Wurfes ist das Ab-

25   1   2   3

4   5   6

und Anspiel aus der Wurfauslage nur mit der Wurfhand. Dabei ist der Wurfarm ganz oder fast ganz gestreckt.

Fehler:
- Die Führung des Balles ist falsch, das Zuspiel wird ungenau.
- Der Ball wird nicht gekrallt.
- Die Schockbewegung ist zu leicht, der Ball wird nicht genügend beschleunigt.

Das Zuspiel aus dem Handgelenk
Das Zuspiel aus dem Handgelenk dient einem überraschenden Ab- oder Anspiel über ganz kurze Entfernungen. Dabei wird der Ball ansatzlos, nur durch eine Handgelenksbewegung körperein- oder auswärts gespielt.

Bewegungsablauf:
Der Spieler steht oder läuft mit dem Ball, den er beidhändig vor der Brust hält. Zum Paß aus dem Handgelenk wird der Ball mit

der Wurfhand gekrallt, so daß die andere Hand loslassen kann. Die Hand hält den Ball nun frei, der Daumen zeigt nach oben. Durch ein kräftiges Anwinkeln der Hand im Handgelenk zum Unterarm erhält der Ball die entsprechende Beschleunigung körpereinwärts zum Mitspieler (Abb. 25). Soll der Ball körperauswärts-seitwärts aus dem Handgelenk abgespielt werden, wird aus der gleichen Ausgangsstellung das Handgelenk rechtwinklig zum Unterarm gebeugt (ausholen). Dann wird es schnell gestreckt,

37

26   1   2   3

wobei die Hand mit dem Ball eine Drehung um die Längsachse des Unterarmes nach unten-auswärts ausführt, so daß der Daumen nach unten zeigt (Abb. 26). Die Handbewegung ist die gleiche wie beim einhändigen Druckwurf von unten.

Fehler:
- Der Ball wird nicht gekrallt.
- Die Bewegung aus dem Handgelenk ist nicht kräftig genug, besonders beim Wurf körperauswärts. Der Ball erhält nicht genügend Beschleunigung und fällt zu Boden.

Das Zuspiel über die Schulter

Das Zuspiel über die Schulter dient ebenfalls dem überraschenden Anspiel an den Kreis. Es fehlt dabei jede Blickverbindung zum Kreisspieler. Erfolgreich ist dieses Anspiel nur von Spielern anzuwenden, die gut aufeinander eingespielt sind.

Bewegungsablauf:
Der Rückraumspieler steht mit dem Rücken zum gegnerischen Tor. Er hat sich vorher mit einem kurzen Blick informiert, wo der Kreisspieler steht. Aus der beidhändigen Ballhalte spielt er nun, ein- oder beidhändig, mit einem Schockwurf den Ball nach rückwärts über die Schulter zum Kreisspieler (Abb. 27a, 27b).

Fehler:
- Ungenaues Zuspiel; der Ball geht verloren.
- Der Kreisspieler ist auf das Anspiel nicht vorbereitet.
- Das Anspiel wird zu oft verwendet; der Gegner läßt sich nicht mehr überraschen.

27a

1

2

3

4

5

6

27b

1

2

3

4

5

6

40

28

1

2

3

4

Das Zuspiel unter dem Stemmbein

Das Zuspiel aus dem Handgelenk unter dem Stemmbein dient auch einem überraschenden Ab- oder Anspiel und wird in ähnlichen Situationen wie die drei vorher aufgeführten Verfahren angewendet.

Bewegungsablauf:
Nach dem Stoßen auf das Tor und Vortäuschen eines tiefen Schlagwurfes, wobei der Stemmschritt ein richtiger Ausfallschritt ist, wird der Ball aus der Wurfauslage etwas vorwärts geführt, um dann aus dem Handgelenk unter dem Stemmbein hindurch an den freistehenden Kreisspieler weitergeleitet zu werden (Abb. 28). Die Flughöhe und die Beschleunigung wird durch Unterarm und Handgelenk bestimmt.

Fehler:
- Der Ball wird nicht gekrallt.
- Die Ausholbewegung des Wurfarmes ist nicht vorhanden, so daß der Gegner nicht zum Blocken gezwungen wird.
- Der Ball wird nicht unter dem Oberschenkel des Stemmbeines, sondern zwischen den Beinen durchgespielt.

Das Zuspiel um den Körper herum

Das Zuspiel um den Körper herum dient einem unerwarteten Anspiel des Kreisspielers.

Bewegungsablauf:
Der Kreisspieler steht rechts vom rechtshändigen Rückraumspieler frei am Kreis. Der Rückraumspieler täuscht ein Zuspiel mit einem Schlagwurf tief nach links vor, gibt den Ball aber nicht frei, sondern schwingt den Arm mit dem Ball von unten zur linken Körperseite und läßt den Ball erst aus, wenn die Wurfhand mit dem Ball um den Körper herumreicht (Abb. 29). Der Ball fliegt nun,

29

1

3

2

5

6

4

unerwartet für den Gegner, nach rechts zum freien Kreisspieler.

Fehler:
- Der Ball wird nicht gekrallt.
- Der Arm wird nicht »lang« genug gemacht, der Ball kann nicht um den Körper herumgeführt werden und kann verloren gehen.
- Das Verfahren wird zu oft angewendet, der Gegner läßt sich nicht mehr überraschen.

Der Aufsetzer

Der Aufsetzer folgt meistens auf eine Torwurf- oder Zuspielfinte, kann aber auch ohne diese Finten verwendet werden. Wenn der Ball in unmittelbarer Nähe des Gegners aufsetzt, ist er sehr schwer zu fangen. Der Ball kann sowohl links oder rechts vom Gegenspieler, als auch direkt zwischen den Beinen des Gegners aufgesetzt werden.

Bewegungsablauf:
Nach einer Torwurf- oder Zuspielfinte, auf die der Gegner entsprechend reagiert hat, wird der Ball nur aus dem Unterarm und Handgelenk auf den Boden getippt, so daß er für den direkten Gegner unerreichbar zum Kreisspieler oder einem anderen Mitspieler gelangt. Dabei gilt die Regel: Einfallwinkel = Ausfallwinkel. Mit Hilfe dieser Regel kann man genau bestimmen, wohin der Ball springen soll.

Fehler:
- Zu festes oder zu leichtes Aufsetzen.

Das Anspiel aus dem Handgelenk von oben

Oft hat ein Rückraumspieler große Schwierigkeiten, seinem Kreisspieler beim Freilaufen behilflich zu sein. Ein gutes Mittel ist dann das Anspiel von oben zum Kreisspieler

nach einer Torwurffinte. Dieses Anspiel kann nur aus dem Handgelenk erfolgen.

Bewegungsablauf:
Der Spieler täuscht einen Wurf auf das Tor an (aus dem Stand oder mit Schwungschritt). Sein direkter Gegner wird heraustreten und versuchen, den Wurf zu blocken. In die entstandene Lücke läuft sich der Kreisspieler frei und wird nun von oben aus dem Handgelenk angespielt (Abb. 30). Der Ball wird genau so wie bei einem normalen Wurf geführt bis zu dem Augenblick, in dem der Wurfarm in Überkopfhöhe bereits in Richtung gegnerisches Tor zeigt. Dabei muß der Ball sicher gekrallt werden können. Aus dieser Stellung heraus wird nun der Ball über den Gegner aus dem Handgelenk an den Kreis gespielt.

Fehler:
- Der Ball kann nicht fest genug gekrallt werden und geht bei der wurfartigen Vorwärtsbewegung verloren.
- Der Bogen, den der Ball über dem Gegner beschreibt, ist zu niedrig und dieser kann den Ball herausfangen.

Die Methodik des Werfens und Fangens

Werfen und Fangen des Balles sind zwei technische Elemente, die eng miteinander verknüpft sind, und eines ist ohne das andere nicht denkbar. Die technischen Verfahren beider Elemente werden zusammen gelernt, geübt und perfektioniert. Die Ballwurfübungen dienen auch dem Ballfangen. Deshalb werden diese Übungen auch als Wurf- und Fangübungen oder Übungen für die Ballbehandlung bezeichnet.
Begonnen wird mit dem Vorführen durch den Lehrer oder einem größeren Schüler

(auch Spitzensportler). Dann wird der Bewegungsablauf genau beschrieben, wobei besonders zu beachten ist:

Beim Ballwerfen:
- Korrekte Haltung des Balles beidhändig vor der Brust.
- Die Ausholbewegung muß auf dem kürzesten Weg erfolgen. Jede zusätzliche oder unnötige Bewegung ist zu vermeiden.
- Der Ball soll bei allen möglichen Verfahren gekrallt gehalten werden (Verwendung von Haftmitteln).
- Das Handgelenk und die Finger sollen mit dazu beitragen, dem Ball die Richtung und entsprechende Beschleunigung zu verleihen.
- Das Zuspiel soll der Situation und dem Fänger angepaßt sein.

Beim Fangen:
- Lockere Haltung der Hände, die Stellung der Handflächen und Finger zueinander so, daß Daumen und Zeigefinger ein »Kuchenherz« oder »W« bilden (keinen Trichter).
- Annahme des Balles mit gestreckten Armen, um durch Abwinkeln im Ellbogengelenk die Wucht des Wurfes abfangen und so den Ball sicher unter Kontrolle bringen zu können.

Eine einfache Übung, mit der das Erlernen des Fangens beginnen sollte, ist das Erlernen der richtigen Handstellung. Der Ball liegt vor dem Übenden auf dem Boden. Die Handflächen werden nun richtig von oben auf den Ball gelegt; dieser wird so aufgehoben. Diese Übung kann in eine einfache Staffel eingebaut werden. Dabei wird der Ball aufgehoben und vor dem Nachbarn wieder hingelegt, der ihn auf dieselbe Art weiterbefördert.

43

30

1

2

3

4

5

Als nächstes wird der Ball von einem zum anderen Spieler »gereicht«, wobei die richtige Handstellung kontrolliert und das Eindrehen des Balles in die Handflächen geübt wird. Auch dieses Überreichen des Balles kann in eine Staffel eingebaut werden.

Die nächste Übung ist das Tippen und Fangen des vom Boden hochspringenden Balles. Die Handflächen werden locker zum Ball geführt, Daumen und Zeigefinger bilden das »W«. Auf diese Weise eignen sich die Schüler sehr schnell die korrekte Handhaltung für das Fangen brust- und gesichtshoher Bälle an.

Als nächste Übungsform wird das leichte Hochwerfen und Wiederauffangen des Balles eingesetzt. Dabei zeigen die Handflächen schaufelartig nach oben, kleine Finger und Ringfinger bilden ein »M«. Durch diese beiden Übungen werden die ersten Schwierigkeiten leicht überwunden. Vor allem eignen sich die Schüler eine korrekte Haltung der Handflächen an, ohne die das Fangen des Balles einfach nicht sicher werden kann.

Bei den ersten Versuchen des Werfens und Fangens sind die Bedingungen einfach zu halten. Es wird aus dem Stand geworfen und gefangen. Dabei ist eine Wand der beste Übungspartner. Sie kann von jedem und immer benützt werden, ohne auf die Hilfe anderer angewiesen zu sein. Vor allem ist die Möglichkeit gegeben, die Übungen nach dem eigenen Können zu gestalten und zu variieren.

Sind die Wurf- und Fangverfahren in Grobform erlernt, sollte damit begonnen werden, in der Bewegung, zuerst im Schritt, dann im Laufschritt, zu arbeiten. Dazu werden dann passive und später aktive Gegner herangezogen, um möglichst spielnah das Werfen und Fangen zu schulen.

Das Werfen und Fangen ist das Abc des Handballs und sollte in den verschiedensten Übungsformen in jeder Handballstunde, ob in der Schule oder im Training, enthalten sein.

Die Übungs- oder Spielformen muß der Lehrer so auswählen, daß sie zur Lösung der gestellten Aufgaben beitragen.

Das Führen des Balles

Mit Hilfe des Führens des Balles kann sich der in Ballbesitz befindliche Spieler frei auf dem Spielfeld bewegen, ohne dabei gegen die 3-Schritte- oder 3-Sekunden-Regel zu verstoßen.

Wir unterscheiden drei Verfahren: Tippen, Prellen, Rollen.

Das Tippen

Das Tippen ist ein sehr einfaches technisches Verfahren und stellt auch an die Anfänger keine besonderen Anforderungen.

Bewegungsablauf:
Der Ball wird zunächst beidhändig gehalten, dann mit einer Hand auf den Boden geworfen (»getippt«) und anschließend wieder beidhändig gefangen.

Es kann im Stand, Lauf und Sprung getippt werden. Im Stand darf der Ball drei Sekunden gehalten werden, dann muß er getippt werden und nach abermals drei Sekunden muß der Ball abgespielt oder auf das Tor geworfen werden.

Im Lauf und im Sprung gilt die 3-Schritte-Regel. Der Spieler darf mit dem Ball drei Schritte ausführen, dann muß der Ball die Hand verlassen. Wenn der Spieler keinen Kontakt mit dem Ball hat, können beliebig viele Schritte gemacht werden. Nach Wiederannahme des Balles werden dem Spieler abermals drei Schritte gestattet, dann muß er abspielen oder auf das Tor werfen (Abb. 31). Zweimal tippen ist regelwidrig.

Fehler:
■ Der Ball wird so auf den Boden getippt, daß er nicht mehr in die Hand zurückspringt.

31

1

2

3

4

5

6

Das Prellen

Das Prellen kann im Stand oder im Lauf ausgeführt werden.

Bewegungsablauf:
Der Ball wird wie beim Tippen auf den Boden geworfen, dann aber nicht gefangen, sondern mit der offenen, lockeren Handfläche immer wieder auf den Boden gedrückt. Dabei darf der Ball keinen Augenblick festgehalten oder geführt werden. Sobald der Ball mit einer oder beiden Händen festgehalten wird, tritt die 3-Sek.- oder 3-Schritte-Regel in Kraft. Noch einmal den Ball prellen oder tippen ist regelwidrig. Beim Prellen im Stand muß der Ball so kräftig auf den Boden gedrückt werden, daß er in die Hand zurückspringt. Dabei nimmt die offene Hand den Ball an (Handfläche nach unten) ohne ihn festzuhalten, federt den Schwung durch Nachgeben mit dem Unterarm ab und drückt dann mit Hilfe des Unterarmes und des Handgelenkes den Ball wieder zu Boden. Die Finger sollen locker und ganz weit gespreizt sein.

Im Lauf wird ebenso verfahren (Abb. 32). Zu beachten ist hier, daß der Ball seitlich vorne geführt wird, so daß er den Lauf nicht stört. Je schneller gelaufen wird, um so mehr muß der Ball vorgeprellt werden. Die Hand kann beliebig gewechselt werden, soweit dadurch der Ball nicht geführt wird. Betrachtet man einen laufenden Spieler von hinten, der den Ball prellt, muß man den Ball immer sehen können.

32

33

1

3

4

5

6

Fehler:

- Der Ball wird auf den Boden geschlagen, nicht gedrückt.
- Es wird vor den Füßen geprellt.
- Der Ball wird geführt, d. h. er wird regelwidrig mit der Hand festgehalten und von einer Seite auf die andere Seite geführt.
- Der Winkel, in dem der Ball auf den Boden geprellt wird, ist nicht der Laufgeschwindigkeit entsprechend.

Das Rollen

Das Rollen wird im Kampf um den Ball oft verwendet, und zwar dann, wenn man versucht, in den Besitz des Balles zu kommen, der auf dem Boden liegt oder rollt.

Bewegungsablauf:
Man läuft auf den liegenden oder rollenden Ball zu und versucht, ihn durch Weiterrollen mit der offenen Handfläche dem Zugriff des Gegners zu entziehen (Abb. 33). Der Ball darf dabei beliebig oft berührt und gerollt werden, ohne aber festgehalten oder geschaufelt zu werden. Ist er festgehalten worden, muß er nach drei Sekunden oder nach drei Schritten abgespielt oder auf das Tor geworfen werden.

Fehler:

- Der Ball wird nicht vom Gegner weggerollt.
- Der Ball wird auf dem Boden festgehalten, so daß es leicht zum doppelten Führen des Balles kommen kann.

Die Methodik des Ballführens

Die Methodik des Ballführens berücksichtigt wie überall beim Lernen die Grundsätze vom Leichten zum Schweren, vom Einfachen zum Komplexen usw.

48

Wir beginnen also mit der Demonstration im Stand. Dann wird eine genaue Bewegungsbeschreibung gegeben und der Schüler beginnt zu üben. Dabei schlagen wir folgenden Weg ein: Im Stand, im Gehen, im leichten gradlinigen Lauf, im Slalomlauf, zunächst mit passivem Gegner und zum Schluß mit einem aktiven Gegner. Es soll beidhändig geübt werden und als oberstes Prinzip Ballsicherung gelten. Der Körper wird immer zwischen Ball und Gegner geschoben. In Komplexübungen, besonders gemeinsam mit Werfen und Fangen wird das Ballführen perfektioniert.

Die Torwürfe

Als Torwurf bezeichnet man alle Würfe, die als Ziel den Torgewinn haben. Hierzu werden, mit ganz wenigen Ausnahmen, Schlagwürfe verwendet, die aus dem Stand, Lauf, Sprung, Fall oder Sprungfall ausgeführt werden können. Die Härte des Wurfes spielt beim Torwurf eine große Rolle. Durch die erfolgreichen Torwürfe (erzielten Tore) wird die Klasse jeder Mannschaft deutlich gemacht. Der Schulung der Torwürfe muß deswegen in der Vorbereitung des Spielers eine wichtige Rolle eingeräumt werden. Die meisten Torwurfverfahren wurden schon im Abschnitt »Das Werfen, Zuspielen, Passen des Balles« behandelt. Jetzt wird die Anwendung und unterschiedliche Ausführung der schon bekannten Würfe hervorgehoben. Soweit es sich um nicht bekannte Wurfverfahren handelt, werden diese genauer beschrieben.

Der Torwurf aus dem Stand

Der Torwurf aus dem Stand ist ein Schlagwurf (vgl. S. 22), der bei der Ausführung des 7-m-Wurfes (Abb. 39) und als direkter Freiwurf von der 9-m-Linie verwendet wird. Als Zuspiel wird dieser Wurf nicht so kräftig ausgeführt, während beim Torwurf eine maximale Wurfkraft entwickelt werden muß. Dieser Umstand hat einige Änderungen in der Ausführung bedingt, welche die Wurfhärte vergrößern.
Die Ausholbewegung wird verstärkt, indem der Körper mehr verwrungen wird. Dadurch wird die Wurfarmschulter maximal zurückgenommen. Der Wurfarm wird fast oder ganz gestreckt, so daß die Hebelwirkung des Armes möglichst groß wird. Das Körpergewicht wird noch mehr auf das hintere Bein verlegt. Dies alles bewirkt eine Verlängerung der Strecke, auf der der Ball beschleunigt wird. Alle Kraft muß explosiv auf

34　　1　　　　　　2　　　　　　　3　　　　　　4　　　　　　5　　　　　　6

35

den Ball wirken. Besonders wichtig ist das Vorwärtskippen, wobei die ganze vordere Rumpfmuskulatur am Wurf beteiligt wird, und das kräftige Übertragen des Körpergewichtes vom rückwärtigen auf das vordere Bein.

Durch früheres oder späteres Auslassen des Balles wird die Höhe des Wurfes bestimmt, während der Ball nach rechts oder links mit dem Handgelenk dirigiert werden kann.

Der Ball sollte auf alle Fälle gekrallt werden. Methodische Probleme bringt der Torwurf aus dem Stand nicht. Beherrscht der Spieler das einhändige Zuspiel mit Schlagwurf aus dem Stand, ist es für ihn leicht, den Wurf zu verschärfen. Wichtig ist beim Torwurf die Zielgenauigkeit, die geübt werden muß. Dabei bieten sich einfache Zielwurfübungen an die Wand, kleine Spiele mit Zielwurf auf unbewegliche und bewegliche Ziele oder das Werfen auf das Tor mit Torwart an.

Der Torwurf aus dem Lauf

Dieses Verfahren kann auf zwei Arten ausgeführt werden:

1. Aus dem Lauf von oder über das Wurfarmbein.
2. Mit Schwungschritt.

Beide Wurfarten finden häufige Anwendung, wobei besonders die zweite Art, mit Schwungschritt, in vielen Variationen ausgeführt werden kann.

Der Torwurf aus dem Lauf vom oder über das wurfarmseitige Bein

(Vgl. S. 32) Das ist ein Schlagwurf, der außer zum Zuspielen auch zum Torwurf verwendet wird (Abb. 35). Der Bewegungsablauf bleibt derselbe wie beim Zuspiel aus dem Lauf. Der Spieler wird versuchen, den Wurf so hart wie möglich zu machen. Dieses geschieht durch:

- Schnelleres Laufen
- Kräftigeren Zug auf den Ball
- Strecken des Armes (Hebelwirkung)
- Größere Ausholbewegung
- Nach vorne Kippen des Oberkörpers.

Verwendung findet der Wurf beim Gegenstoß und beim Lauf in eine Lücke der Abwehr. Durch die schnelle Ausführung nimmt er dem Torwart die Möglichkeit zu reagieren. Der Wurf kann hoch, seitlich und in Hüfthöhe ausgeführt werden.

Der Torwurf mit Schwungschritt

(Vgl. S. 24) Das ist der Schlagwurf, mit dem am härtesten geworfen wird. Es werden als Schwungschritte Hopser, Kreuz- und Nachstellschritt verwendet. Der Bewegungsablauf ist derselbe wie beim Zuspielen des Balles mit Schwungschritt. Der Werfer kann versuchen, den Wurf schärfer zu machen durch:

- Schnelleren Anlauf
- Maximale Größe der Schwungschritte
- Kräftigen Zug mit gestrecktem Arm auf den Ball
- Lange Ausholbewegung mit maximaler Körperverwringung
- Vorkippen des Oberkörpers
- Möglichst lange Führung des Balles mit der Wurfhand
- Letzter Impuls aus dem Handgelenk (Daumen, Zeige- und Mittelfinger).

Der Wurf kann folgendermaßen ausgeführt werden:

1. Der Ball wird im Stand angenommen. Die Schwungschritte werden aus dem Stand ausgeführt. Dabei kann jeder Schwungschritt verwendet werden.
2. Der Ball wird im Lauf (oder Sprung) angenommen, wobei dann folgendes beachtet werden muß: Wird der Ball auf dem linken Bein angenommen, kann der Werfer nur den Hopserschritt ausführen. Wird der Ball auf dem rechten Bein angenommen, kann der Werfer einen Kreuz- oder Nachstellschritt ausführen.
3. Der Ball wird im Sprung (also in der Luft) angenommen und der Spieler landet beidbeinig. In diesem Fall können alle drei Schwungschritte verwendet werden, da laut Regel der erste Bodenkontakt bei der Ballannahme nicht als Schritt gezählt wird.

Die Ausführungshöhe der Würfe mit Schwungschritt geht von hoch bis bodennah.
Die Schwungschritte finden Verwendung bei vielen speziellen Torwürfen und müssen deswegen mit großer Aufmerksamkeit gelernt werden.

Die Sprungwürfe

Der Sprungwurf ist ein Schlagwurf, der hauptsächlich als Torwurf, aber auch als Zu- und Anspiel verwendet wird. Dabei versucht der Werfer, entweder nahe ans Tor heranzukommen (Sprungwurf weit) oder über die Abwehr des Gegners zu werfen (Sprungwurf hoch).
Als Torwurf ist der Sprungwurf eines der wichtigsten Verfahren und nimmt unter den Torwürfen mehr als 50% aller Würfe ein.

Der Sprungwurf weit

Der Sprungwurf weit findet Verwendung in allen Situationen, in denen zwischen Werfer und dem gegnerischen Tor kein Gegner mehr steht. Diese Situation tritt am häufigsten nach einem Gegenstoß, beim Wurf von außen, vom Kreis oder beim Durchspringen einer Abwehrlücke auf.

Vorteile des weiten Sprungwurfes:
- Der Spieler entzieht sich dem Zugriff des Gegners.
- Der Spieler verkleinert den Abstand zum Tor.
- Der Spieler vergrößert sich den Wurfwinkel.
- Der Spieler kann durch Verzögerung des Wurfes eine Reaktion des Torwartes abwarten und dann leichter ein Tor erzielen.

Der Sprungwurf kann mit einem, zwei oder drei Schritten Anlauf ausgeführt werden. Das Annehmen des Balles kann im Stand oder im Lauf erfolgen.

Bewegungsablauf:
Der Ball wird mit beiden Händen gefaßt. Die Anlaufrichtung soll ungefähr 45° zum Tor betragen. Der Anlauf für den Rechtshänder von der linken Seite besteht aus drei Schritten (links, rechts, links). Die drei Schritte

sind normal große, aber schnelle Laufschritte. Vom linken Bein springt man kräftig ab, indem man das rechte Bein angewinkelt als Schwungbein benützt, es kräftig seitlich hochreißt und nach rechts ausdreht (um kein Stürmerfoul zu begehen). Gleichzeitig mit dem Absprung erfolgt die Ausholbewegung mit dem Ball wie bei allen Schlagwürfen. Die linke Schulter wird nach vorne geschoben. Sie ist der Drehpunkt des Wurfes. Im Scheitelpunkt des Sprunges wird der Wurf ausgeführt. Er beginnt mit der Auflösung der Körperverwringung und der Bogenspannung. Die Schlagbewegung des Armes wird durch das Vorbringen der Wurfarmschulter, das Nach-vorne-Kippen des Oberkörpers und einem Schritt in der Luft mit dem Schwungbein unterstützt. Nach dem Wurf landet der Werfer auf dem Sprungbein und läuft aus (Abb. 36).
Wir unterscheiden also beim Sprungwurf: einen Anlauf als 3er-Rhythmus, den Absprung, die Flugphase mit Wurf des Balles auf dem Scheitelpunkt des Fluges und das Landen auf dem Sprungbein.

Fehler:
- Zu große Anlaufschritte.
- Anlauf direkt auf das Tor.
- Das Schwungbein wird angewinkelt, nur nach vorne hochgerissen und nicht ausgedreht (Stürmerfoul).
- Der Ball wird nicht direkt über die Wurfarmschulter gehoben.
- Der Wurfarm wird nicht genügend gestreckt.
- Der Schultergürtel wird nicht am Wurf beteiligt, Drehpunkt ist nicht die entgegengesetzte Schulter des Wurfarmes. Dadurch wird nur aus dem Wurfarm geworfen.
- Die Landung erfolgt nicht auf dem Sprungbein.

36

Die Methodik der Sprungwürfe

Nicht bei allen klappt der Sprungwurf auf Anhieb. Deshalb ist es zu empfehlen, einige Vorübungen auszuführen, die das Erlernen des Sprungwurfes erheblich erleichtern. Mit Hilfe einer Übungsreihe wird der 3er-Rhythmus, der Absprung, der Wurf und die Landung erlernt.
Man baut eine oder mehrere Laufbahnen auf (je nach Anzahl der Lernenden), die drei Lauffelder und ein Sprungfeld enthalten.

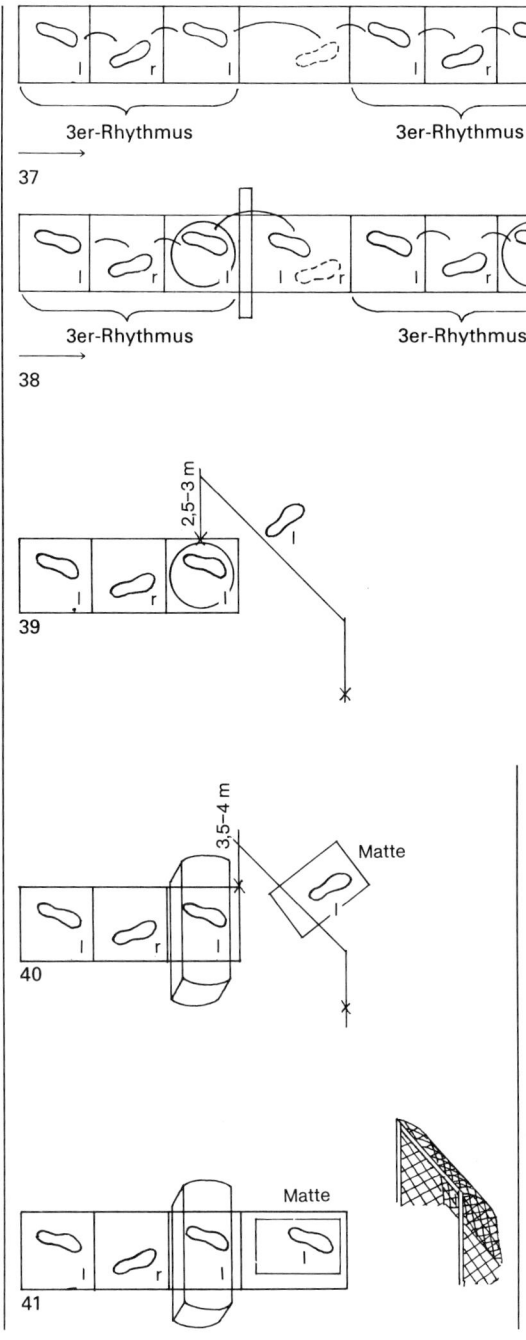

37

38

39

40

41

Methodische Übungsreihe zum Sprungwurf:

1. Die Laufbahn wird von den Schülern einzeln durchlaufen, beginnend mit einem Linksschritt. Die Schritte links-rechts-links bilden den 3er-Rhythmus, wobei der vierte Schritt mit rechts nur als Überleitung zum nächsten 3er-Rhythmus dient. Der 3er-Rhythmus wird mit einem längeren Schritt von links auf rechts abgeschlossen (Abb. 37).

2. Derselbe Bahnaufbau wie bei 1. Das Absprungfeld wird speziell mit einem Reifen markiert und davor eine Langbank gestellt oder eine niedere Zauberschnur gespannt, um einen kräftigeren Absprung zu erzwingen. Gelandet wird auf dem Sprungbein. Mit einem kleinen Schritt des rechten Beines wird der nächste 3er-Rhythmus eingeleitet (Abb. 38).

3. Es werden nur noch die Felder des 3er-Rhythmus aufgebaut. Über dem Sprungfeld wird in Sprunghöhe eine Zauberschnur gespannt. Mit dem 3er-Rhythmus wird angelaufen, aus dem Reifen kräftig abgesprungen und mit der Wurfhand die Zauberschnur angeschlagen, was einem Schlagwurf gleichkommt. Die Zauberschnur wird in einem 45°-Winkel zur Laufbahn angebracht, so daß der Werfer beim Anschlagen der Schnur eine leichte Drehung in Richtung Gegenwurfarmseite (nach links beim Rechtshänder) ausführen muß. Gelandet wird auf dem Sprungbein (Abb. 39).
Für diese Übung muß der Einsatz und die Funktion des Schwungbeines erläutert werden; es hat drei wichtige Aufgaben:
- Unterstützung des Sprunges in die Höhe
- Gleichgewichtsstabilisierung während der Flugphase
- Unterstützung der Wurfbewegung, indem es kräftig nach unten getreten wird.

4. Derselbe Bahnaufbau wie bei 3. Der Reifen wird durch Sprungkastenoberteil, Sprungbrett oder Langbank ersetzt (Sprunghilfen zur Verlängerung der Flugphase). Dahinter wird eine Matte gelegt, um die Landung weicher zu machen. Von diesen Geräten wird abgesprungen, an die Zauberschnur geschlagen und auf dem Sprungbein gelandet (Abb. 40). Nach einigen Wiederholungen wird die Zauberschnur entfernt und das gleiche mit Ball geübt. Dabei wird auf das leere Tor, ins lange, obere Eck geworfen (Abb. 41).

53

42   1   2   3   4   5

6   7   8   9   10

5. Ohne Lauffelder und Sprunghilfen wird nun der Sprungwurf in seiner Ziel-(Grob)-form auf das Tor ausgeführt (Anlaufwinkel 45° zur Torlinie).
Man sollte, nachdem der Sprungwurf erlernt worden ist, dazu übergehen, zum Anlauf als 3er-Rhythmus einen Hopserschritt zu verwenden (Abb. 42). Der Sprungwurf mit Hopserschritt eignet sich besonders für den Anlauf des Rechtshänders von der rechten Seite des Spielfeldes. Er ist auch für eine Richtungsänderung gut verwendbar, um an einem angreifenden Abwehrspieler mit Sprungwurf vorbeizukommen.

Es wird immer Schüler geben, die den Sprungwurf sehr schwer oder gar nicht erlernen. Die Gründe dafür sind:
- Mangel an Sprungkraft. Die Folge ist eine sehr kurze Flugphase, in der die Wurfbewegung nicht ausgeführt werden kann.
- Mangel an Wurftechnik. Wird der Schlagwurf in seinen verschiedenen Formen nicht beherrscht, kann auch der Sprungwurf nicht ausgeführt werden. Zum Erlernen des Sprungwurfes können die in der vorher beschriebenen Übungsreihe verwendeten Hilfsmittel wie Kastenoberteil, Zauberschnur und ähnliches eingesetzt werden.

Mit einem Sprungwurf hoch will Simon Schobel die gegnerische Abwehr überwerfen.

Der Sprungwurf hoch

Der Sprungwurf hoch wird beim Überwerfen eines Gegners verwendet und ist ein typischer Wurf der Aufbauspieler, die dabei ihre Größe und Sprungkraft auszunützen versuchen. Dieser Wurf unterscheidet sich nicht wesentlich vom Sprungwurf weit in seiner technischen Ausführung. Da über die Abwehr geworfen werden soll, muß der Werfer vor allem hoch genug springen. Das ist durch entsprechende Körpergröße, Sprungkraft und das Strecken des Wurfarmes zu erreichen. Bei der Wurfausführung unterscheidet man, wie beim Sprungwurf weit mehrere Phasen, die sich im einzelnen den Spielgegebenheiten anpassen müssen: der Anlauf, der Absprung, die Flugphase mit Wurf und die Landung.

Der Anlauf soll, wenn er aus drei Schritten besteht, schräg zum Tor ausgeführt werden, damit man nicht in die Abwehr hinein springt und ein Stürmer-Foul begeht. Im modernen Handball ist man bestrebt, den Anlauf auf ein bis zwei Schritte zu verkürzen. Es gibt sogar Spieler, die aus dem Stand springen. Der Zweck dieser Anlaufverkürzung ist es, dem Abwehrspieler die Möglichkeit zu nehmen, einzugreifen.

Der Absprung soll steil nach oben erfolgen, so daß der Wurf auch über eine springende Abwehr ausgeführt werden kann. Dabei ist das Strecken des Wurfarmes von größter Wichtigkeit. Der Wurf soll im höchsten Punkt des Sprunges ausgeführt werden (Ausnahme macht hier der verzögerte Sprungwurf). Ist der Gegner doch auf Tuchfühlung herangekommen, muß das Schwungbein abgespreizt werden oder überhaupt nicht eingesetzt werden, um kein Stürmer-Foul zu begehen. Die Landung kann je nach Umstand auf dem Sprungbein oder beidbeinig erfolgen (Abb. 43).

Fehler:
- Beim Anlauf: Zu lang; direkt auf den Gegner; zu große Schritte.
- Beim Absprung: Zu geringe Sprungkraft; zu weiter Sprung; der Körper wird nicht gestreckt, es entsteht keine Bogenspannung und Verwringung.
- Beim Wurf: Schlechte Armführung beim Ausholen (Kreis mit dem Arm); der Arm ist nicht gestreckt; es wird zu spät, nach dem Scheitelpunkt, geworfen.
- Beim Landen: Es wird direkt auf den Gegner gesprungen und dadurch ein Stürmer-Foul verursacht.

1

2

3

Die Fallwürfe

Der Fallwurf ist ein Schlagwurf, der während der Fallbewegung ausgeführt wird. Wir unterscheiden frontale Fallwürfe (7-m-Wurf, Torwurf vom Kreis) und Seitfallwürfe, ausgeführt vom Rückraumspieler.

Vorteile des Fallwurfes:
- Durch längeres Führen im Wurf, kann dem Ball mehr Beschleunigung gegeben und außerdem die Abwehrreaktionen des Torwarts abgewartet werden.
- Der Spieler entzieht sich dem Zugriff des Gegners.
- Der Wurfwinkel wird vergrößert.
- Der Abstand zum Tor wird verkürzt.

Der frontale Fallwurf

Der frontale Fallwurf kommt in dieser Form fast nur als 7-m-Wurf oder ganz selten als Wurf vom Kreis vor. Seine Bezeichnung hat er von der frontalen Stellung und dem frontalen Fall des Werfers zum Tor. Da der frontale Fallwurf am leichtesten auszuführen ist und für die anderen Fallwürfe als Grundlage dient, sollte man mit ihm beim Erlernen beginnen.

Bewegungsablauf:
Der Werfer steht mit dem Ball, beidhändig vor der Brust gehalten, in Grundstellung, entweder mit leicht gegrätschten Beinen oder in Schrittstellung. Die Bewegung beginnt mit dem Vorbringen der Knie und der Hüfte (die gleiche Bewegung wie beim Hinknien) mit gleichzeitiger Ausholbewegung des Wurfarmes. Dabei wird der Wurfarm mit dem Ball genauso geführt wie beim Schlagwurf aus dem Stand. Um die Körperverwringung zu unterstützen, können auch die Knie etwas zur Wurfarmseite gedreht werden, dadurch erreicht man eine sehr gute Bogenspannung, die zur optimalen Beschleunigung des Balles beiträgt. Der Blick ist auf das Ziel gerichtet. Aus dieser Stellung erfolgt die Fallbewegung, indem die gebeugten Knie und die Hüfte nach vorwärts gebracht werden. In Bodennähe werden die Beine kräftig gestreckt und schlagartig der Ball geworfen, wobei das Handgelenk die Wurfrichtung bestimmt. Das Abfangen des Körpers nach dem Fall erfolgt entweder nur durch die Hände oder durch die Hände mit Abrollen über die Wurfarmschulter (Abb. 44).

Fehler:
- Der Ball wird beim Ausholen nicht korrekt geführt.
- Keine Körperverwringung, so daß nur mit dem Arm, nicht mit dem ganzen Körper geworfen wird.
- Fallen und Werfen liegen zeitlich getrennt.
- Hüfte und Knie sind beim Fallen gestreckt, so daß keine Bogenspannung entsteht und die Verletzungsgefahr für die Hände steigt.

5   6   7   8

Die Methodik der Fallwürfe

Der frontale Fallwurf kann mit Hilfe einer methodischen Übungsreihe sehr leicht erlernt werden.

Zunächst wird der frontale Fallwurf demonstriert, um den Schülern eine klare Vorstellung zu vermitteln. Die ersten Übungen dienen dazu, die Angst vor dem Fallen abzubauen. Es ist zu empfehlen, schon vorher in den Sport- und Übungsstunden mit verschiedenen »akrobatischen« Übungen das leichte und sichere Fallen zu üben. Die Vorübungen und ersten Wurfübungen sollte man dann auf einen weichen Boden (Matten, Rasen, Sprunggrube) ausführen, um Verletzungen zu vermeiden.

Methodische Übungsreihe:

1. Erste Vorübung ist das einfache Fallen aus dem Kniestand und Auffangen mit den Händen. Besondere Beachtung gilt dem Vorschieben des Beckens beim Fallen und dem weichen Abfedern mit den Armen.
2. Beim nächsten Schritt wird zu dieser ersten Übung noch die Wurfbewegung hinzugefügt, aber ohne Ball.
3. Übung 2. wird nun ergänzt, indem der Ball aus dem Kniestand mit Fallen vorwärts entweder gegen eine Wand oder zu einem Partner geworfen wird. Dabei sollte vor allem auf die korrekte Ausführung des Schlagwurfes geachtet werden, der aus dem Kniestand schwerer auszuführen ist als aus dem Stand.
4. Man fällt ohne Ball aus dem Hockstand über den Kniestand nach vorne. Es ist unbedingt eine weiche Unterlage für die Knie notwendig.
Wichtig: Beim Hinknien das Becken gut vorschieben und mit den Händen weich abfangen.

45   1

2

5. Wie 4., aber mit Wurfbewegung, zunächst ohne und dann mit Ball. Der Kniestand wird später abgebaut, indem man, wie vorher aus dem Hockstand, die Knie und das Becken vorschiebt mit gleichzeitiger Ausholbewegung (ohne Ball). Bevor die Knie den Boden berühren, werden sie mit gleichzeitiger Wurfausführung gestreckt. Die Hände und Arme fangen den Fall ab. Der Spieler liegt in Bauchlage ganz am Boden. Die ganze Übung wird anschließend mit Ball ausgeführt.

6. Als letztes in dieser Reihe wird dann der frontale Fallwurf aus dem Stand ausgeführt, wobei besonders auf das korrekte Ausholen, die Körperverwringung als auch auf das Vorbringen der Knie und der Hüfte beim Fallen hingewiesen werden muß. Ohne diese Merkmale fehlt eine

3   4   5   6

gute Bogenspannung, und der Wurf verliert viel an Schärfe.

Wenn der Wurf in der Grobform erlernt ist, muß unter normalen, der Spielsituation entsprechenden Verhältnissen (ohne Matten oder Weichboden) bis zur Feinform geübt werden.

Zum Schluß muß der Fallwurf als Torwurf geübt werden. Es empfiehlt sich, ins obere, rechte Eck (Rechtshänder) zu werfen, da

dabei die technische Ausführung am saubersten ist. Wird der frontale Fallwurf beherrscht, geht man dazu über, das Abfangen des Falles durch Abrollen über die Wurfarmschulter zu erlernen, was jetzt keine Schwierigkeiten mehr bereitet. Zu beachten ist hier: Die Hände fangen den Körper genau so auf wie beim Wurf ohne Abrollen, dann wird der Ellbogen des Wurfarmes fest an den Körper gezogen, wodurch das Abrollen

eingeleitet wird (Abb. 45). Der Körper sollte möglichst gestreckt bleiben, da er so leichter rollt und die Verletzungsgefahr eines abgewinkelten Körperteiles entfällt.

**Der frontale Fallwurf
mit einer vorangehenden Drehung**

Der Wurf mit einer vorangehenden Drehung wird am meisten vom Kreisspieler verwendet.

59

46

1

2

3

4

5

6

60

47

1

2

3

4

5

6

Der Kreisspieler steht im Spiel gewöhnlich mit dem Rücken zum Tor und wird aus dem Rückraum angespielt. Um nun aufs Tor werfen zu können, muß er sich zum Tor drehen. Diese vorhergehende Drehung hängt von der Stellung des deckenden Abwehrspielers ab. Je nach Position des Abwehrspielers gibt es für den Kreisspieler fünf Möglichkeiten, sich für den Torwurf »freizudrehen«. Wir wollen diese fünf Drehungen die »5 Schritte des Kreisspielers« nennen.

1. **Der erste Schritt des Kreisspielers** erfolgt aus der Idealstellung. Der Kreisspieler wird auf seiner Wurfarmseite vom Abwehrspieler gedeckt, also auf der falschen Seite. Nach Annahme des Balles führt nun der Kreisspieler eine Drehung nach links auf der Fußspitze des linken Fußes aus, wodurch er den Wurfarm vom Gegner wegbringt und dann ungehindert einen Fallwurf ausführen kann. Hat er genügend Platz, sollte er zuerst einen Schritt mit dem linken Bein nach links machen und dann die Drehung ausführen, um so sicher von seinem direkten Gegner wegzukommen (Abb. 46).

2. **Der zweite Schritt des Kreisspielers.** Deckt der Abwehrspieler den Kreisspieler richtig, also auf der entgegengesetzten Seite des Wurfarmes, muß der Kreisspieler, um werfen zu können, nach Ballannahme auf der rechten Fußspitze eine Vorwärtsdrehung ausführen. Dann setzt er den linken Fuß auf den Boden und führt den Fallwurf aus (Abb. 47). Schon durch seine Drehung entfernt sich der Kreisspieler etwas vom Gegner. Hat er genug Platz zur Verfügung, sollte er mit dem rechten Bein einen Schritt nach rechts und dann erst die Drehung ausführen. Durch ein Seitneigen des Körpers entgegen der Wurfarmseite kann er sich

62

48   1

2

3

4

5

6

noch zusätzlich dem Zugriff des Gegners entziehen.

3. **Der dritte Schritt des Kreisspielers**. Steht der Kreisspieler zwischen zwei Abwehrspielern, dann kommt er mit den vorher beschriebenen Verfahren mit einer Vorwärtsdrehung sehr schwer zum Wurf. Günstiger ist hier die Rückwärtsdrehung. Dem Kreisspieler wird der Ball vom Mitspieler aus dem Rückraum von rechts zugespielt. Um den Ball ungehindert annehmen zu können, macht er einen kleinen Schritt mit rechts in Richtung Ball, den er annimmt und mit dem Körper gut abschirmt. Dann führt er auf dem rechten Fuß eine Drehung rückwärts aus, setzt den linken Fuß seitlich auf und führt einen Fall- oder Sprungfallwurf aufs Tor aus (Abb. 48).
Durch diese Rückwärtsdrehung auf dem rechten Fuß entfernt er sich etwas vom Gegner. Durch schnelles Wegtauchen entzieht er sich vollkommen dem Zugriff des Abwehrspielers.

4. **Der vierte Schritt des Kreisspielers** wird in der gleichen, vorher beschriebenen Situation ausgeführt. Der Ball wird dem Kreisspieler vom linken Rückraum zugespielt. Der Kreisspieler geht dem Zuspieler mit dem linken Fuß einen kleinen Schritt entgegen. Nach der Annahme wird der Ball mit dem Körper gut abgeschirmt. Gleichzeitig führt der Kreisspieler auf dem linken Fuß eine Drehung rückwärts aus, setzt den rechten Fuß an den Kreis und führt über das rechte Bein einen Fall- oder Sprungfallwurf aus (Abb. 49). Die Bewegungskoordination ist schwieriger als bei den anderen drei Verfahren. Der Wurf wird fast ausschließlich mit dem Wurfarm ausgeführt.

5. **Der fünfte Schritt des Kreisspielers**. Dieses Wurfverfahren unterscheidet sich

49   1

2

3

4

5

6

50

1

2

grundsätzlich von den vier vorher beschriebenen, da die Fallbewegung zur Wurfarmseite ausgeführt wird und sich dadurch eine andere Wurftechnik ergibt. Der Schritt wird angewendet, wenn der Abwehrspieler den Kreisspieler auf der richtigen Seite deckt. Um schnell wegzukommen und dem Gegner jede Gelegenheit zum Eingreifen zu nehmen, geht der Kreisspieler in eine seitliche Fallbewegung zur Wurfarmseite noch während der Vorwärtsdrehung auf dem rechten Fuß über. Der Körper wird in der Drehung so zur Wurfarmseite geneigt, daß er den Wurfarm vor dem Zugriff des Gegners schützt. Die Ausholbewegung erfolgt horizontal. Oft wird dieser Wurf zu einem Sprungfallwurf mit Absprung vom Bein der Wurfarmseite. In dieser Stellung holt der Spieler kurz aus und wirft fast nur aus dem Wurfarm. Dabei wird der Körper gestreckt, wodurch eine gute Bogenspannung entsteht, die dem Wurf etwas mehr Schärfe verleiht. Der Werfer landet auf der Wurfarmseite des Körpers oder im Liegestütz (Abb. 50).

3

4

Die Methodik dieser fünf Schritte bedeutet keine Schwierigkeit für den Spieler, wenn der frontale Fallwurf gut beherrscht wird. Deshalb wird auf die Notwendigkeit der perfekten Beherrschung des frontalen Fallwurfes hingewiesen. Da aber bei diesem Verfahren der aktive Gegner eine Rolle spielt, muß der Werfer sich dieser Situation anpassen. Begonnen wird mit den fünf Schritten ohne Gegner, dann mit passiven, halbaktiven und aktiven Gegnern.
Sehr wichtig für den Werfer, um Verletzungsgefahr und das daraus entstehende Angstgefühl zu beseitigen, ist der Knie-, Ellbogen- und Hüftschutz.
Die ersten beiden Schritte sind von einem

5

6

fortgeschrittenen Kreisspieler sofort erlern- und anwendbar. Die letzten drei sind etwas anspruchsvoller und kommen erst für einen erfahreneren Kreisspieler in Frage.

Die speziellen Würfe

Beim heutigen Entwicklungsstand des Handballspiels dienen die bisher beschriebenen technischen Verfahren als allgemeine technische Grundlage des Spiels und müssen dementsprechend von jedem Spieler beherrscht werden. Um nun in der Auseinandersetzung mit einem gutgeschulten und konditionsstarken Abwehrspieler zum Erfolg zu kommen, benötigt der Angriffsspieler einige spezielle Verfahren, besonders Torwürfe, die er, je nach Abwehrverhalten des Gegners, erfolgreich einsetzen kann. Diese speziellen Würfe aufs Tor bauen auf der vorher beschriebenen Grundtechnik auf und sind leichter und wirkungsvoller zu lernen, wenn sie perfekt beherrscht wird. Zu bemerken wäre, daß zur Ausführung spezieller Verfahren eine sehr gute körperliche Verfassung und besonders Sprung- und Wurfkraft von großer Bedeutung sind. Die einzelnen Verfahren sind speziell für bestimmte Spielerposten gedacht:
Rückraumspieler – Kreisspieler – Außenspieler.

Der Schlagwurf tief
Der Schlagwurf tief ist ein Wurf, der tief in Bodennähe vom Rückraumspieler, auf der Wurfarmseite am Gegner vorbeigeworfen wird und der besonders dem Torwart Schwierigkeiten bereitet, da der Werfer vom Abwehrspieler verdeckt wird. Als Grundlage dieses Wurfes dient der Schlagwurf mit Hopserschritt aus dem Stand oder Lauf.

Bewegungsablauf:
Wird der Wurf aus dem Lauf ausgeführt, muß der Ball während eines Linksschritts angenommen werden. Wird er aus dem Stand ausgeführt, beginnt der Werfer direkt mit einem Hopserschritt. In beiden Fällen wird der Hopserschritt direkt auf den Abwehrspieler zu ausgeführt, wobei beim zweiten Schritt die Wurfauslage des hohen Schlagwurfes eingenommen wird. Der Abwehrspieler wird nun oben zum Blocken gezwungen. Jetzt setzt der Werfer das Stemmbein nicht geradeaus, sondern weit zur Wurfarmseite, so daß die Vorderseite des Körpers zum Boden zeigt. Der Wurfarm, mit gekralltem Ball, bleibt in der Wurfauslage. Dann erfolgt der eigentliche Wurf, indem der Ball in Bodennähe auf der Wurfarmseite am Gegner vorbeigezogen wird. Der Oberkörper des Werfers dreht dabei in Richtung Tor auf, kräftig unterstützt durch die Streckung des Standbeines und die Verlagerung des Gewichtes auf das Stemmbein (Abb. 51). Der Oberkörper muß so tief gebeugt werden, daß der Kopf des Werfers in Beckenhöhe des Gegners kommt. Der Ball sollte hinter den Abwehrspieler in die linke Torecke (bei Rechtshändern) geworfen werden, da der Torwart, um den Werfer sehen zu können, zu der Seite des Tores rückt, auf der am Abwehrspieler vorbeigeworfen wird.

Fehler:
- Der Oberkörper wird nicht tief genug gebeugt.
- Der Wurfarm wird nicht in Bodennähe geführt.
- Das Stemmbein überkreuzt ungenügend das Standbein.

Der Knickwurf
Der Knickwurf entspricht dem tiefen Schlagwurf und dient ebenfalls dazu, den Gegner

zu umwerfen. Nur geschieht das jetzt auf der Gegenwurfarmseite des Werfers. Dieser Wurf sollte nach dem Schlagwurf tief gelernt werden.

Bewegungsablauf:
Der Wurf kann aus dem Lauf oder aus dem Stand, in der gleichen Situation wie der Schlagwurf tief ausgeführt werden. Nach dem Hopser, auf dem rechten Bein stehend, wird mit dem Ball eine tiefe Schlagwurffinte ausgeführt, um den Abwehrspieler zum Blocken zu zwingen. Dann wird das Stemmbein links weit seitlich aufgesetzt, man drückt sich kräftig vom Standbein ab, der Oberkörper knickt mit gleichzeitigem Rechtsaufdrehen nach links weg, der gestreckte Wurfarm holt weit hinter dem Kopf aus. Der Krafteinsatz beginnt mit einer kräftigen Drehbewegung des Oberkörpers um eine Längsachse von rechts nach links mit gleichzeitigem Schlagwurf, unterstützt durch kräftiges Strecken des Stemmbeines. Nachdem der Ball die Hand verlassen hat, wird der Schwung mit dem schräg nach vorn aufsetzenden rechten Bein abgefangen (Abb. 52).

Fehler:
- Die Schlagwurffinte ist nicht oder nicht deutlich vorhanden.
- Der Abdruck vom Standbein auf das Stemmbein und das Knicken des Oberkörpers sind nicht kräftig genug, so daß der nachkommende Abwehrspieler noch Blocken kann.
- Der Wurfarm wird nicht hinter den Kopf geführt, der Abwehrspieler kann blocken.

Der Schlagwurf tief und der Knickwurf sind, zusammen angewendet, eine gefährliche Waffe des Rückraumspielers. Beide erfordern genaue Ausführung und viel Wurfkraft.

51   1   2   3

52   1   2   3   4

4

5

6

5

6

7

8

53

1

2

3

4

5

6

7

8

Der Seitfallwurf zur Wurfarmseite

Der Seitfallwurf zur Wurfarmseite ist ein Wurfverfahren für den Rückraumspieler und dient, wie die beiden vorher beschriebenen Würfe, dem Vorbeiwerfen am Abwehrspieler. Wir unterscheiden hier zwei Wurfverfahren, die aus dem Stand oder aus dem Lauf ausgeführt werden können.

Das erste Verfahren ist der Schlagwurf tief als Seitfallwurf ausgeführt. Durch die Seitfallbewegung erreicht der Werfer einen größeren Krafteinsatz und kommt vom blokkenden Abwehrspieler seitlich weiter weg, so daß die Lücke zum Torwurf vergrößert wird. Es ist dem Werfer möglich, auch in die obere Ecke des Tores, unter dem Abwehrblock hindurch, zu werfen.

Bewegungsablauf:
Der Bewegungsablauf dieses Fallwurfes ist identisch mit dem tiefen Schlagwurf. Der Seitfall erfolgt während des Krafteinsatzes. Dabei trägt das Körpergewicht anfangs das Stemmbein, das weit zur Wurfarmseite hinübergesetzt wird. Der Werfer landet der Reihe nach auf Unter-, Oberschenkel, Hüfte, Schulterblatt der Wurfarmschulter und rollt über den Rücken ab (Abb. 53).

Bei der zweiten Ausführung des Seitfallwurfes zur Wurfarmseite steht der Werfer in Grundstellung, leicht gegrätscht, den Ball beidhändig vor der Brust gehalten.

Mit einem spektakulären Sprungfallwurf entzieht sich der Spieler dem Zugriff der Abwehr.

Bewegungsablauf:
Die Wurfbewegung beginnt mit einer Finte nach links. Dann erfolgt ein Seitbeugen des Körpers zur Wurfarmseite mit gleichzeitigem Zurücknehmen der Wurfarmschulter zur Wurfauslage, wobei der Werfer mit dem Bein der Wurfarmseite einen Ausfallschritt machen kann. Bei dieser Bewegung, vor dem Krafteinsatz, steht die Schulterachse parallel zum Boden. Nun beginnt die eigentliche Wurfbewegung des Armes, wobei der Körper sich während der Fallbewegung streckt, und der Arm schlagartig nach vorne geführt wird. Durch die kräftige Wurfbewegung des Armes erfährt der Körper während des Falles eine Drehung um die Längsachse, die ein Abrollen über die Wurfarmschulter und den Rücken zur Folge hat (Abb. 54). Wenn die Fallbewegung richtig ausgeführt wird, nimmt der Werfer im Fallen mit dem Boden Kontakt wie folgt: Unter-, Oberschenkel und Hüfte der Wurfarmseite; über die Wurfarmschulter und den Rücken rollt er ab.
Bei diesem Wurfverfahren liegt das Körpergewicht vor dem Krafteinsatz ganz auf dem Bein der Wurfarmseite.

Fehler:
- Die Wurfarmschulter wird nicht genügend zurückgenommen; der Wurf ist zu schwach.
- Es wird ein Schleuderwurf und nicht ein Schlagwurf verwendet.
- Durch zu geringes Seitbeugen und falsches Abrollen besteht beim Fallen Verletzungsgefahr.

Der Seitfallwurf gegen die Wurfarmseite
Es ist ein Wurfverfahren des Rückraumspielers und hat den Zweck, am Gegner vorbeiwerfen zu können.
Es ist eigentlich die Fortsetzung des Knickwurfes zu einem Fallwurf. Durch diese Fallbewegung versucht der Werfer sich dem Zugriff und der Blockmöglichkeit des Abwehrspielers zu entziehen. Der Wurf kann aus dem Stand, Lauf oder mit vorhergehender Wurffinte ausgeführt werden.

54
1

5

9

2

3

4

6

7

8

10

55

1

2

3

4

5

6

7

8

Bewegungsablauf:
Die Bewegung beginnt mit einer Schlagwurffinte tief. Dann führt der Werfer einen Ausfallschritt zur Gegenwurfarmseite aus, beugt den Körper kräftig nach dieser Seite, gleichzeitig nimmt er die Wurfarmschulter zurück. Der Körper wird dadurch nach rechts aufgedreht. Der gestreckte Wurfarm mit dem Ball wird hinter den Kopf gebracht. Nun drückt sich der Werfer vom rechten Bein kräftig ab, überträgt das Gewicht auf das Stemmbein, das sich dabei streckt, so daß die Längsachse des Körpers parallel zum Boden ist. Mit dieser Bewegung beginnt der Seitfall. Die Schulterachse steht senkrecht zum Boden. Durch den schlagartigen Krafteinsatz erhält der Körper eine Vorwärtsdrehung um eine Längsachse. Nach dem Wurf landet der Werfer entweder auf der linken Hand, oder auf beiden Händen im Liegestütz (Abb. 55). Geworfen werden sollte in die Ecke der Wurfarmseite, also hinter den Abwehrspieler.

Fehler:
■ Das Seitbeugen des Körpers ist zu gering. Der Wurfarm wird nicht genügend hinter den Kopf gebracht, so daß der Ball am Block des Abwehrspielers hängenbleibt.
■ Der Körper wird nicht genügend aufgedreht; der Wurf ist zu schwach.
■ Durch das Fallen aus zu hoher Ausgangsstellung besteht Verletzungsgefahr.

**Methodische Tips
zu den speziellen Würfen**
Die Methodik dieser vier Wurfverfahren des Rückraumspielers sollte als ein Ganzes angesehen werden. Das Erlernen dieser Verfahren in einer bestimmten Reihenfolge verspricht die wirksame und richtige Anwendung in der Spielpraxis.
1. Beginnen sollte man mit dem Schlagwurf

tief, und zwar am Anfang als einfachen Seitschlagwurf mit einem Schwungschritt (ohne den Ball zu krallen, ist keines der vier genannten Verfahren auszuführen).
Stufenweise wird nun mit dem Wurfarm nach unten gegangen, wobei die Schulterachse immer näher einer Parallelen zum Boden rückt und das Stemmbein immer mehr über das Standbein zur Wurfarmseite gesetzt wird, bis die ideale Stellung zum Schlagwurf tief erreicht ist. Es kann zuerst an der Wand, dann mit einem Partner als Zuspiel und zum Schluß als Torwurf geübt werden.
2. Als nächstes sollte dann der Knickwurf erlernt werden, wobei das Andeuten des tiefen Schlagwurfes als Finte den Gegner zum Blocken zwingt, was dem Knickwurf mehr Aussicht auf Erfolg gibt.
3. Sind die beiden Würfe erlernt, geht man vom Schlagwurf tief zum Seitfallwurf zur Wurfarmseite über. Dabei muß nur die Falltechnik erlernt werden, da der Bewegungsablauf derselbe wie beim Schlagwurf tief ist.
Die zweite Möglichkeit des Fallwurfes zur Wurfarmseite ist durch die Ausgangsstellung und Ausführung vom Bein der Wurfarmseite etwas schwieriger und sollte nur nach dem erstgenannten Verfahren erlernt werden. Besonders die Verletzungsgefahr ist hier größer.
4. Schließlich wird als letztes Glied in dieser Kette der Seitfallwurf auf die entgegengesetzte Seite des Wurfarmes erlernt, der mit dem Knickwurf sehr große Verwandtschaft aufweist. Ein zum Knickwurf angesetzter Torwurf, der zu einem Fallwurf verlängert wird, ist in der Technik identisch. Wird von Anfang an ein Fallwurf angesetzt, ist das Knicken in der Hüfte nicht so deutlich, da der Werfer sofort

durch das seitliche Fallen die Körperlängsachse parallel zum Boden bringt.

Die vorher beschriebenen vier speziellen Wurfverfahren sind, bei guter Beherrschung, gefährliche Waffen des Rückraumspielers. Es sind Würfe, die sich der Spieler erst später als Spitzenspieler aneignet. Man sollte aber recht früh mit Übungen beginnen, die als Grundlage für diese Wurfverfahren verwendet werden können.
Es können Sprungkästen oder deren Teile, Böcke, Zauberschnüre usw. als Gegnersimulation verwendet werden, so daß auch Üben allein möglich ist.
Zu empfehlen wäre das Verwenden von Matten, weichem Rasen oder Sand beim Erlernen der Fallwürfe, um Verletzungen oder Angst davor von Anfang an auszuschalten.

Der verzögerte Sprungwurf
Der verzögerte Sprungwurf ist ein Wurfverfahren, das am häufigsten vom Rückraumspieler zum Überwinden des Abwehrspielers eingesetzt wird.
Wir unterscheiden hier zwei Möglichkeiten:
■ Der verzögerte Sprungwurf auf der Wurfarmseite
■ Der verzögerte Sprungwurf auf der dem Wurfarm entgegengesetzten Seite.

Bewegungsablauf:
Verzögerter Sprungwurf auf der Wurfarmseite:
Der Werfer läuft schräg von links oder parallel zur Torlinie an, springt zum Wurf hoch und zwingt so den Abwehrspieler zum Blocken. Auch der Torwart stellt sich auf einen Sprungwurf hoch über die Abwehr ein. Nun beginnt die Verzögerung des Wurfes. Dieses kann zweierlei zur Folge haben:
■ Der Abwehrspieler, der zum Blocken ge-

56

1

2

3

4

5

6

74

sprungen war, steht wieder auf dem Boden und kann so überworfen werden, wobei das ganze Tor ungedeckt ist, was natürlich für den Torwart von Nachteil ist.

- Durch die zur Abwehrreihe schräge oder parallele Bewegungsrichtung des Werfers springt dieser bei Verzögerung des Wurfes am Block der Abwehr vorbei und kann so am Abwehrspieler vorbeiwerfen, der dem Torwart meistens noch die Sicht nimmt. Dabei kann der Werfer auf dem Gegensprungbein landen, wodurch er die Flugphase maximal verlängert.

Beim verzögerten Sprungwurf auf der dem Wurfarm entgegengesetzten Seite kann der Werfer aus jeder Richtung anlaufen. Der letzte Schritt mit dem Sprungbein und der Absprung von diesem in die entgegengesetzte Richtung des Wurfarmes ist maßgebend. Dabei versucht der Werfer auch hier durch die Verlängerung der Flugphase den zeitlich-räumlichen Ablauf des Wurfes so zu verändern, daß er entweder über den Block werfen oder an ihm vorbeispringen kann. Besonders beim Vorbeispringen muß er den Oberkörper weit zur Gegenwurfarmseite neigen und den gestreckten Wurfarm mit dem Ball weit hinter den Kopf bringen, um dem Zugriff des Gegners zu entgehen (Abb. 56).

Die Methodik des verzögerten Sprungwurfes weicht wenig von der des Sprungwurfes ab. Beim fortgeschrittenen Spieler, der den Sprungwurf gut beherrscht, wird durch die Verbesserung der Sprungkraft eine längere Flugphase erreicht. Wichtig ist vor allem, daß der Werfer, wenn er als Rechtshänder von rechts anläuft, den Sprungwurf mit einem Hopserschritt gut beherrscht. Dieses Verfahren erlaubt ihm die Einnahme einer optimalen Wurfstellung zum Tor, was bei einem klassischen 3-Schritte-Anlauf nicht so leicht möglich ist.

Die Sprungwürfe von außen

Im Laufe der Entwicklung des Handballs
haben sich auch für die Spieler der Außenpositionen die Torwurfverfahren vermehrt.
Sie verlangen vom Außen besonders
Schnelligkeit, Sprung- und Wurfkraft.
Mit einem einfachen Sprungwurf weit
(Abb. 57) in Richtung der 7-m-Marke ist es
meist nicht mehr getan, da die Abwehrspieler diesen verhältnismäßig leicht verhindern
können.

**Der Sprungwurf von außen mit Landung
auf dem Gegensprungbein** ist ein Verfahren, das sich aus dem gewöhnlichen
Sprungwurf von außen entwickelt hat. Verwendet wird es vom Rechtshänder in der
Linksaußenposition bzw. vom Linkshänder
in der Rechtsaußenposition.

Bewegungsablauf:
Der Werfer versucht durch den Anlauf und
Absprung seinen Wurfwinkel so weit wie
möglich zu vergrößern. Ist er am Abwehrspieler vorbeigesprungen, verzögert er den
Wurf möglichst lange. Dabei neigt er den
Körper stark zur Wurfarmseite und setzt
nach dem Wurf auf dem Gegensprungbein
auf.

**Der Sprungwurf von außen mit Absprung
vom Bein der Wurfarmseite** wird vom Außen dann angewendet, wenn sein Anlauf
nicht aus der Ecke des Spielfeldes, sondern
von der 9-m-Linie erfolgt. Das hat zwei
Vorteile:
- Der Wurfwinkel wird nicht durch den
  Absprung vom linken Bein verkleinert.
- Der Abwehrspieler, der auf den Absprung
  vom linken Bein wartet, wird überrascht
  und kann nicht mehr regelgerecht eingreifen.

57

75

58

1

2

3

4

5

6

Bewegungsablauf:
Der Anlauf erfolgt gewöhnlich mit zwei
Schritten in einem Winkel von 45°–90° zur
Torlinie, nahe am linken Außenabwehrspieler außen vorbei. Der linke Fuß wird
vor dem Torraum, nahe am Gegner, aufgesetzt und kräftig abgesprungen. Mit Hilfe
des Sprunges sollte versucht werden, den
Wurfwinkel zu vergrößern. Der Sprung erfolgt also auf die Mitte des Torraumes zu.
Dabei wird der Ball beidhändig vor der Brust
gehalten, die linke Schulter weit nach
vorne geschoben, so daß der Gegner nicht
an den Ball herankommen kann. Das rechte
Bein, im Sprung nach vorne gebracht,
pendelt zurück. Das linke wird, im Knie
gebeugt, vorwärts geführt. Dann wird der
Ball schnell über die Wurfarmschulter gebracht und je nach Ziel des Wurfes von
mehr oben oder von seitlich mit einem
Schlagwurf geworfen. Das linke Bein pendelt wie beim gewöhnlichen Sprungwurf
kräftig zurück, um die Wurfbeschleunigung
zu unterstützen. Der Werfer kann links oder
rechts landen (Abb. 58).
Dieser Wurf kann auch als Sprungfallwurf
ausgeführt werden, wodurch die Flugphase
verlängert, der Wurfwinkel vergrößert und
die Wahrscheinlichkeit eines erfolgreichen
Abschlusses erhöht wird. In diesem Falle
kann der Werfer auf der Wurfarmseite oder
im Liegestütz landen und über die Wurfarmschulter abrollen.
Beim Erlernen dieses letzten Wurfes sollte
man eine weiche Unterlage verwenden, um
Verletzungen und mögliche Angst davor zu
vermeiden.

Der Sprungwurf von außen hoch ist ein
Verfahren, das sehr häufig von Spielern
oberster Spielklasse mit viel Erfolg verwendet wird. Er setzt beim Werfen besondere
Sprungkraft voraus.

59

1

2

3

4

5

6

77

Bewegungsablauf:
Der Anlauf verläuft zwischen parallel zur Torlinie bis schräg in Richtung 7-m-Marke, je nach Stellung des Abwehrspielers. Der Sprung wird sehr hoch ausgeführt, wobei der Werfer den Wurfarm mit dem Ball hinter den Kopf bringt, um ihn so dem Zugriff des Gegners zu entziehen. Auf dem Scheitelpunkt der Flugbahn erfolgt der Krafteinsatz. Der Wurfarm mit dem Ball wird, je nach Stellung des Torwarts, mehr oben oder mehr seitlich nach vorne gebracht, um ihn

über- oder umwerfen zu können. Die Landung erfolgt meistens auf beiden Beinen (Abb. 59).

Der Sprungwurf von außen als Bogenwurf findet besonders bei weit herauslaufenden Torleuten Anwendung.

Bewegungsablauf:
Der Anlauf erfolgt parallel zur Torlinie bzw. schräg in Richtung 7-m-Marke. Der Werfer setzt zu einem gewöhnlichen Sprungwurf

an und hebt den Ball beim Herauslaufen des Torwarts gefühlvoll über diesen ins Tor (Abb. 60). Der Erfolg ist besonders sicher, wenn der Werfer vorher einige gewöhnliche Sprungwürfe ausführt, die den Torwart zum Heraustreten verleiten.

Der Sprungwurf des Rechtshänders von der Rechtsaußenposition *(Knicksprungwurf).*
Da nicht jede Mannschaft über Linkshänder verfügt, muß sich in diesem Fall ein Rechtshänder auf die Rechtsaußenposition spezia-

60   1

2

3

4

5

6

lisieren. Er muß wie jeder Außen, besonders gute Sprungkraft besitzen. Im Gegensatz zur Linksaußenposition, in der der Rechtshänder auch einmal einen Sprung in einem spitzen Winkel zur Torlinie erfolgreich abschließen kann, ist das in der Rechtsaußenposition fast unmöglich, besonders, wenn der Torwart richtig steht. Es sollten deshalb nur solche Sprungwürfe ausgeführt werden, die eine Vergrößerung des Wurfwinkels ergeben.

Bewegungsablauf:
Der Anlauf erfolgt in Richtung 7-m-Marke. Er kann mit einem gewöhnlichen Dreierschritt (links, rechts, links) oder einem Hopserschritt ausgeführt werden. Der Absprung muß so weit und so hoch wie möglich sein. Der Ball wird möglichst lange beidhändig vor dem Körper gehalten, um dem Gegner die Möglichkeit des Herausspielens zu nehmen. Dann dreht der Werfer den Körper um die Längsachse weit nach rechts auf, so daß die Schulterachse schräg zum Boden zeigt (je weiter dieses Aufdrehen ist, um so mehr Beschleunigung erfährt dann der Ball), bringt den möglichst gestreckten Wurfarm hinter den Kopf, knickt im Rumpf nach links ab, um auf diese Art den Wurfwinkel so weit

wie möglich zu vergrößern. Der Krafteinsatz erfolgt, gewöhnlich erst auf dem absteigenden Ast der Flugkurve, durch eine kräftige Drehbewegung des Körpers um seine Längsachse mit gleichzeitigem schlagartigen Vorbringen des Wurfarmes. Hat der Ball die Hand verlassen, ist die Schulterachse parallel zum Boden. Der Werfer landet auf dem Sprungbein (Abb. 61).
Um den Wurfwinkel noch mehr zu vergrößern und so die Chancen für einen Torerfolg noch zu erhöhen, kann der Werfer diesen

Wurf auch als Sprungfallwurf ausführen. In diesem Fall landet er dann im Liegestütz (Abb. 62).

Der Sprungwurf von außen mit Annahme des Balles nach dem Absprung ist ein sehr anspruchsvolles und spektakuläres Verfahren, das viel Übung und Zeitraumgefühl verlangt. Die Ausführung ist besonders schwer, weil das Zuspiel vom Partner genau auf den Sprung des Werfers abgestimmt sein muß. Der Wurf kann nicht nur von

61

62

1

2

3

4

5

6

außen, sondern von allen Positionen vom Kreis ausgeführt werden. Besonders der Kreisspieler setzt diese Möglichkeiten ein. Für den Außenspieler ist dieses Wurfverfahren besonders günstig, da er oft ungedeckt bleibt und so in aller Ruhe anlaufen und ungestört abspringen kann.

Bewegungsablauf:
Der Linksaußen läuft, fast immer ungehindert, an und springt wie bei einem Sprungwurf über den Wurfkreis weit-hoch, wobei gute Sprungkraft eine entscheidende Rolle spielt. Während des Sprunges wird er nun vom Ballführenden angespielt, kann den Ball ein- oder beidhändig annehmen und wirft nun aufs Tor. Das Landen erfolgt auf dem Sprungbein oder auf beiden Beinen (Abb. 63).

Die Methodik der speziellen Würfe von außen basiert auf der Sprungwurftechnik. Die Besonderheit dieser Würfe besteht darin, daß der Werfer sich der Spielsituation anpassen muß und sich die Würfe aneignen sollte, die seinen körperlichen Fähigkeiten, besonders der Sprung- und Wurfkraft, entsprechen. Diese Würfe können nur durch ständiges Trainieren unter verschiedensten Bedingungen erlernt werden.

Die Sprungfallwürfe
Sowohl Kreisspieler und Außenspieler als auch Rückraumspieler führen diese Würfe aus, besonders in der 1. und 2. Phase des Angriffs und beim Durchspringen einer Abwehrlücke.

Vorteile:
■ Die Verkürzung des Abstandes zum Tor.

63

1   2   3   4   5   6

64

Mit einem Sprungfallwurf entzieht sich Horst Spengler
dem Zugriff des Abwehrspielers.

65

Mit Hilfe dieses spektakulären Sprungfallwurfes von
rechts außen vergrößert der Spieler den Wurfwinkel
optimal.

- Die Vergrößerung des Wurfwinkels.
- Der Werfer entzieht sich dem Zugriff des Gegners.
- Er kann während der Flugphase die Reaktion des Torwartes abwarten.

Die Ausführung dieser Würfe erfordert Mut, Gewandtheit und Geschicklichkeit. Von besonderer Bedeutung ist die Landung, die die Gefahr von Verletzungen mit sich bringt, wenn die vorhergenannten Fähigkeiten fehlen.

Der Sprungfallwurf des Kreisspielers. Die meisten Fallwürfe der Kreisspieler, die aus der Bewegung, vor allem aus dem Lauf ausgeführt werden, werden durch den großen Schwung zu Sprungfallwürfen (Abb. 64). Dabei bleibt die technische Ausführung grundsätzlich dieselbe, nur geht dem Wurf ein mehr oder minder kräftiger Absprung, oft beidbeinig und ohne Anlauf, voraus. Das Landen nach dem Wurf erfolgt nahezu immer auf den Händen oder auf Händen und Füßen. Meistens wird mit Abrollen über die Wurfarmschulter abgeschlossen. Der Aufprall des Körpers auf dem Boden wird dadurch stark vermindert.

Der Sprungfallwurf von außen. Jeder Sprungwurf von außen kann in einen Sprungfallwurf verwandelt werden, wodurch der Wurfwinkel optimal vergrößert wird und die Erfolgswahrscheinlichkeit des Wurfes dementsprechend wächst. Der Werfer läßt nach dem Absprung den Körper vorwärtskippen und erreicht durch die lange Verzögerung des Wurfes eine waagrechte Lage des Körpers in der Luft (Abb. 65). In diesem Moment wird geworfen, wobei der gestreckte Wurfarm den Wurfwinkel noch vergrößert. Das Landen erfolgt ähnlich wie beim Kreisspieler im Liegestütz mit nachfol-

gendem Abrollen über die Wurfarmschulter. Der Werfer kann aber auch als Rechtshänder von links, auf der rechten Körperseite und als Linkshänder von rechts auf der linken Körperseite landen. Bei dieser Landung ist das Abfangen des Körpers fast nicht möglich, so daß der Aufprall hart und oft schmerzhaft ist.
Um sich dem Zugriff des Gegners zu entziehen, »taucht« der Werfer oft unter den Armen des Gegners weg, springt dann ab und wirft. Dabei kann er sowohl vom Gegenwurfarmbein als auch vom Wurfarmbein abspringen.

Das Fausten des Balles mit einem Sprungfall ist ein Verfahren, das alle Spieler vom Wurfkreis ausführen. Gefaustet werden alle Bälle regelentsprechend, die sich nicht auf dem Boden befinden. Es sind gewöhnlich vom Torwart oder Torgestänge abgeprallte oder sonstwie im Spielverlauf über den Torraum gelangte Bälle, die nur durch einen Sprungfall erreicht werden können.

Bewegungsablauf:
Der Spieler springt ein- oder beidbeinig außerhalb des Torraumes ab, der Körper liegt gestreckt waagrecht über dem Torraum. Der Ball kann nun ein- oder beidhändig gefaustet oder mit der flachen Hand geschlagen werden. Der Spieler landet gewöhnlich im Liegestütz und kann abrollen, um den Aufprall zu vermindern (Abb. 66). Die Methodik der Sprungfallwürfe baut auf die Sprung- und Fallwürfe auf. Es sind Würfe, die ein hohes Können und viel Mut voraussetzen. Am Anfang sollte mit Hilfe von Matten oder einer sonstigen weichen Bodenunterlage das Landen gelernt werden. Dann wird auf dem bloßen Boden, ohne Gegner und zum Schluß unter Spielbedingungen geübt.

Die Rückhandwürfe
Als Torwürfe werden Rückhandwürfe sowohl aus dem Rückraum als auch vom Kreis (meistens von der Mitte) verwendet. Besonders vom Kreis stellen sie eine gefährliche Waffe dar. Da die Überraschung für Torwart und Abwehrspieler meistens groß ist und die Ausführung durch ihre Schnelligkeit selten zu verhindern ist, können Kreisspieler dieses Verfahren mit Erfolg anwenden. Die Rückhandwürfe aus dem Rückraum werden meistens mit einer Drehbewegung um das Stemmbein ausgeführt. Da ihre Treffsicherheit sehr gering ist, werden sie seltener verwendet. Die Rückhandwürfe sind Schwung- oder Schleuderwürfe und können von Überkopfhöhe bis Hüfthöhe ausgeführt werden.

Der Rückhandwurf mit einer halben Drehung wird meistens vom Rückraumspieler verwendet, und zwar, um den blockenden Abwehrspieler zu umwerfen. Gewöhnlich geht eine Schlagwurffinte hoch oder schulterhoch voraus.

Auf dem Bild rechts sieht man deutlich den Moment vor dem Treffen des Balles beim Schlagen nach einem Sprung in den Torkreis. Der Spieler schlägt hier mit der offenen Hand, genauso könnte er mit der Faust den Ball zu treffen versuchen.

84

67

1

2

3

4

5

6

7

8

Bewegungsablauf:

Der Werfer täuscht einen hohen Schlagwurf mit Schwungschritt vor, der aus dem Stand oder Anlauf erfolgen kann und höchstens aus zwei Schritten bestehen darf (Nachstellschwungschritt). Der Gegner wird dadurch zum Blocken gezwungen. Dann unterbricht der Werfer die Schlagwurfbewegung, drückt sich vom Stemmbein kräftig ab, indem er eine schnelle, halbe Körperdrehung nach rückwärts in Richtung Wurfarm ausführt, stemmt das Bein der Wurfarmseite kräftig ein und zieht den Ball, eingeklemmt zwischen Hand und Unterarm, aufwärts und rückwärts über die Schulter auf das Tor. Die Schleuderkraft des Armes wird durch kräftiges Beinstrecken unterstützt (Abb. 67).

Durch den Zeitpunkt der Freigabe des Balles kann die Höhe und durch die Körperdrehung die seitliche Abweichung des Torwurfes bestimmt werden.

Diese Ausführung kann auch bei einer geschlossenen Deckung Erfolg haben, da der Ball von einem großen Rückraumspieler auch über die Abwehr geworfen werden kann. Für denselben Wurf in Schulterhöhe braucht der Werfer mehr seitlich Platz, da sonst der Ball an der Deckung hängenbleibt, und es sehr oft durch Anwerfen des Gegners zu Stürmer-Fouls kommt.

Der Rückhandwurf in Hüfthöhe wird meistens vom Kreisspieler in der mittleren Position aus dem Stand oder als Rückhandfallwurf ausgeführt.

Bewegungsablauf:

Der Kreisspieler steht mit dem Rücken zum Tor am Torraum. Der Ball wird beidhändig gehalten. Die linke Hand wird gelöst und der Ball ist rechts zwischen Hand und Unterarm eingeklemmt. Gleichzeitig schleudert der

68   1

2

3

4

5

6

87

69

1

2

Kreisspieler den Ball an der Hüfte vorbei nach rückwärts auf das Tor (Abb. 68). Durch den Zeitpunkt der Freigabe des Balles und die Stellung des Unterarmes, kann die Wurfhöhe und Richtung genau bestimmt werden. Um sich dem Zugriff des Gegners zu entziehen, kann der Werfer einen Fallwurf nach rückwärts ausführen, wobei er entweder auf dem Rücken oder durch eine Drehung um das Bein der Wurfarmseite im Liegestütz landet (Abb. 69).

Die beidhändigen Würfe (Beidhänder)
Als Torwürfe verwendet man diese in Situationen, wo eine andere Ausführung nicht mehr möglich ist. Es sind ausschließlich Würfe des Kreisspielers vom Kreis als Abschluß eines Gegenstoßes. Sie sind erfolgreicher, wenn sie als Sprung- oder Sprungfallwürfe ausgeführt werden, weil eine allzu große Beschleunigung des Balles beidhändig nicht möglich ist, und die Sprung- oder Sprungfallbewegung den Abstand zum Tor so verkleinert, daß auch ein Beidhänder zum Erfolg führt.

Der Beidhänder aus dem Lauf, Sprung, Fall und Sprungfall wird oft als Abschluß eines Gegenstoßes verwendet.

3

4

Bewegungsablauf:
Der Ball wird beidhändig angenommen, schnell über den Kopf nach hinten geführt (wie beim Fußball-Einwurf) und schlagartig über den Kopf nach vorne gezogen. Je nach beabsichtigter Höhe des Wurfes wird er früher oder später freigegeben.
Der Wurf kann genauso auch aus dem Sprung ausgeführt werden, wobei der Werfer vom linken, rechten oder von beiden Beinen abspringen kann.
Der Fall- und Sprungfallwurf als Beidhänder hat denselben Bewegungsablauf. Der Wer-

88

5

6

fer landet nach dem Wurf im Liegestütz vorlings.

Der Beidhänder zwischen den Beinen nach rückwärts ist ein Wurf, den der Kreisspieler dann verwendet, wenn er mit dem Rücken zum Tor steht und auf beiden Seiten gedeckt ist. Er hat dann meist keine andere Möglichkeit, auch nicht den Ball an einen Mitspieler abzugeben.

Bewegungsablauf:
Der Ball wird beidhändig kurz nach oben geführt, dann beugt sich der Werfer kräftig vorwärts und zieht den Ball zwischen den gegrätschten Beinen nach rückwärts, wobei er ihn solange wie möglich führt (Abb. 70). Er beobachtet durch die gegrätschten Beine den Torwart und kann dementsprechend den Ball plazieren.

70
1

2

3

4

5

6

89

Die Finten (Täuschbewegungen)

Die Finten sind wichtige technische Verfahren, die aus dem heutigen Handball nicht mehr wegzudenken sind.

Die Finte ist eine bewußte, wohlüberlegte Handlung des Angreifers, ohne oder mit Ball, die den abwehrenden Gegner zu einer bestimmten, gewollten Reaktion verleitet. Reagiert der Gegner wie erwartet, wird die Handlung abgebrochen und mit einer neuen Handlung fortgesetzt. Die Finte setzt sich also aus zwei klar zu unterscheidenden Elementen zusammen: Aus einer Täuschbewegung und einer Folgehandlung, nach der Reaktion des Gegners. Zum Beispiel: Eine Torwurffinte zwingt die Gegner zum Blokken, wodurch der Kreisspieler für einen Augenblick ungedeckt ist. Als Folgehandlung wird nun die Torwurfbewegung unterbrochen und der Kreisspieler angespielt. Durch die Reaktion auf die Finte wird den Abwehrspielern die Möglichkeit genommen, noch in die Handlung des Fintierenden einzugreifen.

Die Finten müssen gut überlegt angewendet werden. Sie dürfen vor allem den Spielfluß nicht stören oder verzögern. Zu oft darf eine Finte nicht wiederholt werden, da sich sonst der Gegner darauf einstellt.

Die Finten ohne Ball

Die Finten ohne Ball dienen meist dazu, sich vom Gegner zu lösen und für das Anspiel freizulaufen. Wichtig ist die zeiträumliche Abstimmung mit den Handlungen der Mitspieler, besonders mit dem Ballführenden.

Die Antrittsfinte

Die Antrittsfinten sind die am meisten verwendeten Finten ohne Ball.

Bewegungsablauf:
Der Angreifer steht vor dem ihn bewachenden Gegner. Er täuscht nun mit einem Schritt ein Antreten nach links vor. Der Gegner, um den Durchbruch nach links zu verhindern, wird sich in diese Richtung bewegen. Jetzt tritt der Angreifer nach rechts an, so daß der Gegner entweder ganz abgeschüttelt wird oder dem Angreifer nur verspätet folgen kann (Abb. 71).

Diese Finte kann einfach (links antäuschen, rechts antreten) oder doppelt (rechts antäuschen, links antäuschen, nach rechts antreten) ausgeführt werden. Wir sprechen von einer einfachen oder einer doppelten Antrittsfinte.

Die Richtungsänderung

Werden die vorher beschriebenen Bewegungen aus dem Lauf ausgeführt, sprechen wir von Richtungsänderungen. Auch hier unterscheiden wir einfache und doppelte Richtungsänderungen.

Bewegungsablauf:
Der Angreifer nähert sich dem Abwehrspieler auf zwei bis drei Schritte, führt dann schräg nach links einen Schritt aus, wodurch der Gegner erwartet, auf dieser Seite umlaufen zu werden. Bewegt der Gegenspieler sich in dieser Richtung, wird der Linksschritt zum Bremsschritt (Stemmschritt). Durch kräftigen Abdruck vom linken Bein wird die Laufrichtung nach rechts geändert und in dieser Richtung weitergelaufen.

Das Abdrehen

Das Abdrehen wird vor allem vom Kreisspieler verwendet, um der direkten Bewachung des Gegners zu entgehen, kann aber auch vom Außen oder vom Rückraumspieler benützt werden.

Bewegungsablauf:
Der Kreisspieler steht mit dem Rücken zum Tor. Sein direkter Gegenspieler befindet sich hinter ihm (also zwischen ihm und Tor). Der Kreisspieler führt nun einen Schritt nach rechts aus, wobei er über die Schulter blickt, um das Verhalten des Gegners zu beobachten. Geht der Gegner mit, stoppt der Kreisspieler und geht entschlossen und kraftvoll nach links vorbei, kann angespielt werden und befindet sich in einer günstigen Wurfposition, da sein Wurfarm frei ist.

71

1

2

3

4

5

6

72

1

2

3

4

5

6

Die Finten mit Ball

Einige Finten mit Ball sind mit denen ohne Ball identisch. Sie täuschen eine Handlung des Angreifers mit Ball vor. Wichtig bei diesen Finten ist die Beachtung der 3-Schritte-Regel und die Anpassung an die gegebene Spielsituation.

Beispielsweise wäre es sinnlos, wenn ein kleiner und wurfschwacher Spieler aus dem Rückraum einen Weitwurf vortäuschen würde; darauf würde kein Gegner reagieren.

Die Antrittsfinte mit Ball

Die Antrittsfinten mit Ball können wie die ohne Ball einfach und doppelt sein.
Bei der einfachen Antrittsfinte hat der Angreifer zwei Möglichkeiten:

■ Antrittsfinte links, Antreten nach rechts mit Ballführen (Abb. 72).

■ Antrittsfinte nach links, Antreten nach rechts, Weiterlaufen mit rechts–links–Sprungwurf (Abb. 73). Dies wären genau die der 3-Schritte-Regel entsprechenden Schritte.

Je nach Spielsituation wird die eine oder andere Möglichkeit verwendet.

73

1

2

3

4

5

6

74

1

2

3

4

5

6

7

8

Die doppelte Antrittsfinte mit Ball

Die doppelte Antrittsfinte mit Ball wird genauso wie die ohne Ball ausgeführt. Wichtig ist hier die 3-Schritte-Regel. Da die Finte schon drei Schritte beinhaltet, muß nach der Finte sofort getippt oder geprellt werden (Abb. 74). Dabei sollte man immer versuchen, den Ball mit dem Körper abzuschirmen und dementsprechend die linke oder rechte Hand zum Ballführen verwenden.

Das Abdrehen mit Ball

Das Abdrehen mit Ball als Finte wird wie das Abdrehen ohne Ball ausgeführt, wobei wie bei allen Finten mit Ball die 3-Schritte-Regel beachtet werden muß.
Am Kreis machen die Spieler, aus Platzmangel und um schneller vom Gegner wegzukommen, nicht mehr drei Schritte, sondern versuchen gleich, in einen Fallwurf oder Sprungfallwurf überzugehen, wobei sie sich einfach auf dem entsprechenden Fuß zum Tor drehen.
Das Abdrehen im Rückraum und auf den Außenpositionen könnte man auch als Finte mit einer ganzen Umdrehung oder als Pirouette bezeichnen. Im richtigen Augenblick angewendet kann sie spielentscheidend sein.

Das Abdrehen im Rückraum

Der Rückraumspieler kann die Drehung sowohl nach der linken als auch nach der rechten Seite ausführen. Die Drehung nach rechts dient dem Umspielen des Gegners auf der linken Seite (dabei wird ein Hopserschritt rechts–rechts–links verwendet), die Drehung nach links dem Umspielen des Gegners auf der rechten Seite (dabei wird ein 3er-Schritt links–rechts–links verwendet) (Abb. 75).

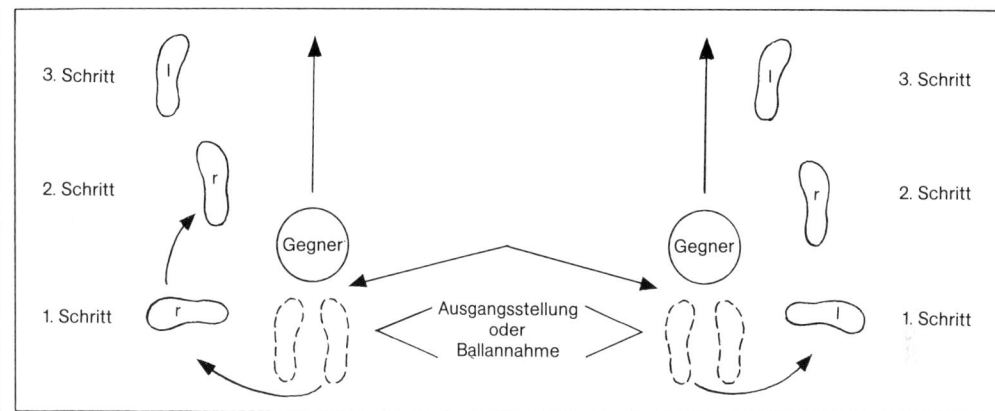

75

Bewegungsablauf:
Der Rückraumspieler steht in der Grundstellung vor dem herausgetretenen Abwehrspieler (der Ball kann auch im Sprung mit beidbeinigem Landen angenommen werden), der Ball wird beidhändig vor dem Körper gehalten. Beim Abdrehen links am Gegner vorbei leitet der Angreifer eine Drehung nach rechts auf der linken Fußspitze ein. Der rechte Fuß wird nach einer 180°-Drehung auf den Boden gesetzt (Schritt 1 des Hopserschrittes), dann erfolgt der Hopser auf dem rechten Bein (Schritt 2). Die rechte Fußspitze zeigt zum Tor, die Drehung um 360° ist also schon ausgeführt. Nun setzt das Sprungbein, mit leicht nach innen gedrehter Fußspitze auf (Schritt 3) und es erfolgt ein Sprungwurf hoch, wenn ein Gegner zwischen Werfer und Tor steht, oder ein Sprungwurf weit, wenn eine Lücke in der Abwehr vorhanden ist (Abb. 76).
Beim Abdrehen rechts am Gegner vorbei leitet der Angreifer eine Drehung nach links auf der rechten Fußspitze ein. Der linke Fuß wird nach einer 180°-Drehung auf den Boden gesetzt (Schritt 1). Dann erfolgt die

Weiterdrehung auf dem linken Fuß. Der rechte Fuß (Schritt 2) setzt mit der Fußspitze in Torrichtung auf. Die Drehung um 360° ist also schon ausgeführt. Nun setzt das Sprungbein, mit leicht nach innen gedrehter Fußspitze (Schritt 3), zum Sprungwurf weit oder hoch auf (Abb. 77).
Zur Weiterentwicklung und Verbesserung der Finte mit einer ganzen Umdrehung wird eine Wurffinte dazugenommen. Die Bewegung ist etwas schwerer auszuführen, da der Spieler nur zwei Schritte für die Umdrehung zur Verfügung hat. Auch in diesem Fall kann sowohl links als auch rechts am Gegner vorbeigegangen werden (Abb. 78).

Bewegungsablauf:
Die Ausgangsstellung kann entweder wie vorhin die Grundstellung sein, oder aber der Ball wird in der Bewegung auf dem rechten Bein angenommen. Nun erfolgt eine Torwurffinte mit einem Stemmschritt des linken Beines (Schritt 1). Der Abwehrspieler wird zum Blocken veranlaßt und der Fintierende hat dadurch große Aussicht, an ihm vorbeizukommen.

76

1

2

3

4

5

6

7

8

77

1

2

3

4

5

6

7

8

79　1　2　3　4　5　6

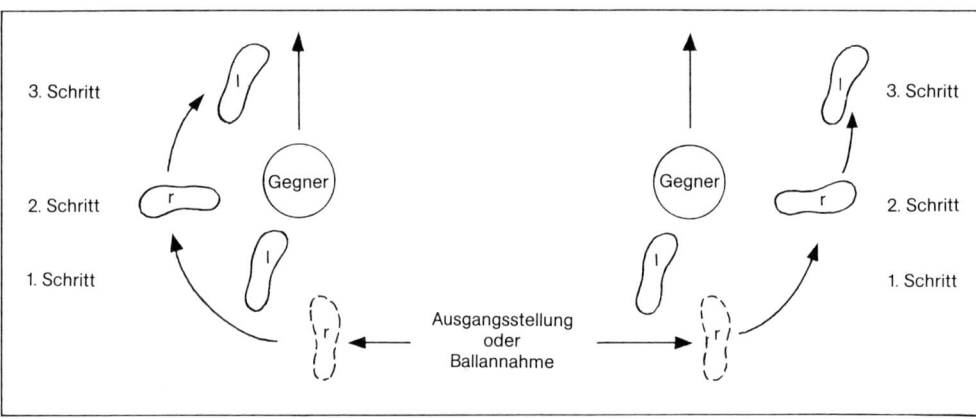

78

3. Schritt

2. Schritt

1. Schritt

Gegner

Ausgangsstellung
oder
Ballannahme

Gegner

3. Schritt

2. Schritt

1. Schritt

Will der Angreifer links am Gegner vorbei-
gehen, führt er auf dem linken Fuß, nach
dem Stemmschritt mit Torwurffinte
(Schritt 1), eine 180°-Drehung nach rechts
aus, setzt den rechten Fuß seitlich auf
(Schritt 2), führt auf diesem auch eine 180°-
Drehung aus, wodurch er wieder wie vor-
her frontal zum gegnerischen Tor steht.
Dann erfolgt ein Schritt mit links zum
Sprungwurf hoch oder weit (Schritt 3)
(Abb. 79).
Beim Umspielen des Gegners auf der rech-

80　1　2　3　4　5

7   8   9   10

ten Seite läuft die Bewegung, bis zur Wurffinte mit Stemmschritt (Schritt 1) identisch ab. Dann erfolgt eine Drehung um ungefähr 180° nach links auf dem linken Fuß. Der rechte Fuß (Schritt 2) wird seitlich rechts aufgesetzt. Auf diesem erfolgt die Fortsetzung der Linksdrehung. Dann setzt das Sprungbein zum Sprungwurf weit oder hoch auf (Schritt 3) (Abb. 80).

Bei der Ausführung dieser Finte muß besonders auf folgendes geachtet werden:

- Nicht zu nah an den Gegner herangehen, um von diesem nicht regelwidrig gestoppt zu werden.
- Beachtung der 3-Schritte-Regel.
- Die Drehung nicht zu weit ausführen, da sonst nicht mehr geworfen werden kann.

Das Abdrehen auf den Außenpositionen
Der Rechtshänder auf der Linksaußenposition kann so wie der Rückraumspieler im Stand den Ball annehmen (Abb. 81, 82) und dann die Finte ansetzen, oder er nimmt den

Ball in der Bewegung an. Das erste Verfahren ist einem Anfänger zu empfehlen, findet aber auch bei Spielern höherer Spielklassen seine Anwendung.

Bewegungsablauf:
In beiden Fällen beginnt der Rechtshänder auf der Linksaußenposition (der Linkshänder auf Rechtsaußen spiegelverkehrt) mit einem energischen Linksschritt in Richtung Spielfeldmitte (Schritt 1). Die Wirkung auf den direkten Abwehrspieler wird um so

6   7   8   9   10

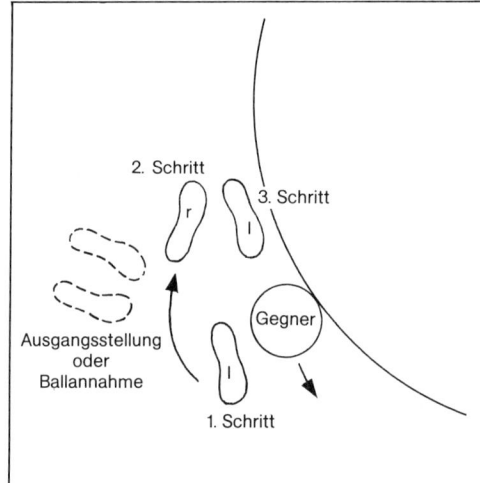

2. Schritt

r

3. Schritt

l

Ausgangsstellung
oder
Ballannahme

Gegner

1. Schritt

81

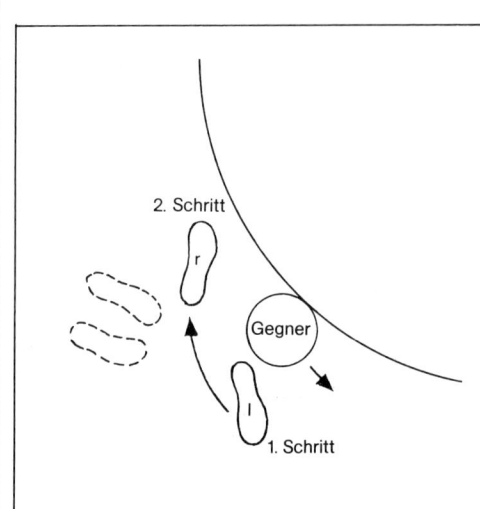

2. Schritt

r

Gegner

l

1. Schritt

82

größer sein, je erfolgreicher der Linksaußen in die 1. Nahtstelle eingebrochen ist und eventuell hier auch Tore erzielt hat. Der Abwehrspieler muß mitgehen, um einen individuellen Durchbruch zu verhindern. Mit dem Linksschritt stoppt der Linksaußen seine Bewegung ab und dreht sich mit einem Rechtsschritt nach rechts herum (Schritt 2), setzt dann den linken Fuß parallel zum Kreis auf (Schritt 3) und führt einen Sprung- oder Sprungfallwurf auf das Tor aus (Abb. 83). Die Umdrehung muß schnell, kraftvoll und eng sein. Eine zu weite Drehung würde zur Verkleinerung des Wurfwinkels führen und auch die Gefahr des Torraumbetretens in sich bergen.

Wird die Bewegung eng am Kreis ausgeführt, kann der Spieler nach der Finte mit Linksschritt (Schritt 1) sich herumdrehen, den rechten Fuß eng an den Kreis setzen und mit rechts zum Torwurf wegspringen (die gleiche Technik wie beim 5. Schritt des Kreisspielers, siehe S. 63). Er führt dann den Wurf mit zwei Schritten aus (Abb. 84).

Steht ein Rechtshänder auf Rechtsaußen (Abb. 85, 86) (Linkshänder auf Linksaußen spiegelverkehrt), nimmt er den Ball im Stand oder in der Bewegung an und beginnt die Finte mit einem deutlichen Rechtsschritt in Richtung Spielfeldmitte (Schritt 1), stoppt die Bewegung ab, wenn der Abwehrspieler mitgegangen ist, dreht sich auf dem linken Fuß links herum, so daß er zur rechten Spielfeldecke sieht, macht einen Rechtsschritt (Schritt 2, rechte Fußspitze zeigt zur Torlinie), vollendet dann mit einem Linksschritt (Schritt 3) die Umdrehung (linke Fußspitze zeigt zur 7-m-Marke) und führt einen Sprung- oder Sprungfallwurf aus (Abb. 87).

Wird die Bewegung eng am Kreis ausgeführt, kann nach dem Rechtsschritt in Richtung Spielfeldmitte auf dem rechten Fuß

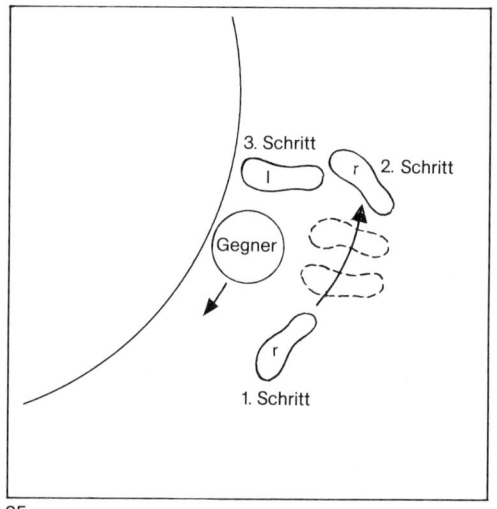

3. Schritt

l

r

2. Schritt

Gegner

r

1. Schritt

85

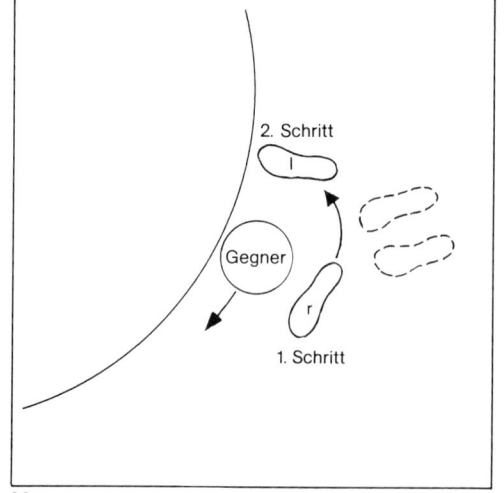

2. Schritt

l

Gegner

r

1. Schritt

86

83

1

2

3

4

5

6

7

8

84   1

2

3

4

5

6

7

8

87

1

2

3

4

5

6

7

8

88   1

2

3

4

5

6

7

8

eine Umdrehung nach links ausgeführt, der linke Fuß eng an den Kreis gesetzt und von diesem sofort ein Sprung- oder Sprungfallwurf ausgeführt werden. Auch hier werden wie vorher auf Linksaußen nur zwei Schritte ausgeführt (Abb. 88). Durch die Beschränkung der Umdrehung auf zwei Schritte ist die Ausführung auch zeitlich kürzer, so daß der Abwehrspieler weniger Möglichkeiten hat, regelgerecht einzugreifen.

Die Zuspielfinte

Die Zuspielfinte soll den Gegner dazu verleiten, seinen Platz zu verlassen, um den Ball, der zugespielt wird, abzufangen. Das Gelingen dieser Finte hängt zum großen Teil davon ab, ob der Ballführende den Ball krallen kann oder nicht.

Bewegungsablauf:
Der Ballführende täuscht ein Zuspiel zu einem Mitspieler vor. Sein direkter Gegner versucht, durch Dazwischentreten in Ballbesitz zu kommen. Dabei verläßt er seine ursprüngliche Position und dies nützt nun der Ballbesitzer mit seiner Folgehandlung (Durchbruch, Anspiel, Torwurf) aus (Abb. 89).

89   1

2

3

4

5

6

105

90a   1

90b   1

2

2

3

3

4

4

Kann der Spieler den Ball nicht krallen, muß er versuchen, bei der Ausführung der Wurfbewegung die Hand so zu drehen, daß der Handrücken am Schluß der Bewegung in Zuspielrichtung zeigt (Abb. 90 a). Dadurch wird verhindert, daß der Ball die Hand ungewollt verläßt. Eine andere Möglichkeit dies zu verhindern ist, die andere Hand am Schluß der Wurfbewegung schnell dazuzunehmen, um den Ball festzuhalten (Abb. 90 b).

Die Anspielfinte
Die Anspielfinte soll den direkten Gegner dazu verleiten, ein Anspiel zu verhindern.

Bewegungsablauf:
Ein Rückraumspieler stößt mit dem Ball auf das Tor und täuscht seinem direkten Gegner ein Anspiel des Kreisspielers vor. Dieses könnte ein direktes Zuspiel, Rückhandpaß, Aufsetzer usw. sein. Der direkte Gegner versucht nun, dieses Anspiel zu verhindern. Das nützt nun der Ballführende zu einem Torwurf aus (Abb. 91).

Die Torwurffinte
Die Torwurffinte ist eine beliebte, oft verwendete und effektvolle Finte. Sie wird in unzähligen Varianten und Situationen von jedem Spieler angewendet. Auch hier ist die Wirkung größer, wenn der Ball gekrallt werden kann. Ist dies nicht möglich (zu kleine Hand, rutschiger Ball), muß der Spieler versuchen, eines der beiden vorher beschriebenen Verfahren zu verwenden.

Bewegungsablauf:
Der Ballbesitzer täuscht einen Torwurf an. Das kann aus dem Stand, Lauf, mit Schwungschritt oder aus dem Sprung geschehen. Bewegung und Blickrichtung muß
106

91

1

2

3

4

5

6

92   1   2   3

4   5   6

dem Gegner dabei tatsächlich einen Torwurfversuch vortäuschen. Der Abwehrspieler versucht nun den Torwurf durch Heraustreten oder Blocken zu verhindern (vor allem, wenn der Ballbesitzer ein gefährlicher Schütze ist). Dabei muß er aber seine Position verlassen oder so ändern, daß der Angreifer für sich einen Vorteil herausspielen kann.

Als Folgehandlung kann jetzt der Ballbesitzer folgendes unternehmen: Entweder durchbrechen und mit einem anderen Wurf auf das Tor abschließen oder den freigespielten Kreisspieler anspielen (Abb. 92). Viele Rückraumspieler verwenden nach einer Torwurffinte aus dem Sprung das »Sprungtippen«. Nach Vortäuschen eines Sprungwurfes und erwarteter Reaktion des Abwehrspielers, tippt der Spieler den Ball noch während er in der Luft ist, um keinen Schrittfehler zu begehen (Abb. 93). Als Folgehandlung wirft er auf das Tor oder er spielt ab.

Die Tippfinte

Die Tippfinte soll den Gegner zum Versuch verleiten, den Ball beim Tippen herauszuspielen.

Bewegungsablauf:
Der Ballführende steht ein bis zwei Schritte vom Gegner entfernt und täuscht ein Tippen des Balles vor. Will nun der Gegenspieler den Ball herausspielen, muß er herausspringen.
Dadurch entsteht am Kreis eine Lücke, in die der Kreisspieler oder ein anderer Mitspieler stoßen kann. Der Ballbesitzer hält in der Tippbewegung, mit gestrecktem Arm nach unten an, gibt den Ball nicht frei, sondern spielt ihn mit einem Druckwurf von unten an den in die Lücke gelaufenen Spieler ab.

Methodische Tips zu den Finten

Die Finten sind »das Salz in der Suppe Handball«. Zu einem schönen und effektvollen Spiel gehören unbedingt auch Finten. Wie alle technischen Verfahren müssen auch die Finten sorgfältig geschult und geübt werden. Als Voraussetzung müssen die dazu notwendigen technischen Verfahren gut beherrscht werden (Zuspiel, Anspiel, Torwurf).

Wie bei allen technischen Verfahren wird auch bei der Finte mit einer Demonstration durch den Lehrer (Spitzensportler) begonnen. Dann wird eine genaue Bewegungsbeschreibung gegeben, so daß eine klare Vorstellung vom Ablauf der Finte existiert. Geübt wird nach dem Grundsatz: Zuerst langsam und ohne Gegner, dann in idealer Ausführungsgeschwindigkeit mit passiven und zum Schluß mit aktiven Gegnern. Sehr wichtig ist das Üben der Finten unter Spielbedingungen.

93   1   2   3

4   5   6

109

Die Abwehrtechnik

Die Abwehrtechnik umfaßt alle technischen Verfahren, die ein Spieler in der Abwehr verwendet.

Die Grundstellung

Die Grundstellung in der Abwehr ist eine typische Stellung aus der alle technischen Verfahren der Abwehr ausgeführt werden. Sie begünstigt, beschleunigt und erleichtert die technischen Ausführungen.

Der Spieler steht mit Blick zum Gegner in leichter Grätschstellung, die Füße parallel. Das Gewicht ist gleichmäßig auf beide Füße verteilt. Die Gelenke der Beine sind leicht gebeugt. Der Oberkörper ist nach vorne geneigt, der Rücken rund. Die Arme können entweder locker hängen, wobei die Handflächen nach vorne zeigen oder seitlich im rechten Winkel leicht gebeugt vom Körper weggestreckt werden. Die Handflächen zeigen jedenfalls nach vorne. Aus dieser Armstellung können Bewegungen zum Blocken der Bälle leichter ausgeführt werden (zum Sperren oder Angreifen des Gegners dürfen die Arme nicht verwendet werden).

Aus dieser bewegungsbereiten Stellung kann der Abwehrspieler schnell und korrekt alle technischen Verfahren der Abwehr ausführen. Er sollte diese Grundstellung nur aufgeben, wenn das Spiel unterbrochen wird oder der Gegner den Ball verloren hat. Die Grundstellung kann hoch, mittel oder tief sein.

Die hohe Grundstellung nimmt der Spieler ein, wenn er sich in der Abwehr nicht unmittelbar mit einem Gegner auseinandersetzen muß, sondern sich nur in die Bewegungen des ganzen Abwehrverbandes einordnet.

Die mittlere Grundstellung nimmt der Spieler ein, wenn er mit einem direkten Gegner in Berührung kommt, der sich ohne Ball bewegt und dessen Bewegungen er genau verfolgen muß (Übernehmen–Begleiten–Übergeben).

Die tiefe Grundstellung nimmt der Spieler ein, wenn er sich im Kampf mit einem gefährlichen Gegner, ohne oder mit Ball, befindet, dessen schnelle, gefährliche und unvorhersehbare Bewegungen auf das genaueste überwacht werden müssen, da er sonst ein Tor erzielen könnte.

Die Bewegungen des Abwehrspielers auf dem Spielfeld

Außer den in der Angriffstechnik beschriebenen Bewegungen des Spielers auf dem Spielfeld müssen spezielle Bewegungen der Abwehr beherrscht werden, um im Kampf mit dem Gegner regelgerecht handeln zu können. Das grobe, regelwidrige Spiel in der Abwehr hat seine Wurzeln gewöhnlich in der fehlenden Beherrschung der Abwehrbewegungstechnik auf dem Spielfeld. Die letzte Rettung ist dann das Festhalten und Klammern mit den Armen, so daß der Gegner sich nicht mehr bewegen kann. Leider sind hier die Schiedsrichter zu inkonsequent und großzügig.

Die Bewegungen seitwärts

Die Bewegungen seitwärts dienen dazu, die Abwehr seitwärts zu verschieben, einen Angreifer seitwärts zu begleiten oder schnell eine Lücke zu schließen, durch die ein Angreifer durchbrechen oder durchwerfen möchte.

Bewegungsablauf:

Aus der Grundstellung werden kleine Nachstellschritte seitwärts ausgeführt, beginnend immer mit dem Bein, das in Bewegungsrichtung vorne steht. Dabei sollten die Beine nicht gekreuzt werden. Sprünge oder eine zu starke Auf- und Abwärtsbewegung des Körperschwerpunktes sind zu vermeiden. Es sollten immer mindestens ein Fuß auf dem Boden stehen und die Füße nur so weit abgehoben werden, wie zur Bewegung notwendig ist. Die Füße dürfen nie ganz zusammengebracht werden. Je kleiner und je zahlreicher diese Nachstellschritte sind, um so sicherer hat man den Gegner unter Kontrolle, auch ohne die Arme regelwidrig zu gebrauchen.

Fehler:
- Zu hohe Stellung
- Zu große und sprungartige Schritte
- Die Füße werden zu dicht aneinandergebracht oder gekreuzt
- Das Körpergewicht ist nicht immer gleichmäßig auf beide Füße verteilt.

Die Bewegungen vor-rückwärts und schräg vor-rückwärts

Sie dienen vor allem dem Heraustreten beim Angreifen des Gegners mit Ball und dem wieder Einrücken in den Abwehrverband.

Bewegungsablauf:

Die Bewegungen werden wie die seitwärts aus der Grundstellung ausgeführt und unterscheiden sich von diesen eigentlich nur in der Bewegungsrichtung. Es wird ebenfalls mit kleinen Nachstellschritten gearbeitet, wobei folgendes gilt: Das Heraustreten zu einem Rechtshänder wird mit dem linken Bein begonnen und zu einem Linkshänder mit dem rechten. Die Rückwärtsbewegung in den Abwehrverband beginnt immer mit dem rückwärtigen Bein.

Ist der ballbesitzende Gegner außerhalb der 9-m-Linie, verwendet der Abwehrspieler ganz gewöhnliche Laufschritte in Form eines kurzen Sprints. Nur auf diese Art kommt er noch rechtzeitig an den Gegner, um ihn am Wurf zu hindern.

Das Springen

Das Springen als Bewegung des Abwehrspielers dient dem Herausspielen, Herausfangen oder Blocken des Balles. Es sollte immer mit beidbeinigem Absprung ausgeführt werden, da dieses wesentlich zur Beibehaltung des Gleichgewichtes im Flug beiträgt und die Sprunghöhe vergrößert.

Bewegungsablauf:
Aus der Grundstellung oder der Bewegung mit Nachstellschritten drückt sich der Spieler beidbeinig kräftig ab, wobei die Arme zur Stabilisierung des Gleichgewichtes und die Hände zum Herausspielen, Abfangen oder Blocken der Bälle verwendet werden. Das Landen sollte ebenfalls beidbeinig, und wenn möglich, in die Grundstellung erfolgen, so daß eine sofortige Wiederaufnahme der Bewegung im Abwehrverband ermöglicht wird.
Wichtig ist noch die Beachtung des folgenden Grundsatzes: Beim Blocken von Sprungwürfen immer nur dann springen, wenn der Werfer gesprungen ist, um nicht auf eine Finte hereinzufallen. Bei allen anderen Würfen sollte grundsätzlich nicht gesprungen werden.

Methodische Tips
Die Methodik zum Erlernen der Grundstellung und der Bewegung des Abwehrspielers auf dem Spielfeld enthält eigentlich keinerlei Probleme.

Das Vorzeigen und Erläutern verschafft dem Spieler klare Vorstellungen von der Bewegung, die dann durch gewissenhaftes Üben in die Praxis umgesetzt werden müssen. Um dieses Umsetzen in die Praxis möglich zu machen, braucht der Spieler eine sehr kräftige und ausdauernde Bein- und Beckenmuskulatur. Hier sollte eine spezielle Schnelligkeitsausdauer erworben werden, die für die erfolgreiche Abwehrarbeit von entscheidender Bedeutung ist. Der Spieler muß notfalls in der Lage sein, über viele Minuten die Bewegung verbunden mit dieser Stellung korrekt, schnell und zweckmäßig ausführen zu können.

Der Einsatz des Körpers in der Abwehr

Die Regeln erlauben dem Spieler »den Gegner mit dem Rumpf zu sperren, auch wenn er nicht im Ballbesitz ist«.
Auf Grund dieser Regel setzt nun der Abwehrspieler seinen Körper in der Abwehr ein.

Der Körpereinsatz beim Angreifen des Ballführenden

Der Körpereinsatz beim Angreifen des Ballführenden ist ein technisches Verfahren, mit dessen Hilfe der Abwehrspieler den ballbesitzenden Angreifer hindert, eine gute Ballannahme, gute Stoßbewegung oder gute Ballabgabe auszuführen.

Bewegungsablauf:
Der Abwehrspieler tritt, wenn er merkt, daß seinem direkten Gegner der Ball zugespielt wird, zu ihm heraus und versucht durch Körperkontakt das Annehmen des Balles zu stören oder zu verhindern.
Hat der Gegner den Ball annehmen können, wird der Abwehrspieler durch Bedrängen ihn hindern, sich frei zu bewegen und vor allem auf das Tor zu stoßen. Auch das Abspielen wird durch diesen Körpereinsatz erschwert und kann zu ungenauem Abspiel oder gar zum Ballverlust führen. Worauf der Abwehrspieler besonders achten muß, ist sein regelgerechtes Verhalten. Er darf den Angreifer nicht anspringen, aus dem Gleichgewicht bringen oder irgendwie gefährden.

Das Blockieren der Laufwege

Das Blockieren der Laufwege ist ein technisches Verfahren, mit dessen Hilfe der Abwehrspieler den Angreifer daran hindert, seine beabsichtigte Laufrichtung zu verfolgen. Will der Angreifer eine Lücke in der Abwehr zum Durchbruch ausnützen, muß der Abwehrspieler sie mit seinem Körper schließen. Versucht ein Angreifer von außen in den Deckungsverband einzulaufen, bietet sich dem Abwehrspieler folgende Möglichkeit des Blockierens: Er »stellt sich quer«, d. h. er stellt dem Gegner seine breite Körpervorderseite entgegen, wodurch er ihn ganz stoppen oder zwingen kann, seinen Laufweg zu ändern. Er sollte sich so stellen, daß er vom Gegner nicht hinterlaufen werden kann.
In beiden Fällen erreicht der Abwehrspieler, daß der Angreifer nicht zeitgerecht zur Zusammenarbeit mit seinen Mitspielern kommt. So werden vor allem Spielzüge und auch sonstige fein abgestimmte Kombinationen in der Gruppe oder Mannschaft gestört oder sogar ganz unterbunden. Um nicht regelwidrig zu handeln, sollte der Abwehrspieler im Moment des Körperkontaktes mit dem Gegner ruhig stehen.

Das Abdrängen

Gelingt es dem Abwehrspieler nicht, durch Querstellen den Gegner auf seinem Laufweg zu stoppen, so kann er ihn durch Begleiten von seinem Laufweg abdrängen. Er kann den Angreifer dabei in Richtung Spielfeldmitte, also weg vom Abwehrverband oder zur Seitenlinie des Spielfeldes in eine ungünstige Wurfposition abdrängen. In beiden Fällen wird dem Gegner seine Wirksamkeit genommen. Auch hier ist unbedingt auf regelgerechtes Verhalten zu achten. Der Gegner darf nur mit dem Körper, nicht mit den Händen und Armen abgedrängt werden.

Das Herausspielen und Erkämpfen des Balles

Das Herausspielen und Erkämpfen des Balles ist ein technisches Element der Abwehr, mit dessen Hilfe der Abwehrspieler versucht, regelgerecht in Ballbesitz zu kommen. Nachfolgend sind einige Regeln aufgeführt, die die Möglichkeiten des Herausspielens und Erkämpfens des Balles klar abgrenzen:

Regel 6,1: Es ist erlaubt, Arme und Hände zu benutzen, um in den Besitz des Balles zu gelangen,

Regel 6,2: dem Gegner mit einer offenen Hand den Ball aus jeder Richtung wegzuspielen.

Regel 6,4: Es ist verboten, die Faust zu benutzen, um dem Gegner den Ball wegzuspielen,

Regel 6,5: dem Gegner den gefaßten Ball mit einer oder beiden Händen zu entreißen oder wegzuschlagen.

Das Herausspielen des Balles ist also ein technisches Verfahren, bei dem der Abwehrspieler keinen oder fast keinen Körperkontakt zum ballbesitzenden Angreifer haben darf. Das Erkämpfen des Balles allerdings beinhaltet »Kampf«, also körperlichen Kontakt mit dem Gegner, der, vorausgesetzt er entspricht den Regeln, erlaubt ist.

Das Herausspielen eines gehaltenen Balles

Das Herausspielen eines gehaltenen Balles ist mit **einer** offenen Hand, ohne Schlag, aus jeder Richtung gestattet.

Bewegungsablauf:
Der Abwehrspieler nähert sich dem Angreifer am besten unbemerkt und holt ihm mit offener Hand den Ball von der Hand. Er darf dabei die Hand des Gegners nicht berühren. Wird der Ball vom Angreifer beidhändig gehalten, versucht der Abwehrspieler mit der offenen Hand den Ball von unten zu fassen (wobei die Hand einen Haken bildet).

Das Herausspielen des Balles beim Ausholen zum Wurf

Das Herausspielen des Balles beim Ausholen zum Wurf ist ein technisches Verfahren, das zwar viel Übung erfordert, aber viel Erfolg verspricht. Dabei muß klar die Absicht, den Ball zu spielen, erkennbar sein. Die Hand oder der Arm des Gegners dürfen nicht berührt werden. Es ist leichter auszuführen, wenn der Gegner aus dem Stand wirft, und schwieriger, wenn er aus dem Lauf, Sprung oder Fallen wirft.

Bewegungsablauf:
Nachdem der Ballführende zum Wurf ausgeholt hat, hält er den Ball einen kurzen Augenblick ruhig und hat ihn nicht unter Blickkontrolle. Diesen Moment nutzt der Abwehrspieler, um den Ball durch eine Bewegung von unten nach oben mit offener Hand herauszuspielen (Abb. 94). Gewöhnlich wird die dem Gegner nähere Hand benützt. Er kann den Ball selbst fassen oder ihn mit der Herausspielbewegung einem Mitspieler zuspielen.

Das Herausspielen des Balles beim Führen

Das Herausspielen und Erkämpfen des Balles beim Führen kann ohne oder mit Körperkontakt erfolgen.

Bewegungsablauf:
Der Abwehrspieler erwartet in Grundstellung den ballführenden Angreifer, der direkt auf ihn zukommt und an ihm vorbeigehen will. Tippt der Gegner den Ball, zieht der Abwehrspieler den Ball weg oder drückt ihn einem Mitspieler zu. Dabei ist ein Mitgehen verbunden mit regelgerechtem Körpereinsatz erlaubt. Zum Herausspielen wird gewöhnlich die dem Gegner nähere Hand verwendet.

Methodische Tips zum Herausspielen
Nachdem der Abwehrspieler klare Vorstellung vom Bewegungsablauf erhalten hat, wird die Bewegung paarweise zunächst langsam geübt. Dann wird die Ausführungsgeschwindigkeit soweit gesteigert, bis das Üben spielnahe vor sich geht.

Joachim Deckarm spielt hier vorbildlich einem polnischen Angriffsspieler den Ball beim Wurf aus der Hand.   ▷

95   1   2   3   4

Das Blocken

Mit dem Blocken versucht der Abwehrspieler zu verhindern, daß der geworfene Ball sein Ziel erreicht. Da die meisten dieser Würfe sehr fest ausgeführt werden, gehört Mut dazu, sich in die Flugbahn des Balles zu stellen. Langes Üben und der Wille zum Erfolg helfen dem guten Abwehrspieler auch bei den härtesten Würfen den Mut aufzubringen, »offenen Auges« in die Flugbahn des Balles zu treten.
Die einzelnen Verfahren zum Blocken haben sehr viel Ähnlichkeit miteinander.

Das Blocken hoher Bälle

Das Blocken hoher Bälle ist das Abwehren von Bällen, die über Kopfhöhe der Abwehr geworfen werden.

Bewegungsablauf:
Der Abwehrspieler verfolgt mit dem Blick den Werfer. Sieht er, daß ein Wurf erfolgen wird, streckt er beide Arme hoch und versucht mit den Händen eine möglichst große Fläche zu bilden, um dadurch den Ball abzublocken. Der Ball kann am Block hängenbleiben oder durch den Block abgelenkt werden, so daß er sein Ziel nicht erreicht (Abb. 95).
Der Blockende soll mit »offenen Augen« die Flugrichtung des Balles verfolgen, dann gelingt das Blocken bestimmt. Er soll versuchen, mit den Oberarmen sein Gesicht zu schützen. Ein Zurücktreten bis an den Kreis erhöht die Wahrscheinlichkeit zum Erfolg bei Sprungwürfen.

Das Blocken seithoher Bälle

Das Blocken seithoher Bälle ist das Abwehren von Bällen, die schulter- oder hüfthoch geworfen werden.

Bewegungsablauf:
Der Abwehrspieler macht nach der Seite, auf der der Ball kommt, einen Ausfallschritt, streckt die Arme parallel seitlich aus. Die Handstellung ist die gleiche wie beim Blocken hoher Bälle. Der Oberkörper neigt sich auch zur Seite, um so den Ball sicher zu blocken. Der obere Arm schützt das Gesicht vor dem Getroffenwerden (Abb. 96).

Das Blocken tiefer Bälle

Das Blocken tiefer Bälle gilt der Abwehr von hüft- bis bodennahen Bällen.

Bewegungsablauf:
Die Bewegung ist nahezu identisch der beim Blocken seithoher Bälle. Zu den blockenden Armen kommt noch das Bein der Blockseite dazu, um so die Fläche zu vergrößern (Abb. 97).
Allerdings muß gesagt werden, daß bei Beinberührung (unterhalb des Knies) auf Freiwurf für den Gegner wegen Fußfehlers erkannt wird. Das muß aber in Kauf genommen werden, um den Torerfolg des Gegners zu verhindern.

Fehler:
- Der Abwehrspieler fällt auf Finten des Gegners herein.
- Angst vor dem Ball.
- Die Hände bilden keine geschlossene Fläche.
- Beim Blocken hoher Bälle ein Ausfallschritt vorwärts.

Methodische Tips
Die methodischen Mittel sollten in erster Linie dem Abbau der Angst vor harten Bällen dienen. Dabei kann ein zu einem Schleuderball umfunktionierter Ball, der einen 2 m langen Riemen als Griff hat, wertvolle Dienste leisten. Dieser Schleuderball wird gegen den Block geschleudert. Die Härte der Würfe kann genau dosiert werden.

96

1

2

3

4

97

5

6

7

8

Taktik

Unter Taktik versteht man die Gesamtheit der individuellen und mannschaftlichen Angriffs- und Abwehrverfahren, die auf der Grundlage der Spielregeln, der Kampfweise des Gegners und der vielfältigen Spielbedingungen angewendet werden und mit deren Hilfe die Konzeption der Spielgestaltung realisiert werden soll, um ein optimales Spielergebnis zu erreichen. (Zitat: Harre/Mahlo).

Allgemeine taktische Grundsätze

- Taktisch diszipliniert spielen
- Gegenseitige Unterstützung
- Ansetzen und Ausführen aller Handlungen zum richtigen Zeitpunkt
- Schaffung einer Überzahl
- Voraussehen der Handlungen der eigenen und gegnerischen Spieler

Spieltaktische Grundfähigkeiten

- Wahrnehmungsvermögen
- Reaktionsvermögen
- Raumgefühl
- Zeitgefühl
- Formationsgefühl
- Anpassungsvermögen

(Zitat: Vick, W./Busch, H./Fischer, G./Koch, R.: Schulung des Hallenhandballs, Teil 2).

Die Angriffstaktik

Die Angriffstaktik umfaßt alle individuellen, gruppen- und mannschaftstaktischen Handlungen, ohne und mit dem Ball, im Kampf mit der gegnerischen Abwehr.

Grundsätze der Angriffstaktik

- Ballsicherung
- Anpassung der Laufbewegungen an die taktische Spielsituation

- Verwendung verschiedener technisch-taktischer Lösungen in ähnlichen taktischen Situationen
- Einhaltung der Spielerpositionen
- Verlagern des Spieles von einer auf die andere Seite
- Das Angriffsspiel nicht schematisieren

(Zitat: Joan Kunst-Ghermanescu, Handbal).

Die Angriffsphasen

Eine Handballmannschaft ist im Angriff, wenn sie in Ballbesitz ist, oder wenn die Umstände darauf hindeuten, daß der Gegner den Ball bestimmt verliert (technischer Fehler, Stürmer-Foul, Herausspielen des Balles).

Bei allen Mannschaften im Angriff kann man bestimmte, gemeinsame Merkmale feststellen. Diese Beobachtungen haben dazu geführt, das ganze Angriffsverhalten in vier Phasen zu gliedern, wobei die Situation auf dem Spielfeld und das Können der angreifenden Mannschaft bestimmt, welche der vier Phasen verwendet wird.

Sehr wichtig für die praktische Tätigkeit (Training) einer Mannschaft ist die richtige Anwendung dieser theoretischen Erkenntnisse. Es empfiehlt sich bei Mannschaften, die ein klares sportliches Ziel verfolgen, das Training so aufzubauen, daß es diesen theoretischen Erkenntnissen Rechnung trägt. Die Vorbereitung der Mannschaft wird hierdurch spielnah und die Anwendung im Spiel des im Training Gelernten wird bedeutend erleichtert. Die Gefahr des vom Spiel isolierten Lernens und die Schwierigkeit, das Gelernte im Spielgeschehen anzuwenden, wird wesentlich verringert.

Die Planung des Trainingprozesses wird durch die Phaseneinteilung klarer und leichter. Das theoretische Verständnis wird für

Die Zeichenerklärung für die folgenden Taktikzeichnungen finden Sie auf Seite 189.

die Spieler erleichtert und dadurch das richtige Verhalten in der Praxis des Spielgeschehens verbessert. Durch die Gliederung des Angriffs in Phasen wird klar, auf welche technisch-taktische Mittel besonderer Wert gelegt werden muß und wie diese an die verschiedenen Situationen in den einzelnen Phasen angepaßt werden müssen.

So wird z. B. das Zuspiel und Annehmen des Balles in der 1. Phase anders ausgeführt als in der 3. und 4. In der 1. Phase befindet sich der Spieler, der den Ball fangen will, in vollem Lauf. Das Fangen von schräg hinten erfordert besonderes Können. Das Zuspiel erfolgt über 15 bis 25 m und muß ziemlich genau sein. In der 3. und 4. Phase ist das Zuspiel kürzer, also ein Querpaß von 6 bis 10 m. Das Fangen erfolgt während einer langsameren oder schnelleren Vorwärtsbewegung. Beide technische Verfahren können hier besser, leichter und genauer bemessen werden.

An diesem Beispiel ist zu sehen, daß Ballpassen und Ballfangen je nach Angriffsphase verschieden zu verwenden ist. Dem muß auch im Training Rechnung getragen werden. Das notwendige technisch-taktische Können sollte jeder Spieler besitzen. Je solider diese Grundlage ist, um so einfacher wird es für Spieler und Trainer sein, darauf aufzubauen.

Die vier Phasen des Angriffs sind:
1. Phase: Gegenstoß
2. Phase: erweiterter Gegenstoß (die 2. Welle)
3. Phase: Aufbau- oder Organisationsphase
4. Phase: Abschlußphase oder Angriff in einem bestimmten System.

Die 1. Phase: Gegenstoß

Der Gegenstoß ist der schnelle Übergang von der Abwehr in den Angriff mit einem oder mehreren Spielern, verursacht durch den Ballverlust des Gegners. Der Gegenstoß hat das Ziel, schnell und ungehindert ein Tor zu erzielen.

Der Gegenstoß kann ausgeführt werden:
- Von einem Spieler (einer Spitze)
- Von mehreren Spielern (Spitzen)
- Direkt, d. h. das erste Zuspiel erfolgt unmittelbar an die Gegenstoßspitze
- Indirekt, über einen Vermittler. In diesem Fall spielt der Torwart einen Spieler an, der sich freigestellt hat. Dieser Spieler leitet dann den Ball schnell und sicher an die Spitze weiter.

Der Gegenstoß kann durch folgendes ausgelöst werden:
- Gegnerischer Torwurf, der vom Torwart gehalten wird, am Tor vorbeigeht, vom Tor abprallt oder geblockt wird.
- Herausspielen oder Herausfangen des Balles.
- Regelverstöße des angreifenden Gegners.

Der Gegenstoß hat einzelne Kettenglieder (technisch-taktische Mittel), durch die der erfolgreiche Abschluß bedingt ist.

Man kann den Gegenstoß einfach ausführen mit entsprechend wenigen Kettengliedern oder mit mehreren Stationen.

Der einfache Gegenstoß:
1. Erkennen der Gegenstoßmöglichkeit (Torwurf, Herausspielen oder Herausfangen des Balles Regelverstoß des Gegners) und Starten der Spitze.
2. Der Torwart bringt den Ball unter Kontrolle.
3. Schneller Lauf, um einen Vorsprung zum Gegner herauszuholen.
4. Zuspiel des Balles durch den Torwart oder Mitspieler.

5. Annehmen des Balles durch die Spitze.
6. Führen des Balles.
7. Torwurf aus dem Lauf, Sprung oder Sprungfall.

Wird nun der Gegenstoß mit mehreren Spitzen und/oder mit einem Vermittler gelaufen, verlängert sich die Kette um einige Glieder (Zuspiel zwischen den Spitzen, eventuelles Kreuzen, Anspiel des Vermittlers, dessen Zuspiel an die Spitze).

Die 2. Phase: erweiterter Gegenstoß

Ist es dem Gegner gelungen, das Erzielen eines Tores durch die Gegenstoßspitze zu verhindern, indem sich einer oder mehrere zurückgezogen haben, ist die Möglichkeit zum Erzielen eines Treffers für die Angreifer noch immer gegeben, da die Abwehr noch unorganisiert ist. D. h., daß in der 2. Phase ein oder mehrere Angreifer, vor allem Rückraumspieler (gute Weitwerfer) nachlaufen müssen, um den unorganisierten Gegner noch zu überwinden.

In dieser 2. Phase kann der Ball entweder von den Gegenstoßspitzen (1. Welle) nach vorne transportiert werden (Transportpässe), um dann zurück an den Rückraumspieler gespielt zu werden, oder die Rückraumspieler geben den Ball nach vorne (2. Welle). Bei beiden Möglichkeiten ist der Ballsicherung die größte Aufmerksamkeit zu widmen, da bei Ballverlust der Gegner seinerseits einen Gegenstoß spielen und sehr leicht zu einem Treffer kommen kann.

Der Abschluß in der 2. Phase kann
- aus dem Rückraum durch einen Weitwurf eines Spielers
oder
- durch Anspiel an den Kreis, von einem Spieler aus der Nahwurfzone ausgeführt werden.

Beispiele für den Ablauf eines erweiterten Gegenstoßes:

Mit Abschluß durch einen Weitwurf:
1. Start der Gegenstoßspitze
2. Ballannahme durch den Torwart und Zuspiel an die 2. Welle
3. Balltransport nach vorne mit kurzen, schnellen Pässen durch die 2. Welle
4. Torwurf aus dem Rückraum mit Sprung- oder Schwungschrittwurf.

Mit Abschluß durch einen Torwurf vom Kreis:
1. Start der Gegenstoßspitzen
2. Ballannahme durch den Torwart und Zuspiel an die 2. Welle
3. Balltransport durch die 2. Welle nach vorne
4. Freistellen, Freilaufen eines Spielers am Kreis
5. Anspiel aus dem Rückraum an den Kreis
6. Torwurf durch Sprung-, Fall- oder Sprungfallwurf.

Mit Abschluß durch Weitwurf oder Torwurf vom Kreis:
1. Start der Gegenstoßspitzen
2. Ballannahme durch den Torwart
3. Zuspiel an die 1. Welle
4. Start der 2. Welle
5. Balltransport nach vorne von der 1. Welle
6. Rückspiel des Balles an die 2. Welle (nach der Mitte des Spielfeldes)
7. Torwurf aus dem Rückraum.
Statt 7.:
7a Freistellen oder Freilaufen eines Spielers am Kreis
8. Anspiel des freien Spielers
9. Torwurf vom Kreis.
Die Ausführung der 2. Phase kann also abhängig von der Situation auf dem Spielfeld sehr verschiedenartig sein. Die Spieler müssen sich für diese verschiedenen Ausführungsmöglichkeiten die notwendigen taktischen Mittel aneignen, um situationsgerecht handeln zu können.

Bei Spitzenmannschaften können folgende technisch-taktische Grundmittel noch dazukommen:
- Der Schirm
- Die Sperre
- Das Lösen aus der Sperre
Durch die Anwendung dieser drei Mittel wird die Wahrscheinlichkeit des Torerfolges bedeutend erhöht.

Die 3. Phase: Aufbau- oder Organisationsphase

Ist es nicht möglich, in den beiden ersten Phasen des Angriffs zum Torerfolg zu kommen, empfiehlt es sich, die 2. Phase abzubrechen und einen Angriff aufzubauen. Das Zeichen zum Übergang zur 3. Phase wird von dem Spieler gegeben, der in Ballbesitz ist, nachdem er erkannt hat, daß kein Tor mehr erzielt werden kann. Er verwendet dazu ein technisches Verfahren, das nicht zur 2. Phase gehört. Z. B.: Er bleibt stehen und geht ballführend in Richtung Spielfeldmitte. Durch dieses vorher ausgemachte Zeichen werden alle Spieler der eigenen Mannschaft darauf aufmerksam gemacht, daß die 2. Phase zu Ende ist und man zur 3. Phase übergeht.

Diese 3. Phase hat folgende Ziele:
- Einnehmen der Plätze entsprechend dem festgelegten Angriffsystems
- Sicherung des Balles
- Schaffung einer kurzen Ruhepause für die Spieler
- Übermittlung einiger Anweisungen des Trainers

- Beobachtung des Gegners (wie reagiert er auf die Taktik der Mannschaft und der einzelnen Spieler).

Das Erzielen eines Tores wird nicht unbedingt angestrebt. Nur wenn der Gegner in der Abwehr einen so groben Fehler begeht, daß sich ungehindert eine Wurfmöglichkeit ergibt, wird auf das Tor geworfen.

Die technisch-taktischen Mittel der 3. Phase sind: das Zuspiel mit Stoßen in Halbkreisaufstellung mit einem oder zwei Kreisspielern. Dabei können sich die Ballwege zufällig ergeben oder sie werden festgelegt:
- Zuspiel von einem zum anderen Spieler (Abb. 98)
- 1–7. Es werden mit sieben Pässen alle Spieler angespielt (Abb. 99)
- Zuspiel bei zwei Kreisspielern (Abb. 100).

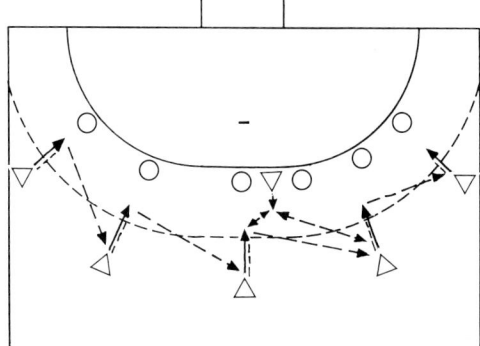

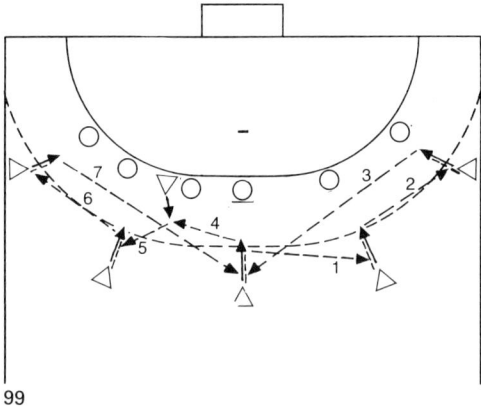

99

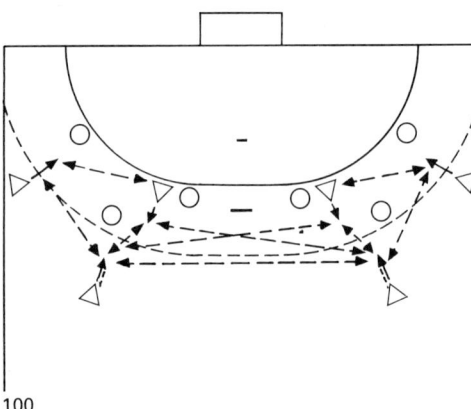

100

Die 4. Phase: Abschlußphase oder Angriff in einem bestimmten System

Die Abschlußphase oder der Angriff in einem bestimmten Angriffssystem nimmt den größten Raum in der Angriffstaktik ein. Wenn es für eine Mannschaft im Angriff keine Möglichkeiten gibt, einen Gegenstoß oder erweiterten Gegenstoß auszuführen, dann kommt für diese Mannschaft nur die 4. Phase zum Erzielen eines Tores in Frage.

Sie ist daher die wichtigste Phase des Angriffs und muß dementsprechend behandelt werden.

Spielsysteme im Angriff:
- Angriff mit einem Kreisspieler (3:3)
- Angriff mit zwei Kreisspielern (2:4)

Innerhalb dieser Systeme wird unterschieden in:
- Positionelles Angriffsspiel, in dem die Spieler ihre Arbeitsräume nicht verlassen, sondern durch geschicktes, individuelles Handeln taktische Vorteile erzielen.
- Laufspiel. Dieses kann als gebundenes Laufspiel gespielt werden; der Laufweg des Spielers und der Ballweg sind vorgeschrieben, wobei zu bemerken ist, daß diese vorgeschriebenen Lauf- und Ballwege je nach Abwehrverhalten des Gegners Abänderungen erfahren.

Beim freien Laufspiel sind die Lauf- und Ballwege nicht vorgeschrieben, sondern ergeben sich aus dem Improvisationsvermögen der Spieler.

Der größte Teil der im Angriff verwendeten technisch-taktischen Mittel gehört zur 4. Phase und ist bekannt als:
- Individuelle Taktik
- Gruppentaktik
- Mannschaftstaktik

Die 4. Phase läuft immer wieder in drei erkennbaren Abschnitten ab:
1. Vorbereitung des Angriffes durch ein Positions- oder Laufspiel mit schnellen Ballpassagen und gefährlichem Stoßen aufs gegnerische Tor.
2. Vorbereitung der Abschlußphase des Angriffes mit Hilfe individueller- und gruppentaktischer Handlungen, die in die Ballpassagen und Stoßbewegungen eingeflochten werden. Die Abwehr wird dadurch zu Fehlhandlungen verleitet oder

einzelne Spieler in solche Situationen gebracht, in denen sie den Abschluß des Angriffes nicht mehr verhindern können.
3. Der Abschluß des Angriffes. Das ist immer eine individuelle Handlung des Spielers, für den die Mitspieler die Vorarbeit geleistet haben, und der mit einer einfachen oder schwierigen technisch-taktischen Handlung die günstigste Ausgangsstellung für das sichere Erzielen eines Tores sucht.

Wird der Angriff in der 4. Phase von der gegnerischen Mannschaft unterbrochen oder führt er zu keinem Torerfolg, wird von neuem zur 3. Phase übergegangen, ein neuer Angriff vorbereitet, aufgebaut und wieder mit Hilfe eines systematischen Angriffs der Torerfolg gesucht. Dieser Vorgang wiederholt sich, bis ein Tor erzielt wird oder der Ball verlorengeht. Die Mannschaft muß nun schnell auf Abwehr umschalten und versuchen, sich erfolgreich mit dem Angriff des Gegners auseinanderzusetzen.

Der Übergang von der 3. zur 4. Phase ist nicht so klar erkennbar wie der von der 2. zur 3. Man könnte sagen, daß die 4. Phase dann beginnt, wenn die Ziele der 3. Phase erreicht sind, und die angreifende Mannschaft durch organisiertes Zusammenspiel schnell, kraftvoll und mit klarem Tordrang den Abschluß sucht.

Zusammenfassung:
Der Angriff im Handball läuft in vier Phasen ab. Abhängig von der Spielsituation auf dem Spielfeld können alle vier Phasen oder nur einige dieser Phasen vorhanden sein.
- Der Angriff kann durch einen einfachen Gegenstoß mit einem Tor abgeschlossen werden: 1. Phase.
- Der Angriff kann durch einen erweiterten Gegenstoß mit einem Tor abgeschlossen werden: 2. Phase.

- Der Angriff kann durch einen einfachen und einen erweiterten Gegenstoß mit einem Tor abgeschlossen werden: 1. und 2. Phase.
- Der Angriff kann mit einem Gegenstoß beginnen, an den sich dann ein erweiterter Gegenstoß anschließt, der aber nicht zum Torerfolg führt. Nun muß die Mannschaft über die Aufbau- und Abschlußphase zum Torerfolg kommen: 1. bis 4. Phase.
- Der Gegner hat auf das Tor geworfen, der Ball ist weit im Aus. Bis der Torwart zum Abwurf des Balles kommt, hatte der Gegner genügend Zeit, seine Abwehr zu organisieren. Die 1. und 2. Phase auch hier anwenden zu wollen, wäre unnötiger Energieverlust und sinnlos. Die Mannschaft wird also den Ball, durch Transportpässe oder langes Zuspiel durch den Torwart, in die gegnerische Spielfeldhälfte bringen und versuchen, den Angriff über die 3. und 4. Phase erfolgreich abzuschließen: 3. und 4. Phase.

Der Aufbau des Angriffs nach Phasen garantiert der Mannschaft in der Vorbereitung (Training) und im Spielgeschehen eine geordnete, übersichtliche Tätigkeit, die sich auf die Ergebnisse günstig auswirkt.

Die individuelle Angriffstaktik

Die individuelle Angriffstaktik umfaßt alle Handlungen des einzelnen Spielers ohne und mit Ball im Kampf mit dem Abwehrspieler. Sie bildet die Grundlage der Gruppen- und Mannschaftstaktik, denn richtiges taktisches Handeln in der Gruppe und Mannschaft setzt richtiges individuelles taktisches Handeln voraus. Z.B.: Ein gut angesetzter und ausgeführter Durchbruchsversuch eines Spielers kann, durch das Zusammenziehen zweier Abwehrspieler, eine Überzahl ergeben, die zum Tor führt, wenn sie richtig ausgespielt wird.

Alle individuellen taktischen Handlungen der Spieler sollen von der gesamten Gruppen- und Mannschaftstaktik her gesehen begründet sein, diese unterstützen und sich richtig einordnen. Ist dies der Fall, dann wird die Mannschaft immer erfolgreich sein.

Die taktische Verwendung der technischen Verfahren

Die richtige taktische Verwendung der technischen Verfahren im Spiel ist von größter Bedeutung für das kollektive Handeln der Mannschaft. Nachfolgend die wichtigsten technischen Verfahren, ohne deren taktische Verwendung an ein erfolgreiches Spiel gar nicht zu denken ist.

Das Zuspiel (Passen) des Balles muß der Situation entsprechend richtig gewählt werden. Kurzes und schnelles Zuspiel verlangt der Abwehr ein sehr großes Arbeitspensum ab. Kann der Gegner diesen Pässen nicht mehr folgen, ergeben sich Lücken zum Torwurf oder Durchbruch. Dabei muß das richtige Zuspielverfahren gewählt werden, und der Ball genau und sicher zum Nebenspieler gelangen. Es muß berücksichtigt werden, wie der Empfänger zu seinem direkten Gegner steht, weil das Zuspiel so erfolgen muß, daß die Ballsicherung unbedingt gewährleistet ist.

Der Abstand der beiden Spieler bestimmt das Wurfverfahren. Ist der Abstand sehr groß, muß ein Schlagwurf, eventuell mit Schwungschritt verwendet werden. Ist er kleiner, verwendet man einen Wurf nur aus dem Wurfarm oder dem Handgelenk. Beim Kreuzen und im Laufspiel, in dem die Spieler sich entgegenlaufen, sind weiche Schockwürfe zu empfehlen, weil so zugespielte Bälle sicher gefangen werden können.

Der Kreisspieler soll mit speziellen Anspielverfahren auch ohne Blickverbindung (Rückhand-, Nacken-, Bodenpaß) angespielt werden, um dem Gegner jede Möglichkeit zu nehmen, den Ball herauszufangen. Weite Bogenpässe über mehrere Abwehrspieler verlangsamen das Spiel und bergen die Gefahr des Ballverlustes in sich. Schnelles Zuspiel ohne Tippen und unnötige Finten machen eine Mannschaft im Angriff gefährlich.

Das Fangen des Balles ist von größter Wichtigkeit. Es empfiehlt sich, den Ball immer beidhändig zu fangen, da dieses Verfahren am sichersten ist. Fehler beim Ballfangen durch falsche Wahl des Verfahrens (einhändiges Fangen) können schwere Folgen haben. Nicht nur der Angriff wird verzögert, wodurch Vorteile (Überzahl) verlorengehen, sondern auch Ballverlust und Gegenstöße können die Folge sein.

Das Fangen des Balles durch den einzelnen muß durch Aufmerksamkeit, Konzentration und richtiges Verhalten zum Ball die kollektiven Handlungen der Angreifer unterstützen.

Das Führen des Balles sollte nur unter folgenden Umständen verwendet werden:

- Zwischen Ballbesitzer und gegnerischem Tor steht kein Abwehrspieler mehr (Gegenstoß).
- Ein wichtiger Abwehrspieler wird dadurch gezwungen, eine vorteilhafte Stellung aufzugeben (ein Abwehrspieler zwischen zwei Angreifern).
- Der Ballbesitzer muß für eine kollektive taktische Handlung den Ball führen, um nicht Schrittfehler zu begehen (Sperre, Kreuzen).
- Nach einer Finte entsteht eine Durchbruchsmöglichkeit und dabei muß getippt werden.

- Kein Mitspieler ist anspielbar.
- Der Spielmacher will durch Ballführen ein bestimmtes Zeichen geben (Übergang von der 2. zur 3. Phase oder Änderung der Taktik).

In jeder anderen Situation muß der Ball abgespielt werden, da sonst der Spielfluß unterbrochen und der Angriff verlangsamt wird.

Wichtig beim Ballführen ist die Verwendung der vom Gegner entfernten Hand, so daß der Ball immer vom Körper des Spielers gedeckt wird.

Der Torwurf ist das wichtigste individuelle taktische Element, da er dem Abschluß aller taktischen Handlungen dient. Vom Erfolg des Torwurfes hängt letzten Endes das Spielergebnis ab. Es ist also von größter Wichtigkeit, daß der auf das Tor werfende Spieler das richtige Wurfverfahren für die entsprechende Situation wählt.

Beispiele:
Der Kreisspieler versucht mit Sprung-, Fall- und Sprungfallwurf sich dem Zugriff des Gegners zu entziehen und den Abstand zum Tor so zu verringern, daß der Torwart keine Möglichkeit hat, erfolgreich einzugreifen.
Der Außenspieler wendet vor allem Sprung- und Sprungfallwürfe an, die den Wurfwinkel vergrößern.
Beide, der Kreisspieler und der Außen, versuchen einen herauslaufenden oder springenden Torwart mit dem richtigen Verfahren durch Bogenwurf bzw. Aufsetzer zu überlisten.
Der Werfer aus dem Rückraum muß in der Auswahl seiner Wurfverfahren zuerst die Stellung der Abwehrspieler berücksichtigen. Je variantenreicher seine Wurfverfahren sind, um so größer wird der Erfolg der Würfe sein.
Die nächste wichtige Einflußgröße bei der

Wahl des Wurfverfahrens ist der Torwart. Seine Stellung, Größe, Beweglichkeit und Art der Abwehr bestimmen größtenteils das Wurfverfahren.
Da der Torwurf von so spielentscheidender Wichtigkeit ist, muß ihm im Training die größte Aufmerksamkeit gewidmet werden. Vor allem muß nach dem Erlernen der einzelnen Wurfverfahren deren Anwendung unter erschwerten Spielbedingungen immer wieder geübt werden.

Das Stoßen in die Nahtstellen

Als Nahtstellen bezeichnet man im Handball die gedachten Linien, die die Arbeitsräume der einzelnen Abwehrspieler begrenzen (Abb. 101). Sie sind die schwachen Stellen eines Abwehrsystems.
Die Stoßbewegung in diese Nahtstellen und der Aufenthalt an diesen Linien bereiten der Abwehr erhebliche Schwierigkeiten. Die Probleme entstehen, weil sich die Aufgabenbereiche zweier oder mehrerer Spieler überschneiden. Mißverständnisse und daraus resultierendes falsches Abwehrverhalten wird von den Angriffsspielern bewußt

ausgenützt. Durch das Verengen oder Erweitern dieser Nahtstellen entstehen Lükken zum Durchbruch.

Das Binden des Gegners

Das Binden des Gegners ist eine individuelle taktische Handlung, bestehend aus Stoßbewegungen, zeitweiligem Verharren auf einer bestimmten Position und Finten, die den Abwehrspieler zwingen, seine eigene Stellung der des Gegners anzupassen. Es kann geschehen, daß durch geschicktes Handeln sogar zwei Abwehrspieler gebunden werden und so für die Angreifer eine Überzahl entsteht, die zum Torerfolg führen kann.

Das Freilaufen oder Freistellen

Das Freilaufen oder Freistellen ist eine individuelle taktische Handlung mit deren Hilfe der Angreifer versucht, sich von seinem direkten Gegner abzusetzen, um sicher angespielt zu werden und auf das Tor werfen zu können.
Wichtig ist hier zunächst zu erkennen, ob

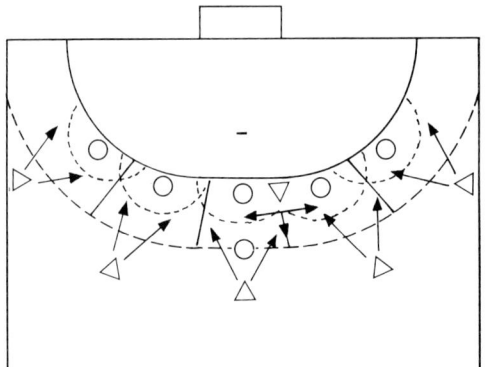

101

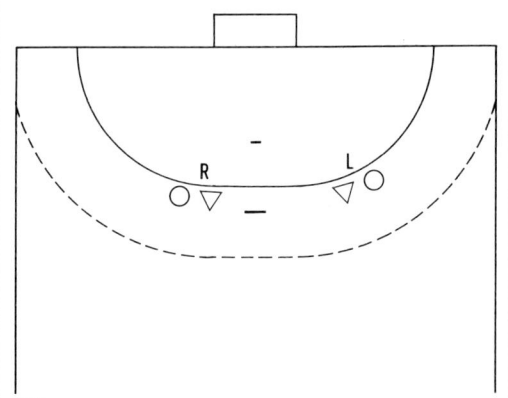

102

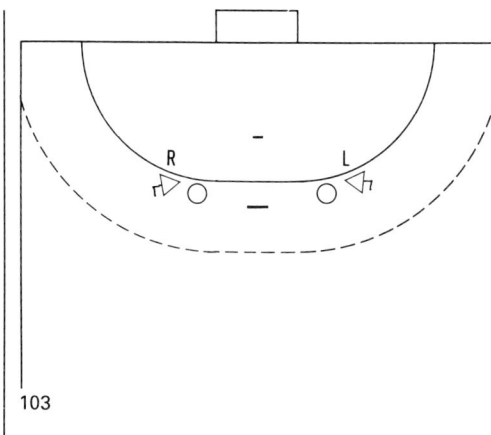

103

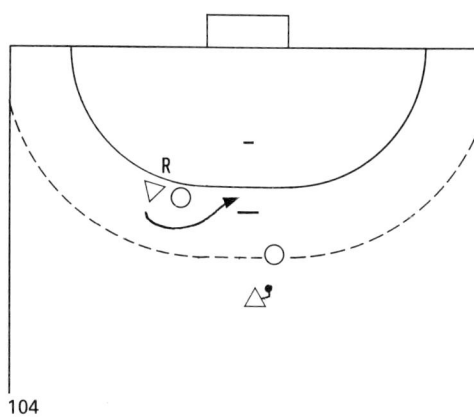

104

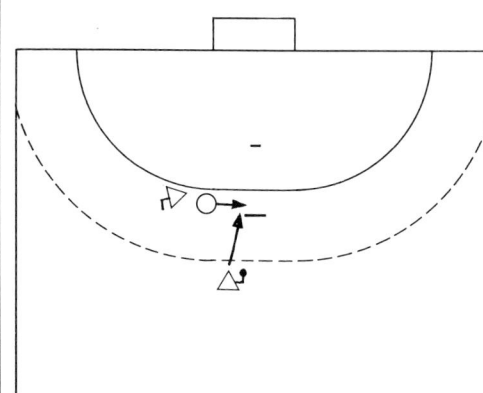

105

der Abwehrspieler richtig oder falsch deckt. Deckt er falsch (Abb. 102), bleibt der Angriffsspieler stehen, um diesen Fehler der Abwehr auszunützen. Deckt er richtig (Abb. 103), ist der Angriffsspieler bemüht, durch geschickte und schnelle Bewegungen eine Position einzunehmen, in der der direkte Gegenspieler nicht zeitgerecht eingreifen kann. Dieser Augenblick genügt, um einen Ball schnell anzunehmen und auf das Tor zu werfen. Besonders bei Kreis- und Außenspielern spielt das Freilaufen und Freistellen eine wichtige Rolle. Aber auch die Rückraumspieler wenden dieses Mittel an, um eine möglichst günstige Position zum Annehmen, Abspielen oder Torwurf zu haben. Wir unterscheiden ein direktes (aktives) und ein indirektes (passives) Freistellen. Das direkte Freistellen erfolgt durch schnelles Antreten, Stoppen, Richtungsänderungen oder durch Täuschbewegungen mit dem Ball. Der Spieler arbeitet hier für sich selber (Abb. 104). Das indirekte Freistellen erfolgt durch einen Mitspieler. Der freigestellte Spieler ist dabei nicht oder sehr wenig beteiligt: Durch geschicktes Taktieren des Spielers aus dem Rückraum (wenn möglich mit Ball) wird der Abwehrspieler gezwungen, die Deckung des Kreisspielers aufzugeben und den gefährlichen Spieler mit dem Ball anzugreifen. Dadurch steht der Kreisspieler für einen Augenblick frei, er ist also von seinem Mitspieler freigespielt worden, kann angespielt werden und auf das Tor werfen (Abb. 105).

Der individuelle Durchbruch

Der individuelle Durchbruch ist vor allem bei gelungenem Abschluß für jeden Spieler ein besonderes Erfolgserlebnis. Das aber ist oft der Grund dafür, daß einzelne Spieler zu oft, auch zum Nachteil der eigenen Mann-

schaft, versuchen durchzubrechen. Der Durchbruch ist ein Zweikampf, bei dem der Angreifer mit dem Ball versucht, seinen direkten Gegner zu überspielen, um ein Tor zu erzielen. Dazu verwendet er schnelles Antreten, Stoppen und verschiedene Finten (Abb. 106, 107).
Auch diese individuelle taktische Handlung sollte, so wie alle anderen, der allgemeinen Taktik der Mannschaft untergeordnet werden und diese unterstützen.

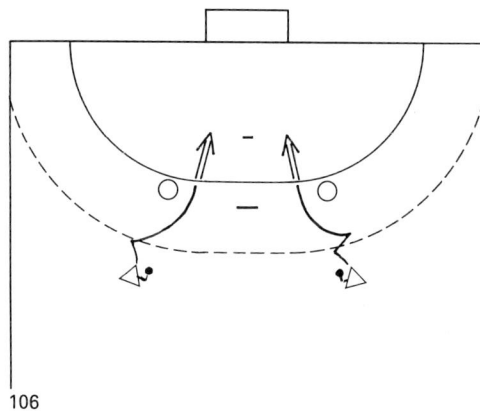

106

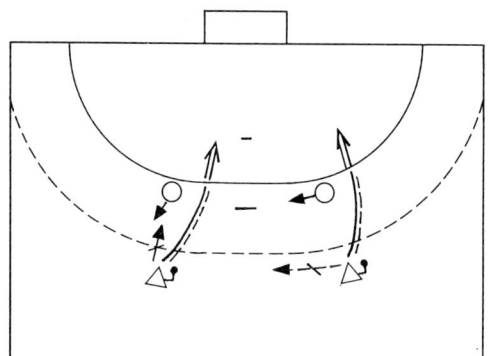

107

123

Der 7-m-Wurf

Harte, regelwidrige Abwehrhandlungen (Abb. 108) führen immer mehr zu 7-m-Würfen. Bei gleichstarken Mannschaften kann das Verwandeln oder Vergeben von 7-m-Würfen über Sieg oder Niederlage entscheiden. Darum sollte man einige Spieler speziell auf diese Aufgabe vorbereiten und entsprechend dem Abwehrverhalten des gegnerischen Torwartes einsetzen. Der Werfer soll in guter körperlicher und psychischer Verfassung sein. Er darf die 7-m-Linie nicht betreten oder übertreten.

Steht der Torwart ruhig, sollte hart und placiert (Fallwurf) in eine Ecke des Tores geworfen werden; am besten in die untere Ecke auf der Wurfarmseite des Schützen, in eine Höhe von 25 bis 50 cm. Begründung: Zieht man vom Ball aus über Schulterhöhe je eine Linie zu den beiden unteren Ecken, so bilden diese Linien mit der Torlinie ein fast rechtwinkeliges Dreieck (Abb. 109). Die Entfernung vom Ball in die Wurfarmecke ist dabei kürzer als die zur anderen Ecke. Die Flugdauer des Balles in die nähere Ecke ist also kürzer. Ein Wurf in die entfernte Ecke

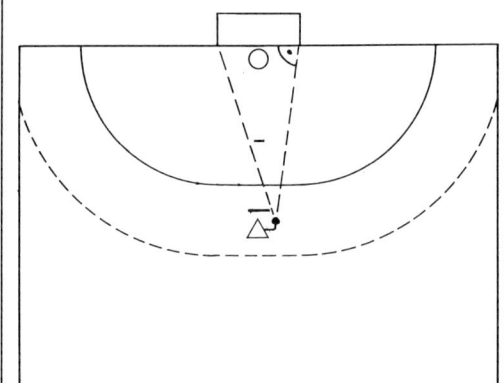

109

erleichtert durch ein rechtwinkeliges Heraustreten auf die Fluglinie des Balles dem Torwart das Halten des Balles. Der Ball sollte auf eine Höhe von 25 bis 50 cm geworfen werden, weil er einerseits über den Fuß des Torwartes am Boden hinwegfliegt und andererseits vom Torwart mit der Hand nicht mehr erreicht wird.

Nimmt der Torwart eine vorgeschobene Stellung ein, wirft man hart über seinen Kopf oder Schulter oder zwischen die Beine. Wenn er die Arme hochhält, visiert man Hüfthöhe an. Ist er zu weit herausgetreten, sollte nach einer Wurffinte ein Bogenwurf angewendet werden.

Bewegt sich der Torwart während des Wurfansatzes, kann man nach Verzögerung an seinem jeweiligen Standbein vorbeiwerfen oder ihn genügend herauslaufen lassen, um dann einen Bogenwurf auszuführen. Ein Spieler, der mehrere 7-m-Würfe hintereinander ausführen muß, sollte einige Varianten auf Lager haben, da es so dem Torwart schwerer gemacht wird, die Wurfecke zu erraten.

Die Positionen im Angriff – Aufgaben und Eigenschaften der Spieler

Betrachtet man die Aufstellung der Spieler in den verschiedenen Spielsystemen des Angriffs (Abb. 110, 111), kann man zwei Gruppen von Spielern unterscheiden:

- Spieler, die nahe oder direkt am Wurfkreis spielen.
- Spieler, die weit entfernt vom Wurfkreis spielen.

Es entstehen dadurch zwei Angriffslinien:
- Die 1. Linie in der Nahwurfzone zwischen 6 und 9 m.
- Die 2. Linie in der Weitwurfzone zwischen 9 und 15 m (Abb. 112).

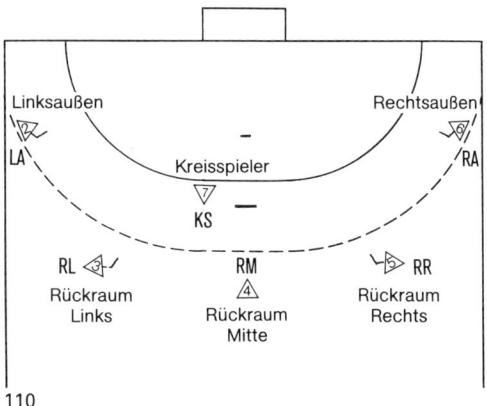

110

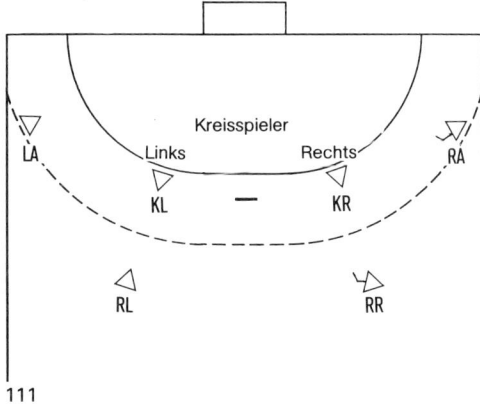

111

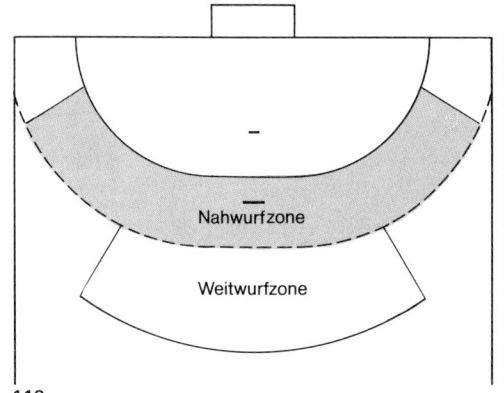

112

Größtenteils bestimmen die physischen und psychischen Eigenschaften der einzelnen Spieler den Platz im Angriffsverband. Kleinere und schnellere Spieler spielen in der Nahwurfzone als Außen und Kreisspieler, große und sehr große, wurfkräftige Spieler in der Weitwurfzone. Es ist von großer Bedeutung, daß ein Spieler von Anfang an auf der Position spielt und sich vorbereitet, für die er sich nach den obengenannten Merkmalen eignet.

Der Außenspieler

Die Außen (Linkshänder auf der rechten Seite) sind flinke, laufschnelle Spieler, geeignet vor allem für den Gegenstoß und schnelles Einlaufen in und hinter die gegnerische Abwehr. Mit ihrem Spiel in der Nähe der Spielfeldecke haben sie die Aufgabe, die Abwehr des Gegners möglichst auseinanderzuziehen, um so die Räume zwischen den Abwehrspielern zu vergrößern. Dadurch schaffen sie den Kreisspielern Platz am Kreis und den Rückraumspielern Lücken für die Weitwürfe. Sie müssen sehr gut in der Ballannahme und im Zuspiel sein, auch bedrängt vom Gegner. Sie müssen sicher und hart Bälle über den Wurfkreis zum anderen Außen spielen können. Das Anspiel des Kreisspielers, bei Eckball oder wenn er zwischen die 1. und 2. Abwehrspieler einläuft, muß vom Außen beherrscht und angewendet werden. Durch Finten, besonders Hakenschlagen, müssen sie für den Gegner eine ständige Gefahr darstellen. Wenn sie in die gegnerische Abwehr einlaufen, müssen sie das Kreislaufspiel gut beherrschen. Als Wurfverfahren kommen für die Außenspieler vor allem Sprung-, Fall- und Sprungfallwürfe in Frage, die zur Vergrößerung des Wurfwinkels beitragen. Aber auch Sprungwürfe über die Abwehr müssen sie beherrschen.

125

Der Kreisspieler

Die Kreisspieler haben ihren Platz in der Nahwurfzone, unmittelbar am Torraum. Sie müssen schnell, kräftig und geschickt sein, um sich auch bei ständiger hautnaher Deckung durchsetzen zu können. Die Körpergröße spielt dabei keine so bedeutende Rolle wie bei den anderen Spielern, dafür müssen sie besonderen Kampf- und Durchsetzungswillen haben. Durch geschicktes Bewegen oder Freistellen müssen sie immer anspielbereit sein, die Bälle sicher annehmen und blitzschnell auf das Tor werfen.

Sie sollten neben den üblichen speziellen Kreisspielerwürfen (Sprung-, Fall-, Sprungfallwürfen in Verbindung mit den fünf Schritten des Kreisspielers) auch Würfe wie Rückhand, Rückhandfallwurf, Beidhänder zwischen den Beinen hindurch, Annehmen und Wurf des Balles im Sprungfall über dem Kreis, Fausten des in der Luft befindlichen Balles beherrschen. Der Kreisspieler sollte einen bis zwei Gegner binden, sperren oder schirmen, um die Weitwürfe der Rückraumspieler zu begünstigen.

Der Rückraumspieler

Die Rückraumspieler müssen groß und kräftig sein. Die auffallendste Eigenschaft ist die Wurfkraft, die sie besonders bei Sprung-, Schwungschritt- und speziellen Würfen anwenden.

Als technische Fertigkeit müssen sie besonders das schnelle und sichere Passen und Fangen des Balles sowie spezielle Anspielverfahren beherrschen. Wichtig ist für sie das Erlernen und Anwenden von Finten und deren Verbinden zu komplexen technisch-taktischen Handlungen mit Anspiel des Kreisspielers und Torwürfen.

Durch ihre zurückgezogene Position sichern sie ein defensives Gleichgewicht. Sie sind

die ersten Spieler, die sich in die Abwehr zurückziehen und versuchen, einen Gegenstoß aufzuhalten.

Der Spielmacher

Der Spielmacher gehört ebenfalls zu den Rückraumspielern, deren Qualitäten und technisch-taktische Fertigkeiten er haben muß. Dabei kann er etwas kleiner, dafür aber beweglicher sein, da er oft als 2. Kreisspieler beim Wechseln der Angriffssysteme verwendet wird. Er muß vor allem große Spielerfahrung besitzen, um spielführend und spielgestaltend zu wirken. Er muß durch seine psychischen und charakterlichen Eigenschaften seiner Mannschaft ein Beispiel sein.

Die Gruppentaktik

Die Gruppentaktik umfaßt taktische Handlungen von zwei bis vier Spielern im Kampf mit der Abwehr. Die meisten taktischen Handlungen gehören zur Gruppentaktik und bestimmen weitgehend den Erfolg einer Mannschaft.

Das Zusammenspiel zwischen zwei bis vier Spielern

Dieses Zusammenspiel ist die einfachste gruppentaktische Handlung und bildet eigentlich die Grundlage des gesamten Angriffsspieles.

Von den Transportpässen zu zweit und zu dritt, mit deren Hilfe der Ball in die gegnerische Spielfeldhälfte ohne und mit Platzwechsel gebracht wird, über das einfache Zuspiel von Mann zu Mann vor der gegnerischen Abwehr bis zum komplizierten Ablauf eines speziellen Anspielverfahrens sind diese Pässe das Bindemittel des Spieles.

Weil sie so wichtig sind, müssen sie besonders gut geschult werden, nicht nur im Stand und in der Bewegung, sondern auch in der Auseinandersetzung mit dem Gegner.

Abhängig von der Richtung der Pässe wird entschieden:
- Frontalpaß
- Querpaß
- Schräg- oder Diagonalpaß
- Steilpaß oder Paß in die Tiefe (Abb. 113, 114).

Die Transportpässe werden von zwei bis vier Spielern ohne und mit Platzwechsel

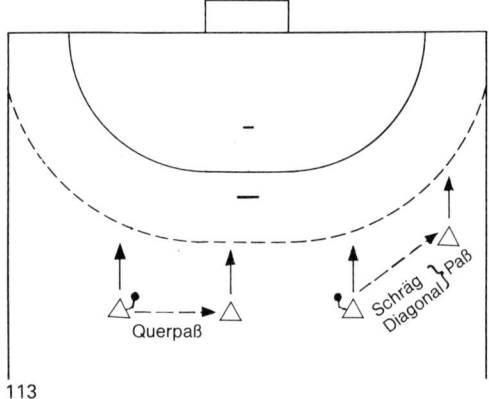

Querpaß

Schräg- Diagonal} Paß

113

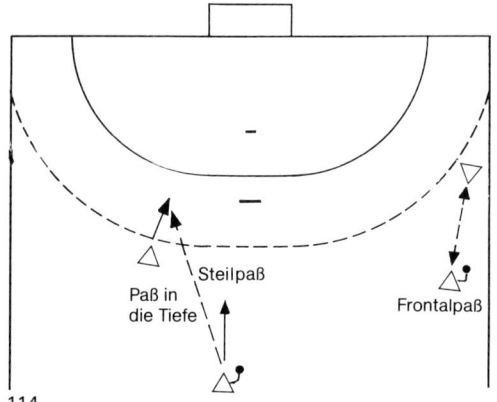

Paß in die Tiefe

Steilpaß

Frontalpaß

114

ausgeführt und dienen dem Balltransport vom eigenen zum gegnerischen Tor.

Zwei Spieler:
- Den Ball im geraden Lauf über die Länge des Spielfeldes zuspielen. Dabei wird hauptsächlich der Schlagwurf links- oder rechtshändig, direkt oder als Aufsetzer, und der Handgelenkspaß oder Druckwurf verwendet.
- Beim Lauf die Plätze ohne und mit Ballführung wechseln. Beim Platzwechsel ohne Führen des Balles werden gewöhnliche, weiche Schockwürfe (auch Rückhand- und Nackenpässe) verwendet, da der Abstand der Spieler sehr klein ist. Nach dem Platzwechsel mit Ballführen erfolgt ein Querpaß, an den sich wieder ein Wechsel mit Ballführen anschließt.
- Bei einem anderen Wechsel mit Ballführen erfolgt auf einen Querpaß ein Schräg- oder Steilpaß.

Drei Spieler:
- Den Ball in Linie zuspielen (Schlagwurf, Handgelenkspaß oder Druckwurf).
- Die Positionen in gleichen Zeitabständen wechseln. Dabei unterscheiden wir zwei Verfahren: 1. Der Abspielende kreuzt hinter dem, der angespielt wird. 2. Der Abspielende kreuzt vor dem, dem er den Ball zuspielt. Bei beiden Verfahren kann, wenn nötig, getippt werden.
- In Dreiecksaufstellung, mit der Spitze nach vorne oder nach rückwärts, sich in Richtung gegnerisches Tor bewegen und sich den Ball zuspielen.

Vier Spieler:
- Den Ball in einer Linie zuspielen (Schlagwurf, Handgelenkspaß oder Druckwurf).
- Den Ball in Viereckaufstellung in Richtung des gegnerischen Tores zuspielen und so den Ball nach vorne transportieren.

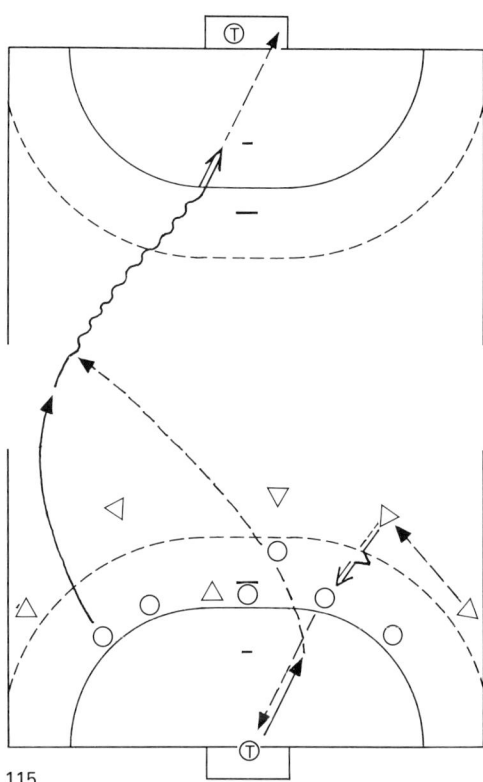

115

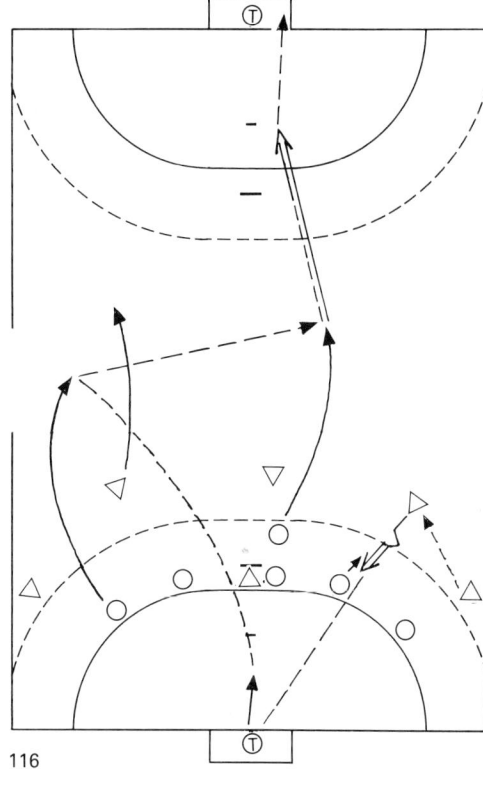

116

Der Gegenstoß

Der Gegenstoß ist eine gruppentaktische Handlung, an der zwei oder mehrere Spieler beteiligt sind (Abb. 115, 116), die versuchen, einen vom Gegner verlorenen Ball in ein Tor umzuwandeln. Das Gelingen dieser Handlung wirkt sich auf beide Mannschaften unterschiedlich aus. Der erfolgreichen gibt es großen Auftrieb, die andere wird dadurch demoralisiert. Gelingen einige Gegenstöße hintereinander, können sie für das ganze Spielgeschehen entscheidend sein.
Als eine Kette von aneinandergereihten technisch-taktischen Elementen hat der Gegenstoß einige besonders schwache Glieder:
- Das genaue Zuspiel durch den Torwart oder Vermittler.
- Das Annehmen des Balles durch die Gegenstoßspitze.
- Das Zuspiel und Annehmen des Balles durch die 2. oder 3. Gegenstoßspitze.
Diese Schwachpunkte müssen in speziellen Übungen so geschult und verbessert werden, daß sie den Ablauf des Gegenstoßes nicht mehr gefährden. Nachfolgend einige Übungsbeispiele:

127

Vorbereitende Übungen für den Torwart und den Vermittler

- Frontale Gegenüberstellung, 8 bis 10 m Abstand, Schlagwürfe aus dem Stand und mit Schwungschritt. Der Abstand wird bis auf 40 m vergrößert.
- Schwungschrittwurf auf verschiedene Ziele, beginnend mit 10 m Abstand, der dann auf 40 m vergrößert wird.
- Der Torwart steht im Torraum und hat mehrere Bälle zur Verfügung. Auf seiner linken Seite eine Reihe Spieler. Der 1. Spieler läuft los, bekommt vom Torwart einen Schrägpaß über 8 bis 10 m Abstand, prellt bis zur Spielfeldmitte und auf der anderen Seite des Spielfeldes wieder zurück, um den Ball vor dem Torwart abzulegen und sich an die Reihe wieder anzuschließen. Dabei ist es zweckmäßig, wenn ein rechtshändiger Torwart zuerst nach links mit dem Zuspiel beginnt, und der rechtshändige Spieler von rechts den Ball annimmt. Der Torwart verwendet nun, je nach zeitlicher Verzögerung, vom leichten Schrägpaß (Diagonalpaß) bis zum Steilpaß den Paß, der sich anbietet. Wenn dieses Zuspiel nach links klappt, wird dieselbe Übung nach der rechten Seite ausgeführt. Dabei sollte der rechtshändige Torwart dem Ball einen leichten Linksdrall geben. Die Flugbahn wird dadurch leicht nach links abgelenkt und der zur Mitte hin laufende Spieler kann ihn leichter fangen. Um diese Übung zu intensivieren und zwei Torwarte zu beschäftigen, beginnt die gleiche Übung jeweils an beiden Toren gleichzeitig. Die Spieler laufen los, erhalten den Ball, prellen und spielen ihn dem Torwart gegenüber zu. Dieses ist das Startzeichen für den nächsten Spieler.

Vorbereitende Übungen für das Annehmen

des Schräg- und Steilpasses von hinten und das Zuspiel an die 2. Gegenstoßspitze:

- Zwei Spieler stehen sich an den Seitenlinien des Spielfeldes versetzt gegenüber. Der 3. Spieler läuft von einer Seite los, bekommt den Ball von Spieler 1 zugespielt, spielt ihn an 2 weiter, läuft bis zur Seitenlinie, auf der 2 steht, macht kehrt, bekommt von 2 den Ball zurückgespielt, spielt ihn an Spieler 1 weiter, läuft bis zur Seitenlinie, auf der Spieler 1 steht, macht kehrt und beginnt die Übung von neuem (Abb. 117). Diese Übung kann dem Können des Spielers sehr gut angepaßt werden. Je mehr die beiden Spieler seitlich versetzt stehen, und je früher sie den Ball abspielen, um so leichter ist er anzunehmen. Stehen die Spieler 1 und 2 nicht so weit versetzt und spielen den Ball später ab, wird es ein schwer anzunehmender Steilpaß. Man kann also leicht steigern: vom einfachen Schrägpaß zum schweren Steilpaß.

- Aufstellung im Quadrat. Jede Ecke wird mit zwei bis drei Spielern besetzt. Aus dem Lauf wird der Ball von einer zur anderen Ecke des Quadrates gespielt, und zwar in den freien Raum, so daß der Spieler ihn im Lauf annehmen muß (Abb. 118). Für die Rechtshänder ist hier die Übung im Uhrzeigersinn am Anfang leichter und deshalb zu empfehlen. Dann wird die Richtung geändert. Das Zuspiel kann später aus dem Sprung erfolgen.
- Transportpässe zu zweit. Aufstellung nebeneinander (Querpaß) und versetzte Aufstellung (Schräg- und Steilpaß) ohne und mit Platzwechsel.
- Transportpässe zu dritt in einer Linie, in Dreieckaufstellung und mit Platzwechsel.
- Transportpässe in Viereckaufstellung.
- Transportpässe zu zweit mit Torwurf. Auf der Längsachse des Spielfeldes stehen zwei Spieler im Abstand von 5 m voneinander, an denen vorbeigelaufen werden muß, und die versuchen, den Ball herauszufangen (Abb. 119).
- Dieselben Paßübungen zu dritt. Die Zahl

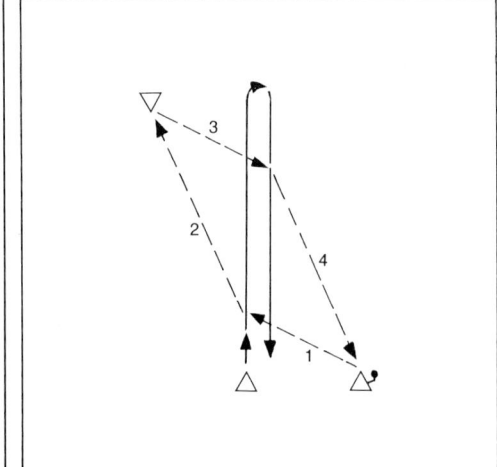

117

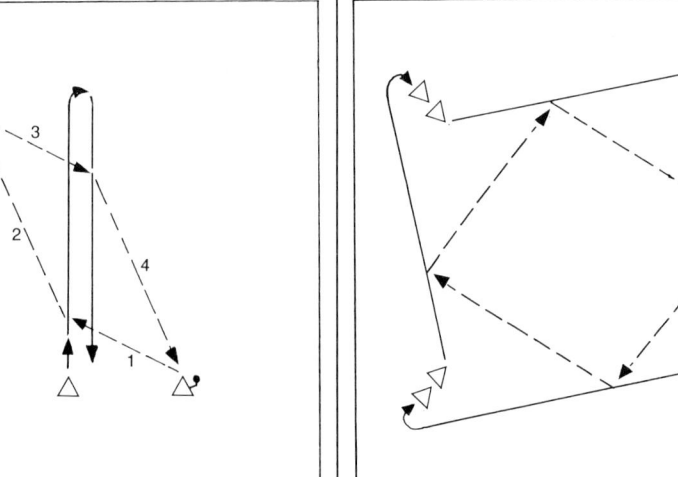

118

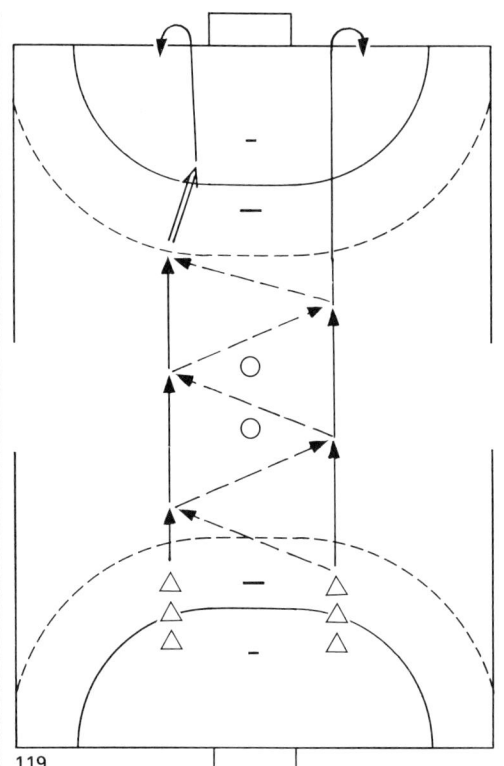

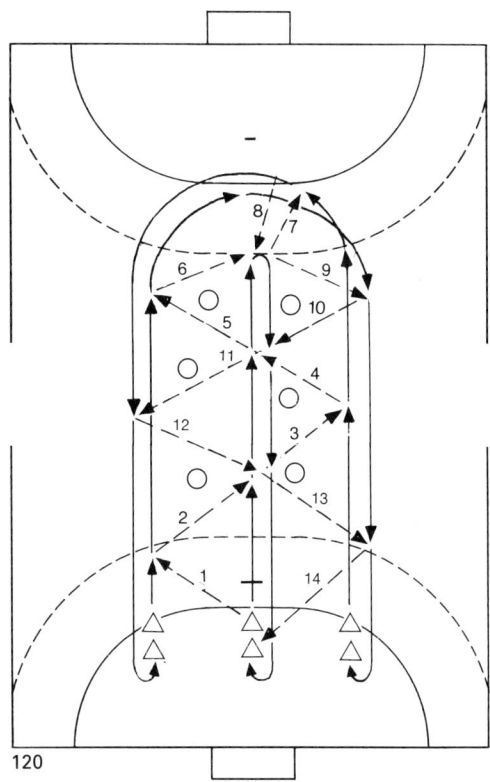

119

120

steht der Torwart mit den Bällen. Der erste Spieler läuft wie vorher auf ein optisches Zeichen los. Nach dem Blick rückwärts zum eigenen Tor erhält er vom Torwart den Ball mit einem leichten Schockwurf zugespielt, prellt bis zur 7-m-Marke und zurück. Der Ball wird beim Torwart abgelegt. Wichtig: Nach Ballannahme die Laufgeschwindigkeit nicht vermindern. Auf die 7-m-Marke (Tormitte) zulaufen.

3. Der Torwart geht 3 bis 6 m in Richtung eigenes Tor zurück. Sonst wie Übung 2. Der Torwart spielt den Ball mit einem Schlagwurf, als leichten Schrägpaß zu. Der Abstand des Torwartes beim Zuspielen wird immer größer, bis der Ball vom Kreis zugespielt wird.

4. Die Bälle liegen in der Mitte an der 9-m-Linie. Der Torwart steht im Tor. Dieselbe Übung wie 3., nur spielt der Trainer dem Torwart den Ball zu. Dieses gilt als Gegenstoßstartzeichen für den Spieler. Der Torwart spielt nun den Ball dem sprintenden Spieler so zu, daß er ihn ungefähr an der Mittellinie erhält. Dabei sollte der Torwart sich so stellen, daß das Zuspiel als Schrägpaß gespielt werden kann. Das erleichtert das Zuspiel und das Annehmen des Balles.

5. Dieselbe Übung wie 4., aber es starten zwei Gegenstoßspitzen versetzt. Der Torwart spielt den Ball an den Spieler ab, der mehr zurückhängt. Dieser verwendet nach Ballannahme einen Schrägpaß zur zweiten Spitze, die in Richtung 7-m-Marke läuft und mit einem Torwurf abschließt.

6. Dieselbe Übung wie 5. Die beiden Spitzen führen einen Platzwechsel mit nochmaligem Zuspiel durch.

7. Zu den von 1. bis 6. aufgeführten Gegenstoßübungen werden ein bis zwei Abwehrspieler dazugenommen, die am An-

der Abwehrspieler auf der Längsachse wird nun auf 4 bis 6 erhöht. Die Abwehrspieler bilden eine Gasse, durch diese Gasse läuft der mittlere Spieler, während die anderen beiden, einer links und einer rechts, außerhalb der Gasse vorbeilaufen. Sie spielen sich den Ball zu, und die in der Gasse stehenden Abwehrspieler versuchen, diesen Ball herauszufangen (Abb. 120).

Methodische Übungsreihe zur Einführung des Gegenstoßes

Nach den vorher beschriebenen vorbereitenden Übungen wird nun der Gegenstoß

als gesamte technisch-taktische Handlung durchgeführt.

1. Die Spieler stehen in einer Reihe in einer Ecke der Halle links neben einem Tor. Auf ein optisches Zeichen des Trainers (Handheben) startet der erste Spieler, sprintet bis in die Nähe der Mittellinie, ohne sich umzudrehen. Dieser Sprint dient dem Raumgewinn. Dann läuft er in Richtung Spielfeldmitte mit Blick zum eigenen Torwart, und setzt seinen Sprint bis auf Höhe der 7-m-Marke des gegenüberliegenden Tores fort.

2. Dieselbe Übung wie 1. An der Mittellinie

fang halbaktiv, dann aktiv arbeiten. Klappen diese Übungen nun fehlerlos, wird ein Vermittler eingeschaltet, der vom Torwart angespielt wird und seinerseits die Gegenstoßspitzen anspielt.

Zum abschließenden Torwurf:
- Es sollten Sprung-, Sprungfall- und Laufwürfe verwendet werden.
- Die Gegenstoßspitze sollte die 7-m-Marke (Tormitte) anlaufen, aber nicht zu nahe an den Kreis gehen, um nicht zu übertreten.
- Abhängig vom Abwehrverhalten des Torwartes wird der Ball im Tor placiert. Grundsätzlich sollte der Spieler die Mitte des Tores anlaufen, hochsteigen und den Torwart beobachten. Steht er ruhig in der Mitte, ist ein harter Wurf auf die Seite des Wurfarmes am günstigsten. Hebt er die Arme hoch, wird in Kniehöhe geworfen. Hat er die Arme tief, kann hoch geworfen werden. Bewegt sich der Torwart während des Wurfes, hängt der Erfolg von der richtigen Wahl des Wurfes und der Torecke ab. Ein überhasteter und unüberlegter Wurf ist in diesem Fall vom Torwart leichter zu halten. Sollte derselbe Spieler mehrere Gegenstöße laufen, ist es vorteilhaft, das Wurfverfahren und die Torecke zu wechseln.

Der erweiterte Gegenstoß

Der erweiterte Gegenstoß kann in der Gruppe mit zwei bis vier Spielern und im ganzen Mannschaftsverband ausgeführt werden.

Auch hier empfiehlt es sich, vorbereitende Übungen voranzustellen. Dafür eignen sich besonders:
- Transportpässe zu zweit (versetzt und hintereinander laufend), zu dritt in Dreieckaufstellung und zu viert in Viereckaufstellung.

- Sprint über das ganze Spielfeld. Nach der Mittellinie Annahme eines Balles und Torwurf aus einer Entfernung von 15 m zum gegnerischen Tor aus dem Sprung oder mit einem Schwungschrittverfahren.
- Dieselbe Übung wie vorher. Anstatt des Torwurfes wird ein Anspiel an den Kreis ausgeführt.

Methodische Übungsreihe zur Einführung des erweiterten Gegenstoßes

1. Zwei Gegenstoßspitzen laufen mit einfachen Transportpässen los. Wenn sie in der Mitte des Spielfeldes sind, läuft ein Rückraumspieler nach, bekommt von den beiden Spitzen, sobald er die Mittellinie überschritten hat, den Ball zugespielt und wirft aus dem Sprung oder mit einem Schwungschrittverfahren auf das Tor. Dabei sollte der rechtshändige Rückraumspieler etwas mehr links, der linkshändige Rückraumspieler etwas mehr rechts anlaufen, um sich nach der Ballannahme durch schrägen Anlauf den Sprungwurf zu erleichtern. Wichtig ist hier der richtige Zeitpunkt des Rückspiels an den Rückraumspieler. Erfolgt das Zuspiel zu früh, muß er den Ball führen; der Gegner hat Zeit, ihn anzugreifen. Erfolgt das Zuspiel zu spät, läuft der Rückraumspieler Gefahr, in die Reichweite der Abwehrspieler zu kommen, die ihn am Wurf oder Anspiel hindern.
2. Dieselbe Übung wie 1. Zusätzlich führen die beiden Spitzen einen Platzwechsel nach der Mittellinie durch.
3. Dieselbe Übung ohne Platzwechsel der Spitzen. Es laufen zwei Rückraumspieler versetzt mit. Der erste wird angespielt, paßt zum zweiten, der auf das Tor wirft.
4. Dieselbe Übung wie 3. Sowohl die Spit-

zen als auch die beiden Rückraumspieler führen einen Platzwechsel durch.
5. Dieselbe Übung wie 4. Der Rückraumspieler wirft nicht auf das Tor, sondern spielt einen der Spieler an, der als Gegenstoßspitze am Kreis freisteht; der wirft selbst auf das Tor.
6. Dieselben Übungen, aber die Bälle werden von den Rückraumspielern (2. Welle) ins gegnerische Spielfeld transportiert.

Die taktischen Grundkombinationen

Das Zusammenspiel von zwei oder mehreren Spielern in der Abschlußphase, nach bestimmten Regeln, nennen wir taktische Grundkombinationen. Sie haben die Schaffung eines Überzahlverhältnisses als Ziel, in denen ein Spieler am Kreis »freigespielt« wird und ein Tor erzielen kann. Die meisten dieser Kombinationen spielen sich auf den Angriffsflanken in der Dreieckaufstellung von Außen, Kreisspieler und Rückraumspieler sowie in der Mitte des Angriffsfeldes zwischen Rückraumspieler und Kreisspieler ab.

Anspiel des Kreisspielers durch den Außenspieler (Abb. 121)
Durch das einfache Hineinstellen oder Hineinlaufen des Kreisspielers zwischen Außen-Links und Halblinks entsteht für kurze Zeit eine Überzahl. Zieht Rechtsaußen durch Stoßen auf das Tor Außen-Links zu sich heran, braucht er nur den Kreisspieler anzuspielen. Ist er Rechtshänder hat er sogar den Wurfarm zum Werfen frei. Auf der linken Seite müßte der Rechtshänder einen speziellen Sprungfallwurf anwenden.

Anspiel des Kreisspielers durch den Rückraumspieler (Abb. 122)
Diese Situation ergibt sich immer wieder in einem Spiel, ob sie nun provoziert wurde

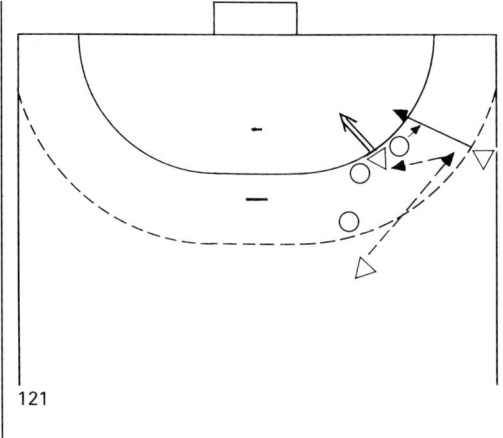

121

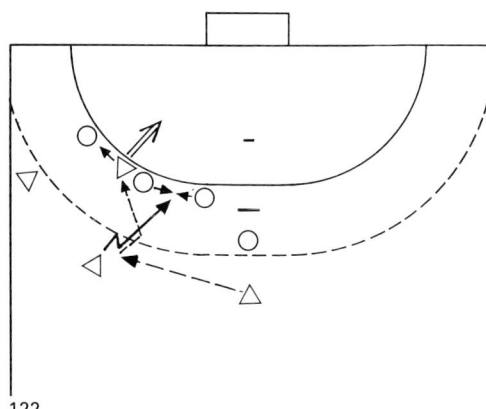

122

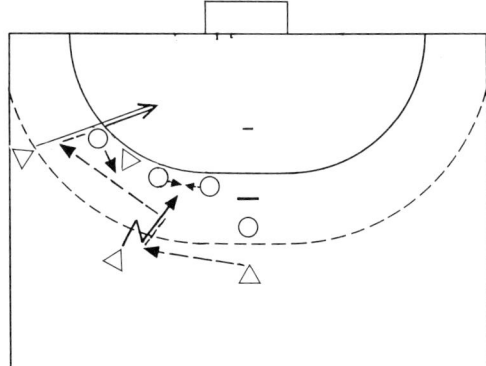

123

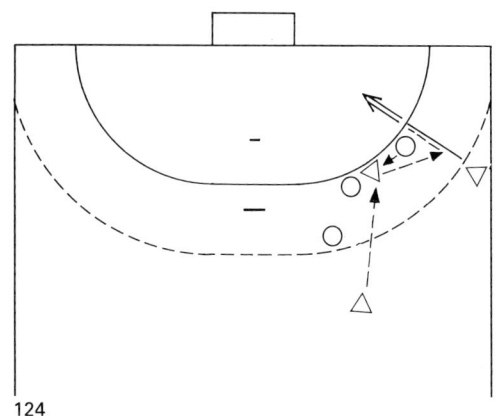

124

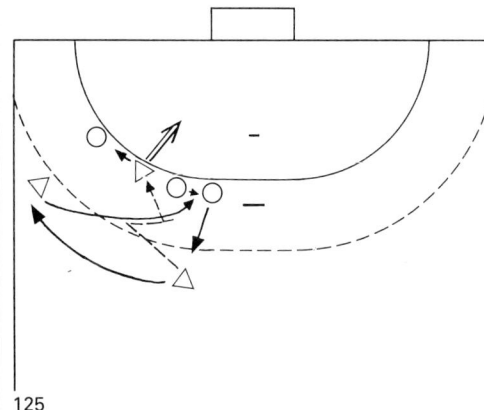

125

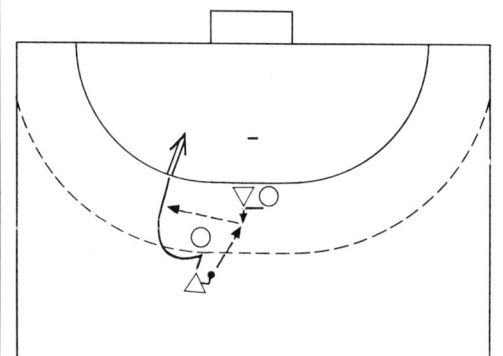

126

nämlich der Außen-Rechts aufmerksam mitspielt, sieht er, daß vom Kreisspieler große Gefahr ausgeht, und versucht, das Anspiel zu verhindern. In diesem Fall spielt Rückraum-Links den Ball an den Linksaußen ab, der frei zum Wurf kommt (Abb. 123).

Zusammenspiel Kreisspieler – Außenspieler

Wenn in der oben beschriebenen Situation der Kreisspieler vom Rückraumspieler-Rechts angespielt wurde und der Außen-Links noch erfolgreich eingreifen kann, spielt der Kreisspieler den Ball an den freien Rechtsaußen weiter, der dann auf das Tor wirft (Abb. 124).

Anspiel des Kreisspielers durch den einlaufenden Außenspieler

Rückraum-Links spielt den einlaufenden Außenspieler an und nimmt seinen Platz ein. Außen-Rechts wird Rückraumspieler-Links übernehmen und der gefährliche Linksaußen mit Ball wird von Halbrechts übernommen werden. In diesem Fall bleibt der Kreisspieler einen Augenblick frei und wird angespielt (Abb. 125).

oder sich zufällig ergeben hat. Wenn der Rückraumspieler links den Ball in der Vorwärtsbewegung annimmt, gefährlich auf das Tor stößt, vor allem, wenn er aus dieser Position schon Tore geworfen hat, zwingt er Halbrechts zum Blocken. Der Kreisspieler setzt sich kurz ab, wird angespielt und kann auf das Tor werfen.

Zuspiel zum Außenspieler

Aus der selben Situation kann sich das Zuspiel zum Außenspieler entwickeln, wenn

131

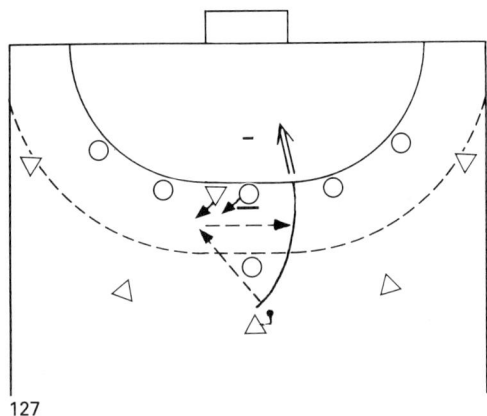

127

Der Doppelpaß

Der Doppelpaß ist eine einfache gruppentaktische Handlung zweier Spieler, mit deren Hilfe ein vorgezogener Spieler der Abwehr durch einfaches Zuspiel und Laufen überwunden werden kann (Abb. 126). Am häufigsten findet der Doppelpaß Anwendung im Zusammenspiel Kreisspieler – Rückraumspieler (Abb. 127), kann aber auch zwischen Rückraumspieler und Rückraumspieler oder Rückraumspieler und Außen angewendet werden.

Das Parallelstoßen

Das Parallelstoßen ist eine Handlung der Zweiergruppe und dient den Angreifern zum Erspielen einer Überzahl. Der ballbesitzende Spieler stößt in eine Nahtstelle und zwingt dadurch einen zweiten Abwehrspieler zum Aushelfen. Stößt nun der Nachbarspieler von der Seite, von welcher der aushelfende Abwehrspieler gekommen ist, parallel auf das Tor und erhält den Ball, hat er entweder freie Wurfbahn auf das Tor (Abb. 128), oder er zwingt den nächsten Abwehrspieler zum Eingreifen. Der letzte Angriffsspieler einer solchen Angriffslinie

bleibt ohne Gegner und kann frei auf das Tor werfen (Abb. 129). Wichtig: Körperkontakt mit dem Gegner vermeiden, um nicht am Abspiel gehindert oder gestört zu werden.

Das einfache Kreuzen

Das einfache Kreuzen ist eine taktische Handlung in der Zweiergruppe vor der gegnerischen Abwehr, mit deren Hilfe

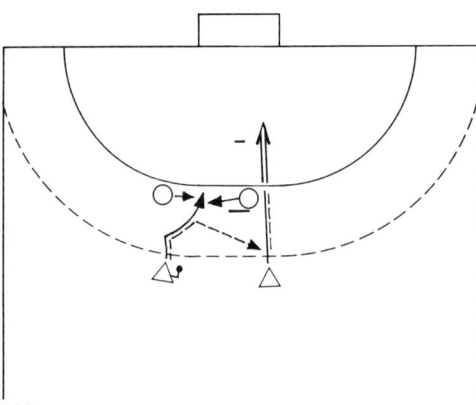

128

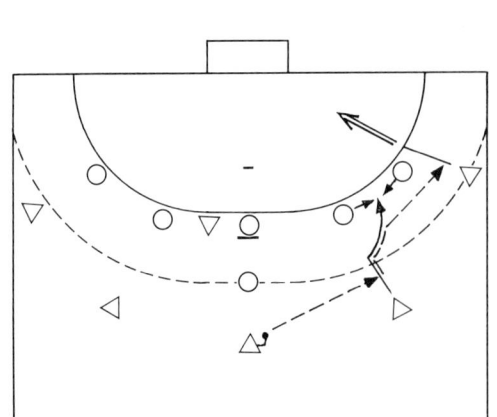

129

- einem Weitwerfer eine günstige Wurfposition,
- für den Partner eine Wurf- oder Durchbruchslücke,
- eine günstige Situation für eine Sperre geschaffen wird.

Dabei kreuzen sich die Laufwege der beiden Beteiligten so, daß der Ballführende vor seinem Partner deckungsnah dessen Arbeitsstreifen kreuzt und diesem den Ball zuspielt (Abb. 130). Der ballempfangende

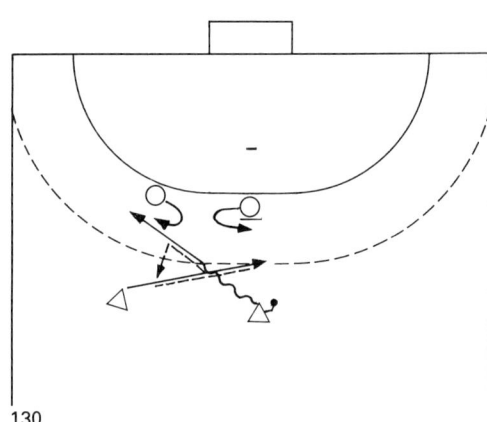

130

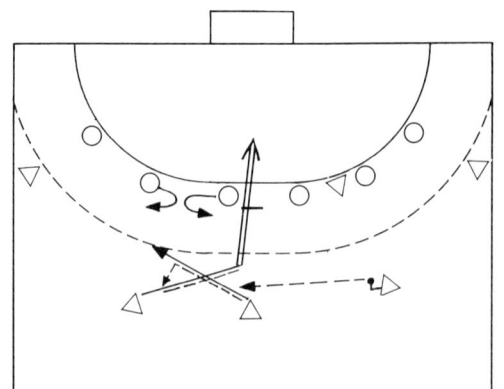

131

Partner ist dabei vom Gegner weit genug weg, um für einen Augenblick ungedeckt zu sein. Kann er nicht auf das Tor werfen oder durchbrechen, nimmt er den Arbeitsstreifen seines kreuzenden Mitspielers ein. Von großer Wichtigkeit ist beim Kreuzen die Ballsicherung und das richtige, gefühlvolle Abspiel des Balles, wozu sich besonders weiche Schockwürfe eignen.

Durch das Kreuzen wird dem Gegner seine Abwehrarbeit sehr erschwert, da er ständig zum Übergeben-Übernehmen gezwungen wird. Dabei kommt es immer wieder zu Mißverständnissen, spontanen Sperren und nicht rechtzeitigem Schließen der Wurf- und Durchbruchslücken.

Das Kreuzen erfolgt immer zwischen zwei benachbarten Spielern (Rückraumspieler-Mitte – Rückraumspieler-Links (Abb. 131), Rückraumspieler-Mitte – Rückraumspieler-Rechts, Rückraumspieler-Links – Linksaußen, Rückraumspieler-Rechts – Rechtsaußen). Nicht immer führt ein Kreuzen zu einem abschließenden Torwurf. Es können sich auch gute Anspielmöglichkeiten an den Kreisspieler, oder das Fortsetzen mit einer anderen gruppentaktischen Handlung (Doppelpaß, Parallelstoß, Sperre) ergeben. Vom klugen Handeln des beim Kreuzen angespielten Spielers hängt die Weiterentwicklung der taktischen Situation ab. Die Wege der Kreuzenden müssen in Richtung Tor gehen und dieses bedrohen.

Für den Ballannehmer gilt:
1. Torwurf, wenn es angebracht ist.
2. Anspiel des Kreisspielers, wenn ein Torwurf nicht möglich oder angebracht ist.
3. Abspiel an den sich am günstigsten bewegenden oder stehenden Mitspieler.

Diese drei Punkte sollten eigentlich für jeden Ballbesitzer in der 4. Angriffsphase gelten.

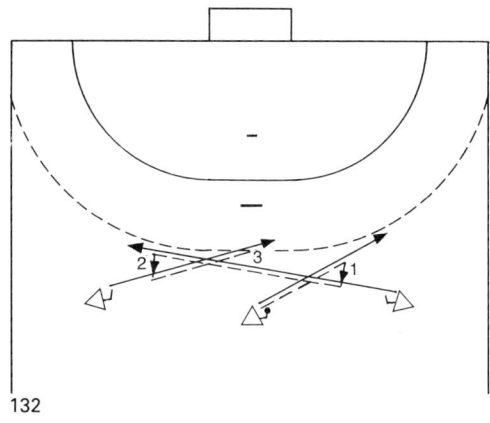
132

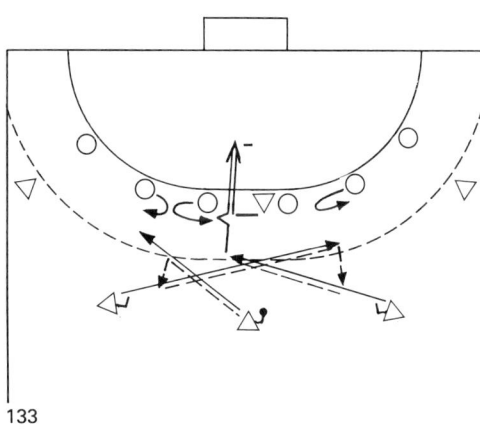
133

Das doppelte Kreuzen

Das doppelte Kreuzen ist eine natürliche Fortsetzung des einfachen Kreuzens in der Dreiergruppe. Es spielt sich nach den selben Regeln ab, dabei beginnt immer der in der Mitte Stehende die Handlung (Abb. 132). In einem 3:3-Angriff kann es zwischen den drei Rückraumspielern (Abb. 133) oder auf

einer Flanke zwischen Außen-Rückraumspieler und Rückraumspieler-Mitte ausgeführt werden.

War das einfache Kreuzen für die Abwehr schon eine gefährliche taktische Handlung, so bringt das doppelte Kreuzen noch mehr und schwierigere Probleme. Die Gefahr wird besonders groß, wenn in der Dreiergruppe der linke Spieler ein Rechtshänder und der rechte Spieler ein Linkshänder ist. Die Gefahr für die Abwehr wächst auch dadurch, daß drei Abwehrspieler direkt und andere indirekt beansprucht werden. Dadurch vermehren sich die Fehlerquellen. Auch hier gilt: Es ergeben sich nach dem doppelten Kreuzen gute Möglichkeiten des Anspiels an den Kreis oder der Fortsetzung mit einer anderen gruppentaktischen Handlung (Doppelpaß, Parallelstoß, Sperre). Wichtig ist, daß das geeignete Zuspiel und die vom Gegner abgewandte Hand zum Zuspiel verwendet wird. Ist es notwendig, kann der Ball getippt werden.

Der Achter mit drei Spielern

Der kleine Achter zu dritt ist eine natürliche Fortsetzung des doppelten Kreuzens und

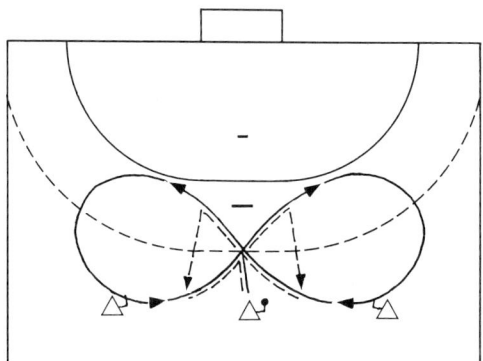
134

133

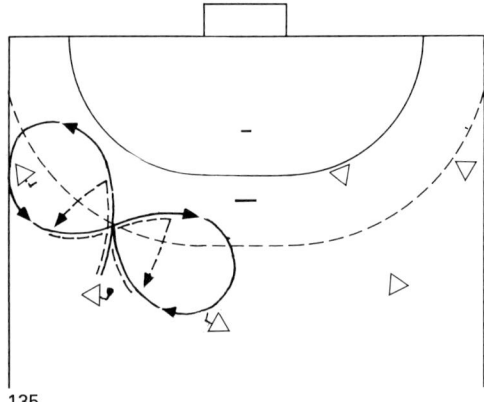

135

spielt sich nach denselben Regeln ab. Wird das doppelte Kreuzen ohne Unterbrechung fortgesetzt, ergibt sich der kleine Achter (Abb. 134). Dabei muß derjenige Spieler, der den Ball abgegeben hat, den Platz dessen einnehmen, dem er den Ball zugespielt hat. Der kleine Achter findet seine Anwendung in der beim doppelten Kreuzen genannten Dreiergruppe (im Rückraum oder auf einer Flanke) (Abb. 135). Er hat den großen Vorteil, daß durch eine Kreuzbewegung immer wieder ein Spieler in Wurfposition gebracht wird und ist gefährlich für die Abwehr, wenn auch ein Linkshänder mitläuft.

Die Angreifer können aus dem kleinen Achter direkt auf das Tor werfen, durchbrechen oder den Lauf unterbrechen, indem sich der aus der Mitte kommende Spieler nach Abspiel an den Kreis auf die entgegengesetzte Seite des Kreisspielers stellt. Dadurch entsteht ein 2 : 4-Angriff, in dem wenigstens gleich nach der Unterbrechung des kleinen Achters einer der beiden Kreisspieler freisteht.

Vorteile:
■ Der Achter zu dritt kann als gebundenes Laufspiel für die Rückraumspieler oder

auf einer Flanke (Linksaußen – Rückraum-Links, Rückraum-Mitte; Rechtsaußen – Rückraum-Rechts, Rückraum-Mitte) in einem 3 : 3-Angriff angesehen werden.
■ Mit seinem festgelegten Lauf und Ballwegen dient der Achter dem Spiel als Ordnungsrahmen, auf den die Spieler immer wieder zurückgreifen können, wenn das Spiel nicht mehr läuft.
■ Er kann auch als Einleitung mannschaftstaktischer Handlungen oder Überleitung vom positionellen zum gebundenen Laufspiel dienen, indem er zum großen Achter (siehe S. 145) erweitert wird.
■ Er ist ein sehr gutes Mittel, das zeiträumliche Handeln des Spielers zu schulen.
■ Der methodische Weg zum kleinen Achter (vom einfachen, über das doppelte Kreuzen) kann als Beispiel eines methodischen Weges vom positionellen Spiel zum gebundenen Laufspiel gelten.

Der Wechsel

Der Wechsel ist eine taktische Handlung in der Zweier- und Dreiergruppe, bei der die Spieler ihre Plätze »wechseln«, und zwar in oder durch die gegnerische Abwehr; z. B.: Wechsel der Kreisspieler untereinander im 2 : 4-Angriff (Abb. 136) oder Wechsel des Kreisspielers mit einem Außenspieler im 3 : 3-Angriff (Abb. 137). Er kann ohne oder mit Ball erfolgen und dient dazu, die Abwehr zu Handlungen zu zwingen, die von den Angreifern zu ihrem Vorteil ausgenutzt werden können (Durchbruchs- oder Wurflücken zu schaffen, Wurfarm zum Torwurf freimachen).

Die Sperre

Die Sperre ist eine wichtige gruppentaktische Handlung, in der einer oder mehrere

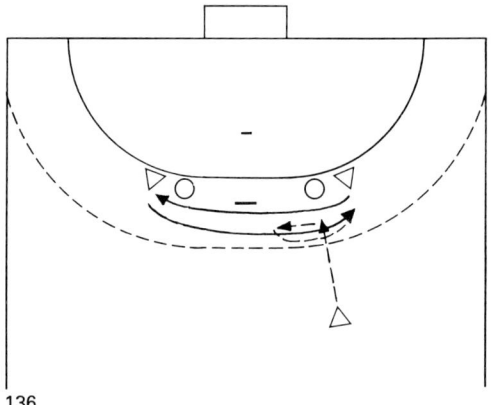

136

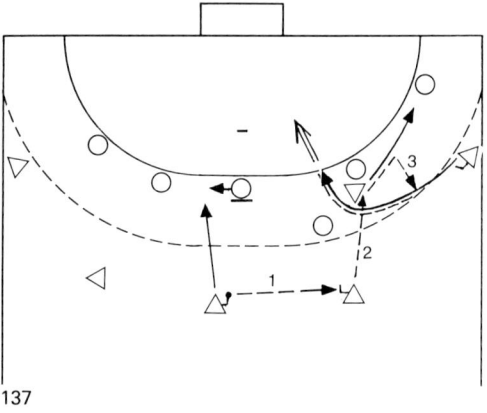

137

Angriffsspieler durch regelgerechtes Handeln den Bewegungsraum eines oder mehrerer Abwehrspieler so einengen, daß dadurch Wurf- und Durchbruchsmöglichkeiten entstehen. Der sperrende Spieler sollte rechtzeitig zum Stehen kommen, um kein Stürmer-Foul zu verursachen.

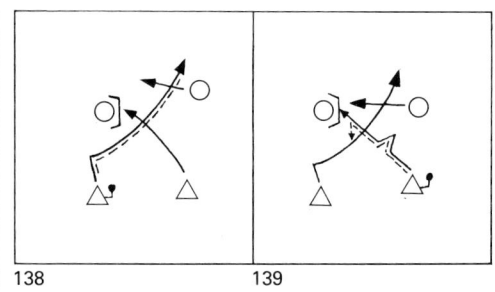

138   139

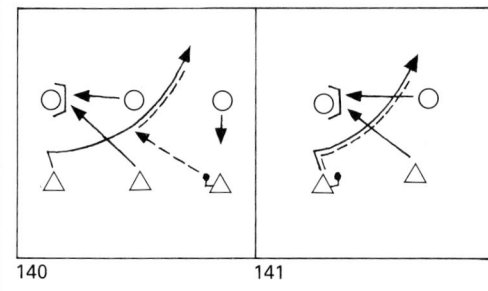

140   141

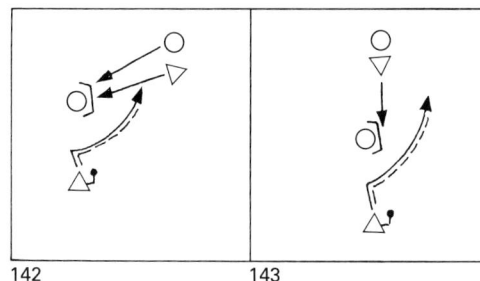

142   143

Arten der Sperre:

- Direkte Sperre ohne Ball zugunsten des ballbesitzenden Mitspielers (Abb. 138).
- Direkte Sperre mit Ball. Der Ballbesitzer sperrt zugunsten seines Mitspielers ohne Ball (Abb. 139).
- Indirekte Sperre. Beide an der Sperre beteiligten Spieler sind ohne Ball. Der Ball wird dem freigesperrten von einem dritten Spieler zugespielt (Abb. 140).

Alle Arten der Sperre können als Frontal-, Flanken- oder Rückensperre ausgeführt werden.

Nach der Richtung der Sperre wird unterschieden:

- Die Spieler stehen auf gleicher Höhe bzw. nebeneinander (Rückraum-Links – Rückraum-Mitte) (Abb. 141).
- Die Spieler stehen diagonal zueinander (Rückraum-Links – Kreisspieler-Rechts) (Abb. 142).
- Die Spieler stehen hintereinander bzw. im selben Arbeitsstreifen zueinander (Rückraum-Links – Kreisspieler-Links) (Abb. 143).

Günstiger auszuführen sind die Sperren ohne Ball und aus einer Richtung, die für den zu sperrenden Abwehrspieler nicht einzusehen ist (diagonal und hintereinander). Dabei wird das Sperren wesentlich erleichtert, wenn der direkte Angriffsspieler des zu sperrenden Abwehrspielers diesen mit Finten ablenkt und beschäftigt.
Um die Sperre undurchlässig zu machen, können zwei Spieler sich gleichzeitig in die Sperrstellung vor den Abwehrspieler begeben (Abb. 144).

Das Wiederaufnehmen der Sperre
Das Sperren und Wiederaufnehmen der Sperre dient dazu, einen Gegner, der aus der Sperre entkommen ist, noch einmal auf der anderen Seite zu sperren. Z. B.: Der Ballbesitzer führt eine Antrittsfinte nach rechts aus, was als Aufforderung zur Sperre links für seine Mitspieler gilt. Der sperrende Spieler läßt nun bei der nächsten Finte des Ballbesitzers nach links den Abwehrspieler nach vorne aus der Sperre kommen, um beim Durchbruch des Ballführenden nach rechts gut von rechts sperren zu können (Abb. 145).

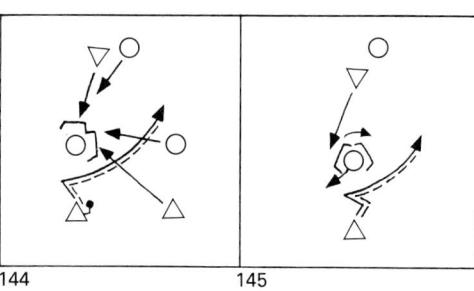

144   145

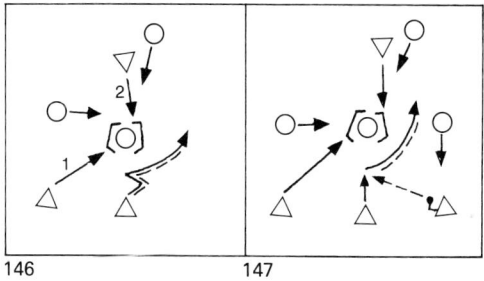

146   147

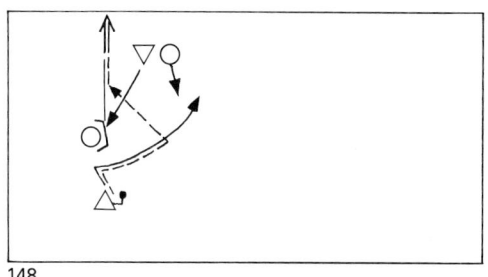

148

Die beidseitige Sperre
Die beidseitige Sperre wird von zwei Spielern zugunsten eines Spielers auf der linken und rechten Seite des Abwehrspielers ausgeführt. Z. B.: Rückraum-Mitte führt eine Antrittsfinte nach rechts aus. Daraufhin geht der Rückraumspieler-Links auf der linken

135

Seite des Abwehrspielers in Sperrstellung. Antriffsfinte nach links des Rückraum-Mitte, worauf der Kreisspieler an der rechten Seite in Sperrstellung geht. Durchbruch nach rechts des Rückraum-Mitte (Abb. 146). Ein anderes Beispiel: Ein gefährlicher Torschütze erhält den Ball und sofort wird er von einem Gegner angegriffen. Im selben Augenblick gehen zwei Angriffsspieler links und rechts in Sperrstellung. Der Weitwurf-Spezialist geht nun auf der günstigsten Seite (von der Position der anderen Abwehrspieler abhängig) vorbei (Abb. 147).

Das Lösen oder Absetzen aus der Sperre

Das Lösen oder Absetzen aus der Sperre ist die Handlung des sperrenden Angreifers, wenn sein eigener, direkter Abwehrspieler den freigesperrten übernimmt. Er löst sich vom gesperrten Abwehrspieler in Richtung Tor in den freien Raum, wo er angespielt wird und frei auf das Tor werfen kann (Abb. 148).

Die Außensperre

Bei der Außensperre geht der Außen zu seinem direkten Abwehrspieler, mit Ball in Sperrstellung, spielt den hinter ihm vorbeilaufenden Rückraumspieler an, der dadurch frei zum Torwurf von außen kommt (Abb. 149).

Die Sperre am Kreis

Am Kreis wird mit folgender Absicht gesperrt: Die Sperre schafft eine Wurf- oder Durchbruchslücke (Sperre zum eigenen Gegner). Sie kann auch von zwei Spielern als eine »verkehrte Klammer« ausgeführt werden (Abb. 150). Entweder wird der

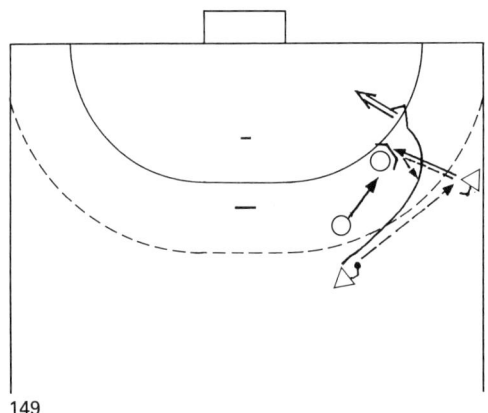

149

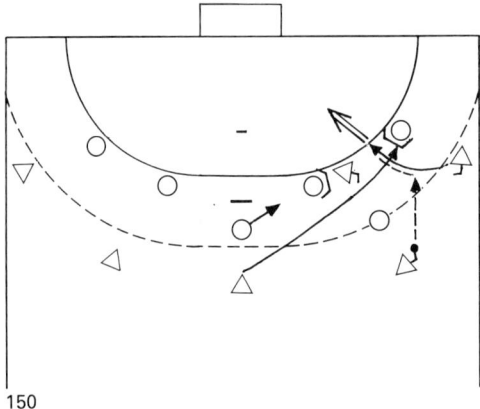

150

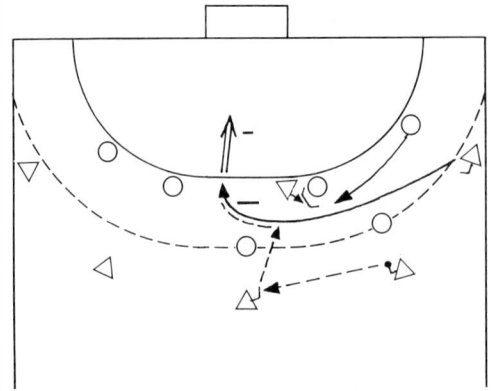

151

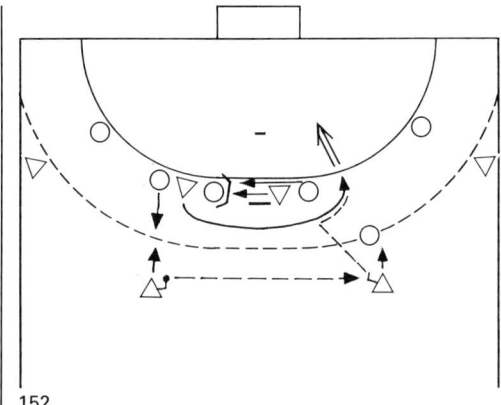

152

einlaufende Außen freigesperrt oder ein zweiter Kreisspieler.
Mit Sperren und Lösen kann eine Torwurfmöglichkeit herausgespielt werden zwischen Außenspieler und Kreisspieler (Abb. 151), zwischen Kreisspieler und Kreisspieler (Abb. 152), zwischen Rückraumspieler und Kreisspieler.

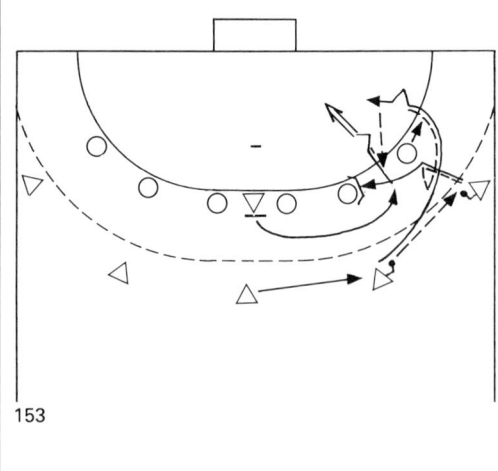

153

Anspielbereit wartet der Kreisspieler auf den Ball.

137

Das Nachsetzen

Das Nachsetzen ist eine logische Weiterführung der Außensperre. Der mit Ball in die Sperrstellung gehende Rechtsaußen läßt, nach Abspiel des Balles an den ihn hinterlaufenden Rückraum-Rechts, den eigenen Gegner aus der Sperre gleiten, so daß dieser an Rückraum-Rechts herankommen kann. Dafür sperrt er aber den zweiten Abwehrspieler (Halblinks). Der Kreisspieler oder ein anderer Angriffsspieler »stößt« in die so entstandene Lücke nach, wird von Rückraum-Rechts angespielt und kommt frei zum Torwurf (Abb. 153).

Das Nachsetzen kann auch mit zwei nachsetzenden Spielern ausgeführt werden. In diesem Fall würde der sperrende Außen auch den zweiten Abwehrspieler aus der Sperre gleiten lassen und den 3. (Innen-Links) sperren, so daß eine Lücke für den zweiten nachsetzenden Spieler entsteht (Abb. 154). Man könnte dann von einem doppelten Nachsetzen sprechen.

Die an dieser Aktion nichtbeteiligten Spieler müssen sich raumentlastend verhalten.

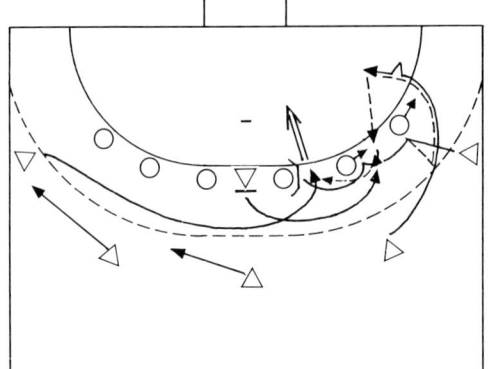

154

Methodische Übungsreihen zur Sperre

Die Spieler stehen auf gleicher Höhe:

1. Praktische Demonstration durch den Lehrer: Ein Spieler steht auf der Position des Rückraum-Links, vor ihm ein passiver Gegner. Der Lehrer mit Ball auf der Position des Rückraum-Mitte. Er spielt den Ball zu Rückraum-Links und geht in die frontale Sperre zum passiven Gegner. Rückraum-Links geht hinter der Sperre durch, tippt und wirft mit Sprungwurf auf das Tor. Die Frontalsperre ist anfangs zu empfehlen, da der Sperrende sieht, wo und wie man sich in die Sperrstellung stellt.

2. Die vorher beschriebene Demonstration wird zur Übung umfunktioniert. Ausgangsstellung: Eine Reihe steht auf der Position Rückraum-Links, eine Reihe auf der Position Rückraum-Mitte, ein passiver Gegner vor Rückraum-Links. Rückraum-Mitte paßt zu Rückraum-Links und geht in die frontale Sperre zum passiven Gegner. Rückraum-Links läuft hinter der Sperre durch, tippt, führt einen Sprungwurf auf das Tor aus, holt den Ball und stellt sich bei Rückraum-Mitte an. Der sperrende Rückraum-Mitte wird zum passiven Gegner, der Gegner stellt sich bei Rückraum-Links an. Dieselbe Übung wird auch auf der rechten Seite ausgeführt.

3. Dieselbe Übung wie 2.; zusätzlich führt Rückraum-Links eine Antrittsfinte nach links aus, welche der Gegner mitmacht. Rückraum-Mitte geht in die Frontalsperre, dann wie vorher. Dieselbe Übung auf der rechten Seite.

4. Dieselbe Übung, aber der Gegner ist aktiv. Nach der Sperre wird nicht mehr getippt, sondern direkt ein Sprungwurf ausgeführt. Gut zu verwenden, vor allem auf der rechten Seite für die Rechtshänder, ist die eingesprungene Finte.

5. Dieselbe Übung wie 4. Es wird aber mit dem Ball gesperrt. Rückraum-Mitte führt den Ball mit der vom Abwehrspieler abgewandten Hand, mit der er auch zuspielt (Schockwurf oder Aufsetzer). Dieselbe Übung auch auf der rechten Seite.

6. Dieselbe Übung wie 5., aber sperren ohne Ball zum Mitspieler ohne Ball (indirekte Sperre). Ausführung sowohl auf der Position Rückraum-Links als auch Rückraum-Rechts.

Die Spieler stehen diagonal zueinander:

1. Ausgangsstellung wie vorne 2. Rückraum-Mitte paßt zu Rückraum-Links, der eine Antrittsfinte nach links ausführt; in dem Augenblick kommt der Kreisspieler-Rechts in die Sperrstellung, Rückraum-Links geht hinter der Sperre vorbei, tippt und wirft mit Sprungwurf auf das Tor. Dieselbe Übung wird auch für die rechte Seite ausgeführt.

2. Dieselbe Übung wie 1., aber ohne Tippen.

3. Dieselbe Übung wie 2., aber mit Ball sperren.

Die Spieler stehen hintereinander (im selben Arbeitsstreifen):

1. Ausgangsstellung Rückraum-Mitte, Rückraum-Links, Kreisspieler-Links, vor Rückraum-Links ein halbaktiver Gegner. Rückraum-Mitte paßt zu Rückraum-Links, der den Abwehrspieler mit einer Antrittsfinte links ablenkt; dies ist ein Zeichen für den Kreisspieler rechts in Sperrstellung zu gehen; Rückraum-Links tippt hinter der Sperre vorbei und wirft aus dem Sprung auf das Tor.

2. Dieselbe Übung wie 1. als geschlossener Übungskreis. Die Posten Rückraum-Mitte, Rückraum-Links, Kreisspieler-Links werden dreifach besetzt. Vor Rückraum-

Links steht ein halbaktiver Abwehrspieler. Rückraum-Mitte schließt nach Abspiel an der Reihe der Kreisspieler an, der sperrende Kreisspieler wird zum Abwehrspieler, der Abwehrspieler schließt hinter Rückraum-Links an. Nach Sprungwurf holt Rückraum-Links den Ball und schließt hinter Rückraum-Mitte an. Dieselbe Übung wird auch nach rechts ausgeführt.

3. Dieselbe Übung wie 2. ohne Tippen vor dem Sprungwurf. Spätestens bei dieser Übung (Sperren im selben Arbeitsstreifen) sollte die Rückensperre eingeführt werden.

Methodische Übungsreihe zum Lösen aus der Sperre

1. Der Lehrer demonstriert das Lösen aus der Sperre.
2. Üben durch die Schüler in folgender Aufstellung: Rückraum-Links mit einem Abwehrspieler, Kreisspieler-Links mit einem Abwehrspieler. Rückraum-Links hat den Ball, führt eine Antrittsfinte nach links aus, Kreisspieler-Links geht in Sperrstellung rechts (Rückensperre), Rückraum-Links tippt hinter der Sperre vorbei und wird vom Abwehrspieler des Kreisspielers-Links übernommen. Der Kreisspieler-Links löst sich in diesem Augenblick aus der Sperrstellung torwärts in den freien Raum und wird vom Rückraumspieler-Links mit folgendem Anspielverfahren angespielt: Rückhand-, Nacken-, Handgelenkspaß von oben, Schwung- oder Schockwurf mit der linken Hand. Der Kreisspieler kann sehr schwer am Torwurf gehindert werden. Greift ein anderer Abwehrspieler ein, ist ein Überzahlverhältnis vorhanden und kann gut ausgespielt werden.
3. Dieselbe Übung wie 2. in der Dreiergrup-

pe, wobei die Spezialisierung nach Posten berücksichtigt werden muß.
4. Dieselbe Übung wie 3. auf der rechten Seite.

Das Sperren und Lösen aus der Sperre ist auch am Kreis zwischen Rückraumspieler und Kreisspieler möglich, vor allem bei einer defensiven 6:0-Deckung. Der Kreisspieler steht bei einer defensiven 6:0-Deckung zwischen Halbrechts und Innen-Rechts. Als Rechtshänder wird er von Innen-Rechts gedeckt. Rückraum-Links geht mit dem Ball zuerst auf Halbrechts zu, tippt dann zur Mitte vor Innen-Rechts, der gezwungen wird zu übernehmen, während der Kreisspieler den mitgehenden Halbrechts mit Rückensperre sperrt. Nach Übernahme durch Innen-Rechts, spielt Rückraum-Links den Kreisspieler mit Rückhand oder Nackenpaß an. Dieser kommt mit freiem Wurfarm zum Torwurf (Abb. 155).

Zwischen Außenspieler und Kreisspieler bei allen Deckungssystemen. Der Kreisspieler steht zwischen Außen-Rechts und Halbrechts. Als Rechtshänder deckt ihn Halbrechts. Links-Außen läuft mit dem Ball vor die Deckung nach innen. Der mitgleitende

Außen-Rechts wird vom Kreisspieler gesperrt. Halbrechts übernimmt Linksaußen, dieser spielt mit Rückhand oder Nackenpaß den Kreisspieler an, der mit dem freien Wurfarm zum Torwurf kommt (Abb. 156, 157).

Zwischen Kreisspieler links und Kreisspieler rechts in einem 2:4-Angriff (Abb. 158).

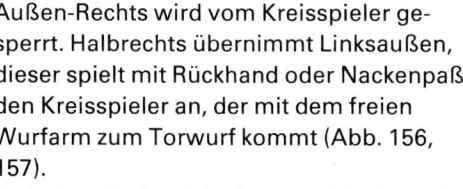

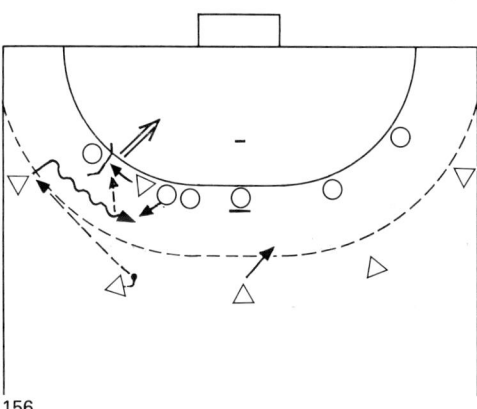

156

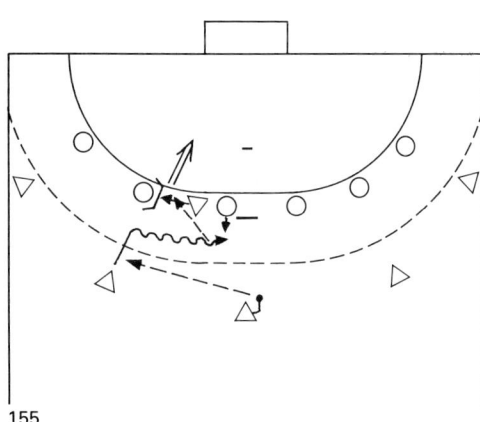

155

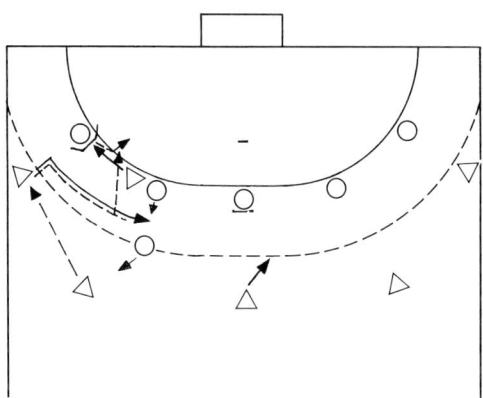

157

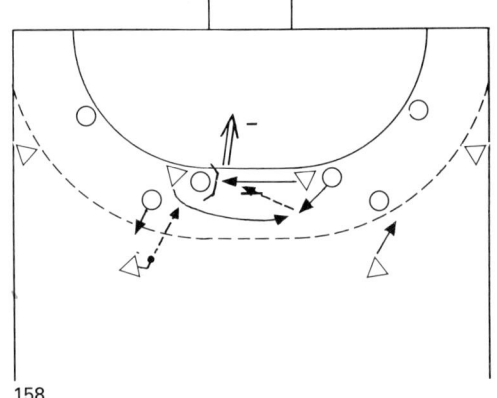

158

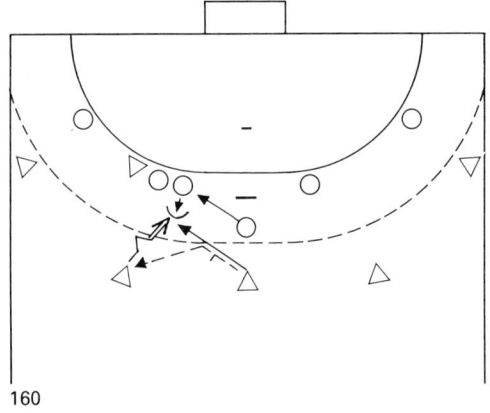

160

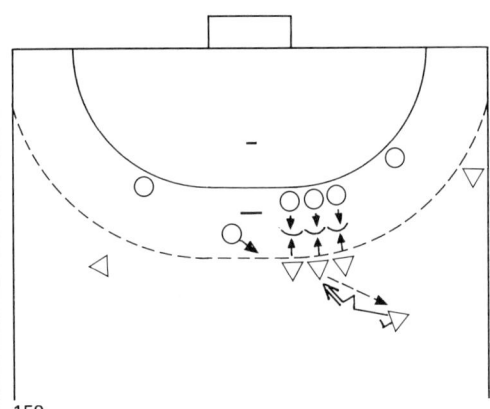

159

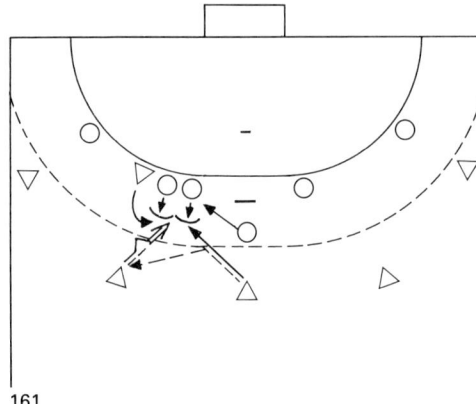

161

Das Schirmen

Das Schirmen (der Schirm) ist eine gruppentaktische Handlung, die dazu dient, einen Spieler aus dem Rückraum gegen die Abwehr abzuschirmen, der dadurch frei zu einem Sprungwurf über die Abwehr kommt. Der am meisten verwendete Schirm ist bei 9-m-Freiwürfen anzutreffen (Abb. 159). Hier bilden zwei bis drei Angriffsspieler einen Schirm, hinter dem der Werfer steht. Nach Abspiel des Balles von einem Spieler aus dem Schirm, bewegt sich dieser geschlos-

162

sen vorwärts. Mit einem Sprungwurf über die gegnerische Mauer kann der abgeschirmte Angreifer ein Tor erzielen.

Gut eingespielte Spitzenmannschaften verwenden den Schirm auch im Spielfluß. Z. B.:

- Rückraum-Mitte setzt zu einem Kreuzen an, bleibt aber, nachdem er an Rückraum-Links den Ball abgespielt hat, vor dem zum Rückraum-Links heraustretenden Abwehrspieler stehen, schirmt Rückraum-Links ab, der ungehindert einen Sprungwurf anbringen kann (Abb. 160).

- Dieselbe taktische Handlung, wobei der Kreisspieler sich neben Rückraum-Mitte stellt, so daß der Schirm aus zwei Spielern gebildet wird und noch sicherer ist (Abb. 161).

- Derselbe Ansatz wie vorher. Der Ball wird aber nicht an Rückraum-Links gespielt, sondern an den hereinlaufenden Linksaußen. Rückraum-Links geht nach Wurffinte auch in den Schirm, der durch drei Spieler praktisch undurchlässig geworden ist (Abb. 162).

Methodische Übungsreihe zum Schirm

Die Methodik zum Erlernen des Schirmes stellt Probleme durch das zeitlich-räumliche Abstimmen in der Zweiergruppe, vor allem aber in der Dreier- und Vierergruppe.

1. Demonstration durch den Lehrer. Ausgangsstellung: Der Lehrer mit Ball auf Rückraum-Mitte, ein Spieler auf Rückraum-Links und vor ihm ein passiver Abwehrspieler. Der Lehrer leitet ein Kreuzen nach links ein, spielt an Rückraum-Links ab und stellt sich vor den Abwehrspieler in Schirmstellung. Rückraum-Links wirft mit einem Sprungwurf über den Schirm auf das Tor.

2. Dieselbe Übung wie 1. auf den verschiedenen Posten im Rückraum.

3. Neben dem Abwehrspieler am Kreis steht ein Kreisspieler mit seinem Abwehrspieler. Nach Abspiel von Rückraum-Mitte an Rückraum-Links stellt sich der Kreisspieler neben Rückraum-Mitte und bildet mit diesem einen Zweierschirm. Rückraum-Links wirft wie vorher mit einem Sprungwurf auf das Tor. Das »Hereinholen« des Außen mit Anspiel und Sprungwurf auf das Tor muß perfekt beherrscht werden, da der nächste methodische Schritt sich auf diese Übung stützt.

4. Übungsaufstellung: Rückraum-Mitte mit Ball, Rückraum-Links, Linksaußen. Am Kreis ein Abwehrspieler, daneben der Kreisspieler mit seinem direkten Bewacher. Rückraum-Mitte leitet ein Kreuzen mit Tippen nach links ein, Rückraum-Links läuft zum Wurf an, wird aber nicht angespielt. Gleichzeitig mit Rückraum-Links ist der Linksaußen hereingelaufen. Nach einer Abspielfinte an Rückraum-Links spielt nun Rückraum-Mitte den Linksaußen an. Rückraum-Links hat sich neben Rückraum-Mitte gestellt, zu ihnen stellt sich auch der Kreisspieler, so daß ein Dreierschirm gebildet wird, über den der Linksaußen aus dem Sprung auf das Tor wirft.

Die Mannschaftstaktik

Ziel der Mannschaftstaktik für den Angriff ist es, das Zusammenspielen aller Spieler so zu gestalten, daß sich eine Torchance ergibt. Grundlage der Mannschaftstaktik ist die individuelle und die Gruppentaktik. Sie stellt den Hauptinhalt der 4. Phase des Angriffs dar.

Die Angriffssysteme (mit einem Kreisspieler 3:3, mit zwei Kreisspielern 2:4) mit ihren

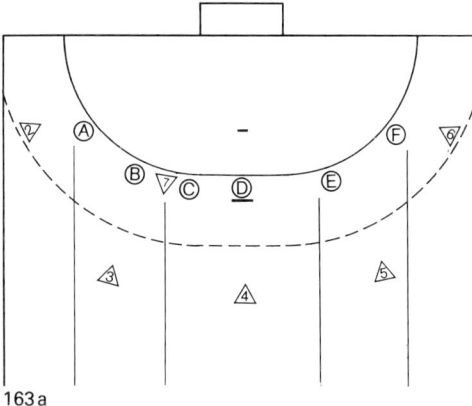

163a

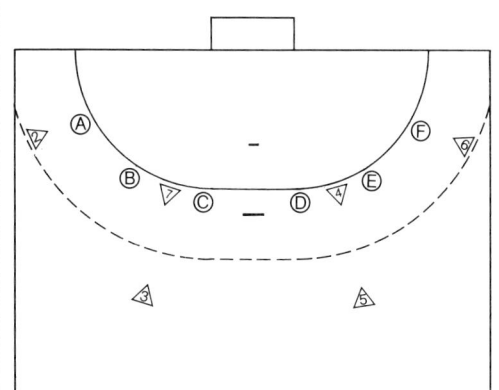

163b

verschiedenen Varianten bilden den Ordnungsrahmen für die Mannschaftstaktik (Abb. 163a, 163b).

Wir unterscheiden folgende Angriffsformen:

- Das positionelle Angriffsspiel
- Das Laufspiel. Dieses kann gebunden oder frei sein.

Das positionelle Angriffsspiel

Das positionelle Angriffsspiel ist die einfachste Form des Angriffs. Es wird in der 3. und 4. Phase des Angriffs verwendet. In der 3. Phase dient es der Beobachtung des direkten Gegenspielers und der gesamten gegnerischen Mannschaft. Ein Torerfolg ist nicht unmittelbares Ziel. Der Ball kann dabei auf genau festgelegten Wegen gespielt werden.

Ziele des positionellen Angriffs in der 4. Phase sind:

- Individueller Durchbruch
- Schaffung einer Überzahl durch Binden zweier oder mehrerer Gegner
- Schaffung von Voraussetzungen für gruppentaktische Handlungen (Sperren-Lösen, Doppelpaß u. a.)
- Schaffung der Ausgangsstellung für das Laufspiel.

Gefährliches Stoßen in die Nahtstellen mit Torwürfen oder Wurffinten und schnelles, sicheres Abspielen des Balles zum Nebenspieler stellen die Hauptmittel des positionellen Angriffsspieles dar. Dabei werden folgende Pässe verwendet:

- Von einem Spieler zum nächsten Mitspieler (kurzer Paß)
- Überspielen einer Position (langer Paß) (Abb. 164).
- Pässe über den Torraum von Außenspieler zu Außenspieler

141

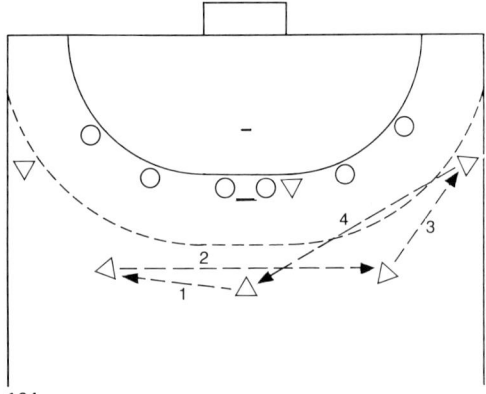

164

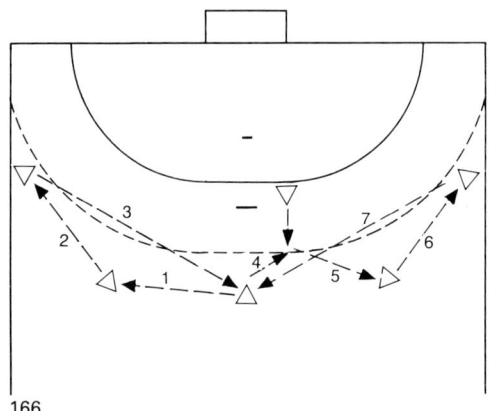

166

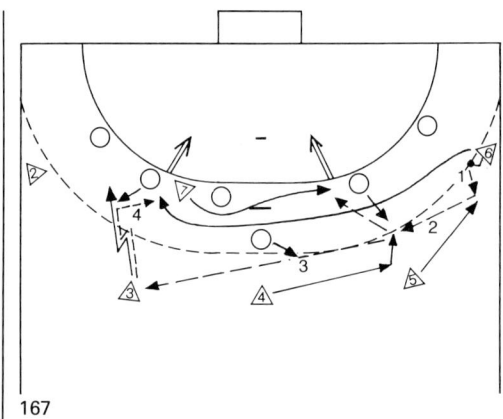

167

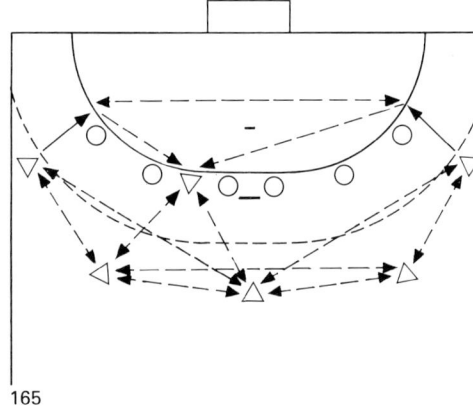

165

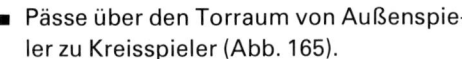

■ Pässe über den Torraum von Außenspieler zu Kreisspieler (Abb. 165).
Aus der Kombination dieser Pässe ergeben sich bestimmte Ballwege (1–7), die einen guten Ordnungsrahmen für das positionelle Angriffsspiel darstellen (Abb. 166).
Das positionelle Angriffsspiel kann mit einem oder mit zwei Kreisspielern gespielt werden.
Im Spiel mit einem Kreisspieler wird dieser, je nach gestellten Aufgaben, seine Position, mehr in der Mitte oder mehr am Rand einnehmen.

Bei zwei Kreisspielern können diese weit stehen, wodurch auf jeder Flanke ein Dreieck entsteht. Es werden dadurch große Durchbruchsräume in der Mitte geschaffen. Stehen die zwei Kreisspieler eng, ergeben sich Durchbruchsräume für die Außenspieler und Rückraumspieler mehr auf den Seiten. Steht ein Kreisspieler weit, der andere in der Mitte, wird die gegnerische Abwehr auf die Seite des weitstehenden Kreisspielers gezogen, so daß auf der anderen Seite größere Durchbruchsmöglichkeiten entstehen.
Man sollte grundsätzlich das positionelle Spiel immer mit einem Kreisspieler beginnen und dann erst, nachdem sich die gegnerische Abwehr darauf eingestellt hat, übergehen zum positionellen Angriffsspiel mit zwei Kreisspielern. Dieses Verwandeln 3 : 3- in einen 2 : 4-Angriff verursacht beim Gegner immer wieder Unordnung in der Abwehr. Es entstehen entweder Durchbruchs- oder Durchwurflücken, Überzahl oder sehr gute Voraussetzungen für die Anwendung gruppentaktischer Mittel (Sperren – Lösen, Doppelpaß, Schirm). Verwan-

deln ist besonders bei einer 5 : 1- und 4 : 2-Abwehr des Gegners mit Erfolg anzuwenden, kann aber auch gegen eine 6 : 0-Deckung wirksam sein.

Das Verwandeln eines 3 : 3- in einen 2 : 4-Angriff durch den Außen (Abb. 167)
In einem 3 : 3-Angriff steht der Kreisspieler auf der linken Seite. Rechtsaußen hat den Ball, spielt ihn an den hinauslaufenden Rückraum-Rechts ab und startet in Richtung Linksaußen. Der Kreisspieler von links läuft zur Kreisspieler-Rechts-Position. Ihre Wege überschneiden sich ungefähr in der Mitte und sie stellen sich am Kreis links und rechts auf. Rückraum-Rechts hat nach Stoßen den Ball an Rückraum-Mitte abgespielt, der die Position Rückraum-Rechts eingenommen hat. Von hier stößt er in die Nahtstelle zwischen Außenverteidiger-Links und Halblinks des Gegners. Ist Halblinks zu weit mit dem einlaufenden Rechtsaußen gegangen, oder hat dieser ihn gesperrt, hat Rückraum-Mitte die erste Torgelegenheit. Hat die Abwehr richtig gehandelt, kann Rückraum-Mitte erst recht in die Nahtstelle

stoßen und Halblinks zum Heraustreten und Blocken zwingen. In den so entstandenen freien Raum läuft sich der Kreisspieler-Links frei und kann angespielt werden. Ist das nicht möglich, spielt Rückraum-Mitte den Ball zu Rückraum-Links. Der kann selbst werfen, besonders wenn der einlaufende Rechtsaußen für ihn einen Schirm stellt, oder er kann Rechtsaußen (Kreisspieler-Links) bzw. Linksaußen anspielen. Dasselbe Verwandeln kann durch den Linksaußen ausgeführt werden.

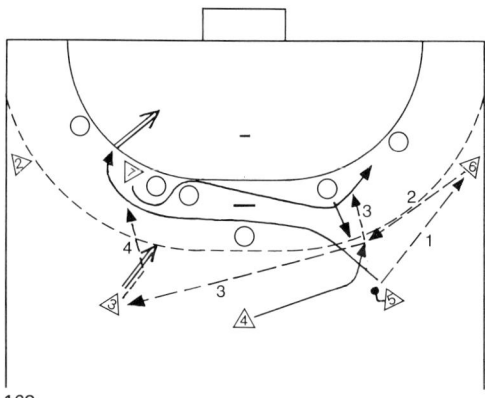

168

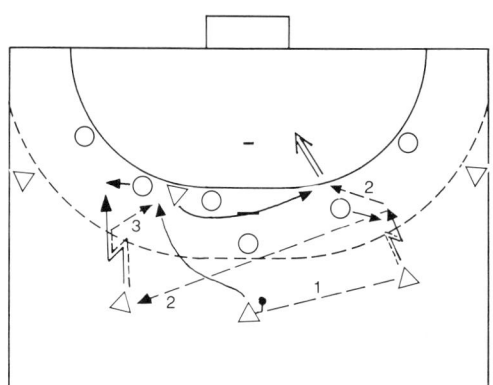

169

Das Verwandeln eines 3 : 3- in einen 2 : 4-Angriff durch einen Rückraumspieler
(Abb. 168)

Dieselbe Aufstellung wie vorne. Rückraum-Rechts in Ballbesitz spielt zu Rechtsaußen und läuft in die Position des Kreisspielers; der Kreisspieler läuft in die Position Kreisspieler-Rechts. Rechtsaußen spielt den Ball zu Rückraum-Mitte, der genauso handelt wie im vorhergehenden Beispiel.

Das Verwandeln eines 3 : 3- in einen 2 : 4-Angriff durch den Rückraum-Mitte
(Abb. 169)

Dieselbe Aufstellung wie vorne. Der ballbesitzende Rückraum-Mitte spielt den Ball zu dem Rückraumspieler ab, auf dessen Seite kein Kreisspieler steht, und läuft nun in die Position des Kreisspielers, dessen Position er einnimmt. Der Kreisspieler ist auf die andere Seite in die Kreisspieler-Position rechts gewechselt, wo ein freier Raum entstanden ist, da der Rückraumspieler mit Ball den Abwehrspieler zum Heraustreten gezwungen hat. Durch das Verwandeln eines Spielers in einen zweiten Kreisspieler (Verwandeln 3 : 3 in 2 : 4) ergeben sich immer wieder auf jeder Flanke zwei Schwerpunkt-Dreiecke des Angriffs, wo dann zur Ausschaltung des Gegners die gruppentaktischen Handlungen vor allem die taktischen Grundkombinationen sehr gut verwendet werden können.

Das Verwandeln kann als eine Art Übergangsstufe zwischen dem positionellen Angriffsspiel und dem gebundenen Laufspiel angesehen werden.

Das Laufspiel

Das Laufspiel setzt, im Gegensatz zum Positionsspiel, das Laufen der Angriffsspieler voraus. Da alle technisch-taktischen Handlungen im Lauf (langsam oder in voller Geschwindigkeit) und in der Auseinandersetzung mit dem Gegner vor sich gehen, werden an die Spieler große Anforderungen gestellt. Das Laufspiel kann nur von Vorteil sein, wenn dadurch nicht die Gefahr des Ballverlustes besteht. Das Laufspiel kann gebunden oder frei sein.

Das gebundene Laufspiel

Das gebundene Laufspiel hat folgende Merkmale:
- Festgelegte Ausgangsstellung
- Ballwege sind vorgeschrieben
- Spielerlaufwege sind vorgeschrieben
- Ball- und Spielerwege sind vorgeschrieben.

Das gebundene Laufspiel kann nur den Rückraum (kleiner Achter in der Mitte), die Nahwurfzone (Dreierwechsel am Kreis, Wirbel) oder beide Angriffsreihen (Kreuzlauf der Außen, großer Achter zu fünft und großer Achter zu sechst) betreffen. Das gebundene Laufspiel kann mit einem oder mit zwei Kreisspielern gespielt werden.

Der Dreierwechsel am Kreis ist ein Wechsel durch die Abwehr in der Nahwurfzone. Dabei bleibt der Ballweg derselbe: von Linksaußen über alle Positionen bis nach Rechtsaußen und wieder zurück. Der Spielerweg kann je nach Möglichkeiten hinter, durch oder vor der Abwehr führen (Abb. 170).

Die Rückraumspieler stoßen auf das Tor und haben folgende Möglichkeiten:
- Selber aus dem Rückraum auf das Tor werfen.
- Einen der drei laufenden Spieler am Kreis anspielen.
- Individuelle oder gruppentaktische Handlungen, die sich durch das Laufspiel ergeben, einleiten.

143

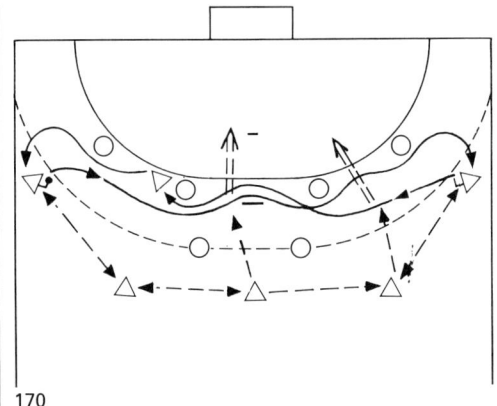

170

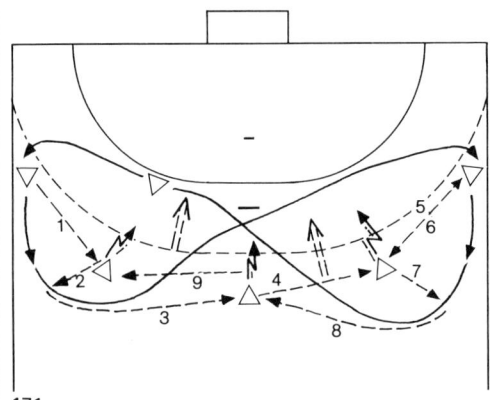

171

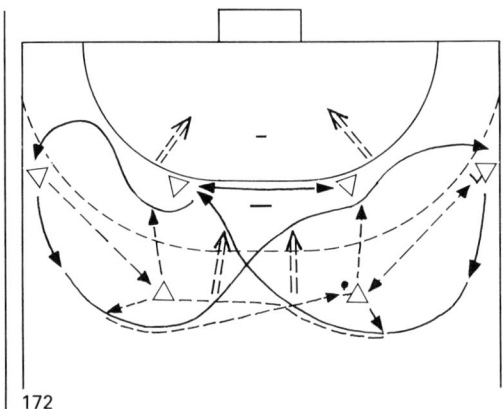

172

Der Wirbel ist ein gebundenes Laufspiel für die drei Spieler am Kreis, in dem die Spielerlaufwege festgelegt sind. Er wird von der Seite begonnen, auf der der Kreisspieler steht. Beispiel: Der Kreisspieler steht links. Der Ball wird von Linksaußen an Rückraum-Links gespielt; der stößt, wird vom Linksaußen hinterlaufen. Linksaußen erhält den Ball von Rückraum-Links mit Schockwurf zugespielt. Der Kreisspieler ist inzwischen auf die Linksaußenposition gewechselt. Linksaußen kann nun selber auf das Tor werfen (Sprung-, Schwungschrittwurf), oder er spielt den Ball an den Rückraum-Mitte oder Rückraum-Rechts ab, läuft weiter und wird zum Kreisspieler auf der rechten Seite. In diesem Augenblick hat Rückraum-Rechts den Ball und stößt auf das Tor. Bleibt sein direkter Gegner (Halblinks) am Kreis beim Linksaußen (Kreisspieler-Rechts) stehen, kann er einen Weitwurf anbringen. Tritt der Abwehrspieler (Halblinks) zu ihm heraus, ist eine günstige Anspielmöglichkeit an den Kreis gegeben. Gelingt auch hier kein Anspiel, wird der Ball an Rechtsaußen gespielt, der den Wirbel von rechts wieder beginnen kann (Abb. 171). Er kann beliebig

lange gelaufen werden. Neben den vorher genannten Abschlußmöglichkeiten schafft er sehr günstige Situationen für gruppentaktische Handlungen (Sperren–Lösen, Doppelpaß u. a.), die der Spieler, je nach Abwehrsituation selber wählen kann. Der Wirbel ist vor allem ein ausgezeichneter Ordnungsrahmen für das Angriffsspiel. Man könnte ihn mit einem Stamm eines Obstbaumes vergleichen, auf den verschiedene Reiser (gruppentaktische Handlungen) gepfropft werden können.

Der Wirbel kann auch mit zwei Kreisspielern gelaufen werden. Ein Kreisspieler, und zwar der, von dessen Seite der Wirbel beginnt, wird als dritter Mann mitlaufen. Der zweite Kreisspieler wechselt seine Position von Kreisspieler-Links zu Kreisspieler-Rechts und wieder zurück. Im Rückraum stehen jetzt natürlich nur noch Rückraum-Links und Rückraum-Rechts (Abb. 172).

Methodische Übungsreihen vom Dreierwechsel am Kreis zum Wirbel

1. Übungsaufstellung: Beide Außenpositionen sind mit drei bis vier Spielern besetzt. Ein Spieler steht auf der Position des

Rückraum-Mitte. Der Ball ist auf der Linksaußen-Position. Linksaußen spielt zu Rückraum-Mitte und läuft ein. Rückraum-Mitte spielt den Ball zurück an Linksaußen, der läuft weiter und spielt ihn an den einlaufenden Rechtsaußen ab. Dieser beginnt dieselbe Übung von der rechten Außen-Position.

2. Dieselbe Übung wie 1. Im Rückraum aber werden die Positionen Rückraum-Links und Rückraum-Rechts besetzt.

3. Dieselbe Übung wie 2. Im Rückraum sind die Positionen Rückraum-Links, Rückraum-Mitte und Rückraum-Rechts besetzt. Bei dieser Übung müssen nicht alle drei, sondern nur zwei Positionen des Rückraums von den laufenden Außenspielern angespielt werden.

4. Wenn wir jede Außen-Position nur einfach besetzen und einen Kreisspieler auf die Seite stellen, wo der Wechsel beginnt, ist das gebundene Laufspiel »Dreierwechsel am Kreis« perfekt. Dazu wird jetzt der passive und nachher der aktive Gegner hinzugenommen.

5. Dieselbe Übung wie 3. mit zwei Kreisspielern (Viererwechsel am Kreis).

144

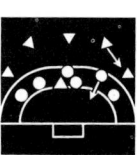

6. Für den Wirbel beginnen wir mit der Aufstellung 2. Der einlaufende Linksaußen spielt den Ball zu Rückraum-Links, der auf das Tor stößt und dem hinter ihm vorbeilaufenden Linksaußen den Ball mit einem weichen Schockwurf zuspielt. Linksaußen spielt den Ball zum Rückraum-Rechts ab und stellt sich vor diesen auf die Kreisspieler-Position rechts. Rückraum-Rechts spielt an Rechtsaußen ab, erhält den Ball zurück, stößt, spielt den Ball dem ihn hinterlaufenden Rechtsaußen zu, der ihn an Rückraum-Links weiterspielt und sich auf die linke Kreisspieler-Position stellt. Die laufenden Spieler stellen sich, nachdem sie die Kreisspielerpositionen verlassen haben, jeweils an den Außenpositionen an.

7. Dieselbe Übung wie 6. mit drei Rückraumspielern.

8. Dann werden die Posten eines 3:3-Angriffs eingenommen und der Wirbel kann von der Seite des Kreisspielers beginnen. Die laufenden Außen können entweder Rückraum-Mitte anspielen, der dann den Ball auf die andere Seite zum Rückraumspieler weiterleitet oder sie können den Ball direkt zum entgegengesetzten Rückraumspieler spielen. Zum Wirbel kommt nun der passive, der halbaktive und dann der aktive Gegner dazu.

9. Derselbe Wirbel wird mit zwei Kreisspielern gelaufen.

Wichtig:
■ Bei beiden Laufspielformen muß der zeiträumliche Ablauf genau abgestimmt sein.
■ Jeder Spieler muß torgefährlich handeln, um der Abwehr die Arbeit zu erschweren und Torwurfmöglichkeiten zu schaffen.

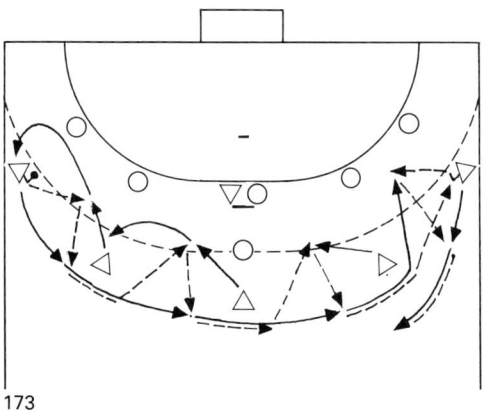
173

Der Kreuzlauf der Außen ist ein gebundenes Laufspiel der ganzen Mannschaft ohne den Kreisspieler, in dem die Lauf- und Ballwege gebunden sind. Die Ausgangsposition ist der 3:3-Angriff.
Linksaußen ist in Ballbesitz. Er spielt dem in die Nahtstelle (zwischen Außen-Rechts und Halbrechts) laufenden Rückraum-Links den Ball zu, der kreuzt und spielt dem ihn hinterlaufenden Linksaußen den Ball zurück. Nach dem Kreuzen nimmt er die Position Linksaußen ein. Linksaußen spielt den Ball an Rückraum-Mitte weiter, der kreuzt, spielt dem ihn hinterlaufenden Linksaußen den Ball zurück und nimmt die Position Rückraum-Links ein. Der Linksaußen spielt an Rückraum-Rechts ab, der kreuzt, spielt dem ihn hinterlaufenden Linksaußen den Ball zurück und nimmt die Position Rückraum-Mitte ein. Linksaußen auf der Rückraum-Rechts-Position stößt auf das Tor und spielt an Rechtsaußen weiter, zieht sich zurück und nun kann Rechtsaußen den Kreuzlauf von rechts beginnen (Abb. 173).
Die Torwurfmöglichkeiten liegen bei den stoßenden Rückraumspielern und dem sie hinterlaufenden Außenspieler. Es werden

gute Kombinationsmöglichkeiten mit dem Kreisspieler oder auch Möglichkeiten für gruppentaktische Handlungen (Kreuzen, Doppelpaß, Parallelstoßen, Sperren – Lösen aus der Sperre) geschaffen.

Methodische Übungsreihe
Beim Erlernen des Kreuzlaufs könnte folgendermaßen vorgegangen werden:

1. Linksaußen spielt an Rückraum-Links, der stößt, kreuzt mit Linksaußen, spielt ihm den Ball zu und Linksaußen wirft aus dem Sprung auf das Tor. Rückraum-Links nimmt die Position Linksaußen ein.
2. Dieselbe Übung wie 1., es wird aber noch der Rückraum-Mitte dazugenommen. Es erfolgt also ein Kreuzen mit Rückraum-Links und Rückraum-Mitte die um einen Platz nach links rücken. Linksaußen wirft, wie vorher, nach dem Kreuzen mit beiden Spielern aus dem Sprung auf das Tor.
3. Dieselbe Übung wie 2., aber der Rückraum-Rechts wird hinzugezogen.
4. Dieselbe Übung wie 3., aber mit dem Rechtsaußen.

Der große Achter mit fünf Spielern ist ein gebundenes Laufspiel für beide Angriffsreihen ohne den Kreisspieler. Lauf- und Ballwege sind gebunden. Wie beim kleinen Achter zu dritt wird auch hier ständig im Rückraum gekreuzt. Ausgangsposition ist der 3:3-Angriff. Der Kreisspieler steht dabei in der Mitte. Begonnen wird vom Rückraum-Mitte.
Beispiel: Rückraum-Mitte kreuzt mit Rückraum-Links und läuft über die linke Kreisspieler-Position nach Linksaußen. Linksaußen ist inzwischen auf die Rückraum-Links-Position weitergerückt. Der ballbesitzende Rückraum-Links kreuzt mit Rückraum-Rechts und läuft über die Kreisspieler-

Rechts-Position nach Rechtsaußen. Rechtsaußen ist inzwischen auf die Rückraum-Rechts-Position weitergerückt. Das Kreuzen geht jetzt weiter zwischen Rückraum-Rechts und Linksaußen. Der Laufweg der Spieler ähnelt einer liegenden Acht (Abb. 174). Die Torwurfmöglichkeiten liegen nach dem Kreuzen bei dem jeweiligen Rückraumspieler. Die Rückraumspieler können den Kreisspieler anspielen und gute gruppentaktische Handlungen einleiten.

Ein ähnlicher großer Achter kann mit sechs Spielern aus einem 2:4-Angriff gelaufen werden. Dabei ist der Laufweg der Spieler fast derselbe wie beim Achter zu fünft. Der Ball wird immer zwischen dem Rückraum-Links und der Rückraum-Rechts-Position gespielt (Abb. 175). Hier erfolgt kein Kreuzen, sondern ein Querpaß mit nachfolgendem Laufen.

Die Schwächen dieses Achters zu sechst liegen im Querpaß, der leicht von einem Gegner unterbunden werden kann und darin, daß nach dem Querpaß vier Spieler auf einer Seite stehen.

Methodische Übungsreihe zum großen Achter mit fünf Spielern:

1. Zwei Spielerreihen stehen sich frontal im Abstand von 5 m gegenüber. Der erste Spieler einer Stirnreihe ist in Ballbesitz. Er läuft in Richtung der gegenüberliegenden Stirnreihe los, sein Laufweg geht etwas nach links, so daß der ihm entgegenlaufende Spieler der anderen Stirnreihe an ihm vorbeilaufen kann. Dem spielt er den Ball mit einem leichten Schockwurf mit rechts zu und stellt sich hinten

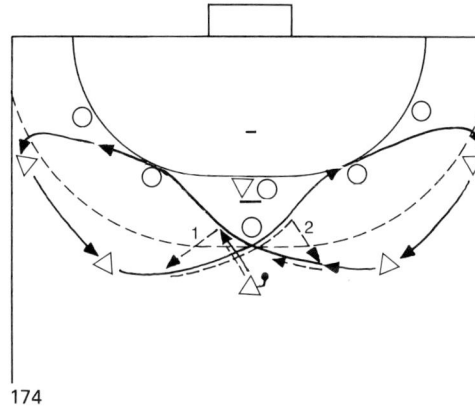

174

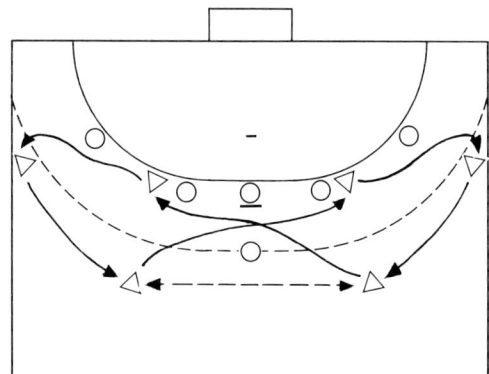

175

Gerade erfolgte das Anspiel zum Kreisspieler. – Ob der aus dieser Position noch ein Tor erzielen kann?

an der gegenüberliegenden Stirnreihe an. Der jetzige Ballbesitzer orientiert seinen Lauf etwas nach rechts, spielt dem ihm entgegenlaufenden Spieler den Ball mit einem weichen Schockwurf mit links zu und stellt sich an der gegenüberliegenden Stirnreihe hinten an. Diese Übung wird solange fortgesetzt, bis keine Abspiel- oder Lauffehler mehr gemacht werden.

2. Ausgangsstellung: zwei Stirnreihen mit dem Gesicht zum Tor stehen außerhalb der gestrichelten 9-m-Linie in einem Abstand von 4 bis 5 m zueinander. Mit einem Ball beginnt nun ein Kreuzen am laufenden Band. Nach dem Kreuzen und Abspielen des Balles stellt sich der Spieler an der entgegengesetzten Reihe hinten wieder an.

3. Dieselbe Übung wie 2. Nach Kreuzen läuft der Spieler, der den Ball abgespielt hat, bis an den Kreis, von hier über Kreis-Links- oder Kreis-Rechts-Position schließt er sich an der entgegengesetzten Stirnreihe wieder an.

4. Dieselbe Übung wie 3. Der Spieler läuft nun von der Kreisposition weiter über die Außen-Position und stellt sich an der entgegengesetzten Reihe wieder an.

5. 3:3-Aufstellung. Rückraum-Mitte beginnt mit dem Achterlauf nach einer Seite. Die anderen Spieler ordnen sich in den Lauf ein. Der Kreisspieler steht in der Mitte ruhig. Derselbe Achter wird mit Gegner gelaufen.

Wichtig:
- Immer bis auf die Außenposition laufen.
- Zu Rückraum-Links- und Rückraum-Rechts-Position muß in weitem Bogen gelaufen werden.
- Zeiträumliche Abstimmung beim Kreuzen.

147

Methodische Übungsreihe für den großen Achter mit sechs Spielern

1. Ausgangsstellung: Quadrat mit einer Seite von 6 m. Jede Ecke dreifach besetzt. Die beiden gegenüberstehenden Spieler A und C haben je einen Ball. A spielt an B ab und schließt auf der gegenüberliegenden Seite an die Reihe von C wieder an. C spielt an D ab und schließt auf der entgegengesetzten Seite an die Reihe von A an. B spielt den Ball zu A zurück und schließt auf der entgegengesetzten Seite an die Reihe von D an. D spielt den Ball zu C zurück und schließt auf der entgegengesetzten Seite an die Reihe von B an. Das Zuspiel kann aus dem Stand oder mit einem Schwungschritt erfolgen.

2. Dieselbe Ausgangsstellung wie bei 1. A spielt zu B und schließt diagonal an der Reihe D an. C spielt zu D und schließt diagonal an der Reihe von B an. B spielt zurück zu A und schließt diagonal an der Reihe von C an, D spielt zurück zu C und schließt diagonal an der Reihe von A an.

3. Zwei Stirnreihen auf den Positionen Rückraum-Links und Rückraum-Rechts, ungefähr 12 m Abstand vom Tor. Rückraum-Links spielt zu Rückraum-Rechts ab und läuft diagonal zur Position Kreisspieler-Rechts. Von hier schließt er dann an der Reihe Rückraum-Rechts an. Rückraum-Rechts spielt zu Rückraum-Links und läuft die Position Kreisspieler-Links an, von wo er dann an die Reihe Rückraum-Links anschließt.

4. Dieselbe Übung wie 3. Die Spieler laufen aber nach kurzem Stoppen auf der Kreisspieler-Position über die Außen-Position zur gegenüberliegenden Seite, wo sie sich anschließen.

5. Aufstellung 2 : 4-Angriff, aus der der große Achter zu sechst gelaufen wird. Dieselbe Übung mit einem Gegner.

Die Spielzüge werden zum gebundenen Spiel gezählt. Die Lauf- und Ballwege werden bis zum abschließenden Torwurf bestimmt. Dieses setzt voraus, daß der zeiträumliche Ablauf der ganzen Handlung sehr genau beherrscht wird. Schon der kleinste Fehler, auch Beeinflussung durch die gegnerische Abwehr, kann den Erfolg verhindern. Deshalb ist ein Angriffsspiel nur auf Spielzüge aufgebaut nicht möglich. Trotzdem sollte jede Mannschaft ihrem Niveau entsprechend einige nicht so komplizierte Spielzüge einstudieren, da sie immer wieder zu einem Tor führen können.

Die Spielzüge können für den Angriff einen guten Ordnungsrahmen abgeben und wirken sich auf das freie Spiel günstig aus, besonders wenn die augenblickliche Aufstellung des Gegners in der Abwehr für die Anwendung des einen oder anderen Spielzuges günstig ist.

Das Einüben eines Spielzuges, besonders wenn fünf bis sechs Spieler daran teilnehmen, setzt einen beträchtlichen Zeitaufwand im Training voraus, was aber immer noch keinen sicheren Erfolg garantiert. Deshalb sollte man das Lernen und Anwenden von Spielzügen nicht übertreiben.

Das freie Laufspiel

Das freie Laufspiel hat im Gegensatz zum gebundenen Laufspiel keine festen Vorschriften. Die Spieler können sich sowohl ihren Lauf als auch die Ballwege selbst wählen. Das heißt natürlich nicht, daß jeder wild durch die Gegend läuft, denn dann käme ja kein vernünftiges Spiel mehr zustande. Es ist auch hier notwendig, bestimmte Regeln und Grundsätze zu beachten.

Merkmale des freien Laufspiels:

- Besetzen aller Positionen. Beim Verlassen seiner eigenen Position muß ein Mitspieler diese besetzen.
- Es dürfen nicht zwei Spieler in einem Arbeitsstreifen sein.
- Die Mitspieler und Gegner beobachten, was die Mitspieler, vor allem der mit dem Ball, unternimmt, um sich rechtzeitig und richtig in eine technisch-taktische Handlung einzuordnen.

Die Beherrschung dieses Laufspiels ist das Ziel der ganzen Trainingsarbeit. Hier können die Spieler ihrer schöpferischen Phantasie vollen Lauf lassen. Das setzt natürlich voraus, daß jeder Spieler genügend technisch-taktische Kenntnisse und Fertigkeiten hat und diese im Zusammenspiel anwenden kann.

Voraussetzung für ein freies Laufspiel ist also das Erlernen aller bisher beschriebenen technisch-taktischen Fertigkeiten. Daraus folgt, daß das freie Laufspiel nur von guten Mannschaften, die solide technisch-taktische Kenntnisse besitzen, richtig beherrscht werden kann.

Das Spiel in der Überzahl

Immer wieder kommt es vor, daß durch Hinausstellen oder Ausschluß der Angriff mit einem oder zwei Spielern in der Überzahl spielt. In dieser Situation sollte sicher ein Tor erzielt werden. Das kann durch schnelles Ballzuspielen in breiter Front, wobei jeder einen Gegner bindet, um den überzähligen Spieler frei zum Torwurf zu bringen, oder durch geschicktes Kombinieren (mit Sperren-Lösen, Schirmen) zwischen Rückraum- und Kreisspieler eingeleitet werden. Am erfolgversprechendsten ist das Spiel mit zwei Kreisspielern. Die einfachsten Kombinationen sind die, bei denen durch den weiten Abstand der Kreisspieler zwei Dreiecke auf den Flanken entstehen. Auf einer Flanke werden drei Abwehrspieler gebunden, ein schneller Paß zur anderen Seite ergibt die Möglichkeit zum Torwurf. Dabei hängt es von den eigenen Spielern ab, auf welcher Seite der Angriff begonnen wird. Hat man z. B. keine Linkshänder in der Mannschaft, wird man auf der rechten Flanke beginnen, um links abzuschließen, da von dort die Rechtshänder leichter Tore werfen. Ideal ist es natürlich, wenn man einen bis zwei Linkshänder auf der rechten Seite hat, da dann die Abwehr sehr leicht ausgeschaltet werden kann.

Das Verhalten der Abwehr bestimmt zum Teil die Handlungen des Angriffs in der Überzahl. Bleiben die Gegner am Kreis stehen, wird aus dem Rückraum auf das Tor geworfen. Werden die Rückraumspieler angegriffen, werden geübte Spielzüge angewendet, um zum Torerfolg zu kommen.

Nachstehend einige Beispiele:

■ Ausgangsstellung: Spiel mit zwei Kreisspielern, die weit stehen (Abb. 176). Der Ball wird rechts gespielt und damit drei Abwehrspieler gebunden. Es erfolgt ein schnelles Zuspiel an den in die Lücke startenden Rückraum-Links. Rückt Abwehrspieler B in die Mitte, spielt Rückraum-Links den Kreisspieler-Links an, der frei auf das Tor wirft. Kann Abwehrspieler A den Kreisspieler decken, wird Linksaußen angespielt, der ebenfalls frei ist. In dieser Aufstellung kann Kreisspieler-Links in die Sperrstellung zum Abwehrspieler A gehen, so daß der Linksaußen in den freigesperrten Raum einlaufen und vom Rückraumspieler angespielt werden kann (Abb. 177). Derselbe Angriff kann spiegelbildlich gestartet werden, wenn

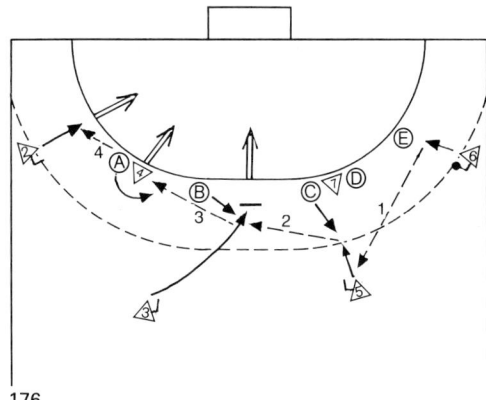
176

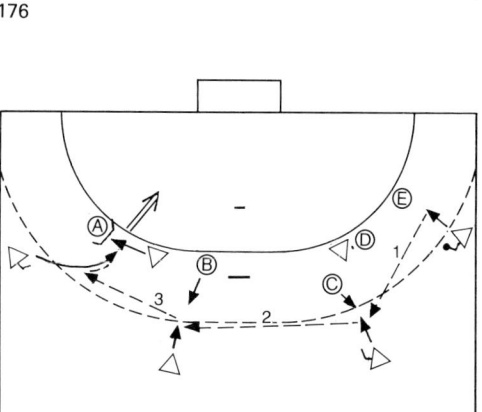
177

auf der rechten Seite Linkshänder spielen.

■ 2:4-Angriff (Abb. 178). Kreisspieler-Links steht weit, Kreisspieler-Rechts steht eng. Der Angriff wird links außen gestartet. Der Ball geht über die Positionen Rückraum-Links zu Rückraum-Rechts. Gleichzeitig mit dem Zuspiel an Rückraum-Rechts startet Kreisspieler-Links nach innen, läuft in die freigesperrte Lücke von Kreisspieler-Rechts, wo er von Rückraum-Rechts angespielt wird und frei zum Torwurf kommt.

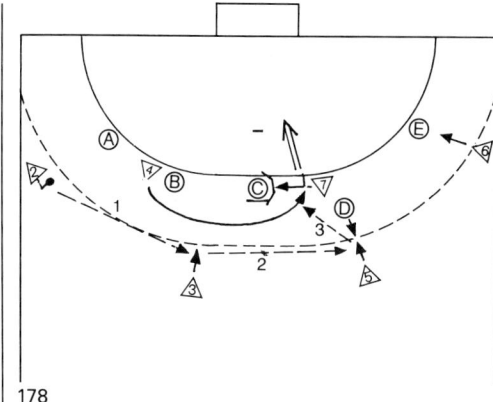
178

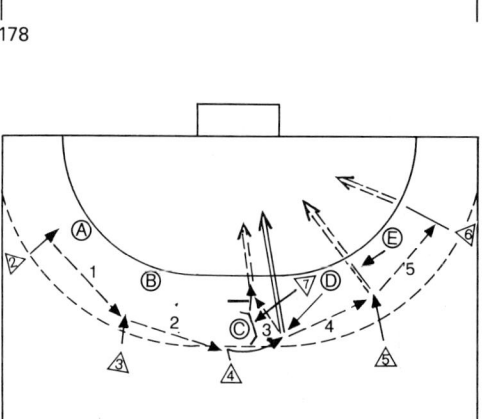
179

■ 3:3-Angriff (Abb. 179). Der Ball ist beim Linksaußen. Der Kreisspieler steht auf der entgegengesetzten Seite zwischen Abwehrspieler C und D. Durch gefährliches Stoßen werden vom Linksaußen die Gegner gebunden. Abwehrspieler C wird vom Rückraum-Mitte zum Heraustreten gezwungen. Dies ist der Augenblick, wo der Kreisspieler in Sperrstellung zu ihm gehen kann. Rückraum-Mitte kommt nun selber zum Torwurf, kann den sich lösenden Kreisspieler wieder anspielen oder den Ball an Rückraum-Rechts weiterspie-

len, der in den freien Raum hineinstößt, da Abwehrspieler D Rückraum-Mitte angegriffen hat. Rückt Abwehrspieler E nach, spielt Rückraum-Rechts den Ball nach Rechtsaußen weiter, der frei zum Torwurf kommt.

Das Spiel in der Unterzahl

Das Spiel in der Unterzahl birgt immer die Gefahr des Zeitspiels in sich. Es muß also für den Schiedsrichter klar erkenntlich sein, daß die Mannschaft angreift. Auf das Spielfeld schickt man die besten Spieler, wenn möglich zwei Rückraum- und drei Kreisspieler (Kreisspieler sind im allgemeinen ballsicher und beweglich). Dafür eignet sich sehr gut ein positioneller Angriff ohne Rückraum-Mitte über einen beweglichen Kreisspieler.
Bei einer 6 : 0-Abwehr ist das Sperren-Lösen aus der Sperre auf Positionen am Kreis möglich. Bei einer 5 : 1-Abwehr klappt das Sperren-Lösen am Kreis besser zwischen Rückraumspieler und Außenspieler.
Eine andere Möglichkeit in Unterzahl offensiv gegen 5 : 1-Abwehr zu spielen, ist der Wirbel mit einem Kreisspieler (ohne Rückraum-Mitte) und der Kreuzlauf der Außen (ohne Kreisspieler).

Die Freiwürfe

Durch die vielen Regelwidrigkeiten im Handball werden eine große Zahl von Freiwürfen verhängt. Die meisten werden von der Freiwurflinie ausgeführt. Wenn die Mannschaften lernen würden, aus diesem Umstand durch gute Freiwurfkombinationen größeren Nutzen zu ziehen, würde dies auch das Abwehrspiel positiv beeinflussen. Die abwehrende Mannschaft würde bestimmt versuchen, nicht mehr so viele

Freiwürfe zu verursachen, und das Spiel würde an Schönheit und Attraktivität gewinnen.
Welche Möglichkeiten hat eine Mannschaft bei einem Freiwurf von der 9-m-Linie?
■ Direkter Torwurf, falls die Abwehr nicht schnell genug Gegenmaßnahmen ergreift.
■ Ein wurfkräftiger Rückraumspieler wirft durch einen Schirm begünstigt, über die Abwehr des Gegners.
■ Kombinationen zwischen dem Rückraumspieler und den anderen Spielern, vor allem mit denen aus dem Schirm.
Wichtig ist, daß die Mannschaft für die einzelnen Positionen (Rückraum-Links, Rückraum-Mitte, Rückraum-Rechts) je eine bis zwei Kombinationen einübt und diese dann im Spiel anwendet. Dazu ist zu bemerken, daß diese Kombinationen nicht zu kompliziert sein dürfen.

Beispiele:
■ Einfacher Sprungwurf über einen 2-Mann-Schirm (Abb. 180).
■ Nach zwei bis drei Versuchen des Sprungwurfes über den Schirm, auf die sich der Gegner einstellt, wird der Ball nicht mehr dem Rückraumspieler, sondern links oder rechts einem Spieler im Schirm zugespielt, der an der gegnerischen Mauer vorbeiwirft. (Der Spieler links im Schirm ist Linkshänder, der rechts im Schirm ist Rechtshänder). Diese Kombinationen eignen sich gut für Freiwürfe in der Mitte des Spielfeldes (Abb. 181).
■ Ausgangsstellung: Zwei gute Werfer, einer als Schirm mit dem Ball, der andere hinter ihm, sind auf einen Sprungwurf vorbereitet. Der Gegner bildet eine 2-Mann-Mauer. Ein dritter Gegner wird versuchen, den Weitwerfer am Sprung-

180

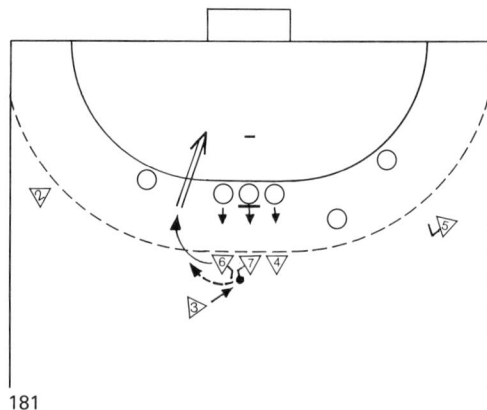

181

wurf über die Mauer zu hindern. Dadurch ergibt sich eine Überzahl auf der anderen Seite, die ausgenützt werden muß (Abb. 182).
■ Ausgangsstellung: Ein 3-Mann-Schirm und ein Rückraumspieler hinter dem Schirm als Sprungwerfer. Paß zum Rückraumspieler, zwei aus dem Schirm sperren für den dritten eine Lücke, in die dieser hineinstößt, vom Rückraumspieler angespielt wird und auf das Tor werfen kann (Abb. 183).

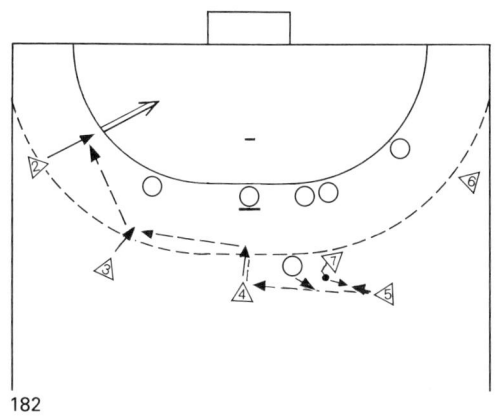

182

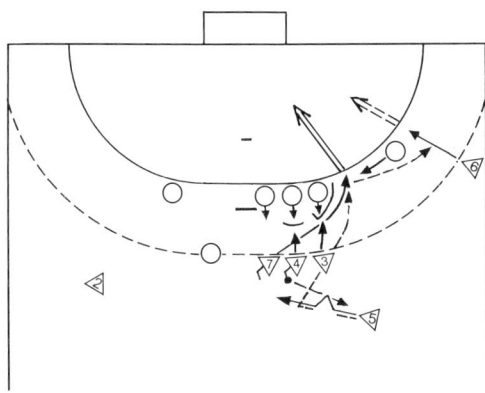

183

Die Abwehrtaktik

Die Abwehrtaktik umfaßt alle individuellen, gruppen- und mannschaftstaktischen Handlungen im Kampf mit dem gegnerischen Angriff.

Die Grundsätze der Abwehrtaktik:
- Sicherung eines defensiven Gleichgewichtes
- Zeitgerechtes Zurücklaufen in die Abwehr
- Aufteilen der Gegner
- Ständiges Angreifen des ballbesitzenden Gegners.

(Zitat: Kunst-Ghermanescu, J.: Handbal)

Die Abwehrphasen

Wie der Angriff kann auch die Abwehr in vier Phasen gegliedert werden. Die Notwendigkeit und die Vorteile dieser Gliederung wurde bei der Angriffstaktik aufgezeigt und gilt in gleichem Maße für die Abwehr.

Die 1. Phase: das schnelle Zurückziehen in die Abwehr

Sofort nach Ballverlust muß die Mannschaft sich so schnell wie möglich in die Abwehr zurückziehen, um ein Tor des Gegners zu verhindern. Das gilt vor allem, wenn für den Gegner die Möglichkeit eines Gegenstoßes gegeben ist. Das Zurückziehen erfolgt auf dem kürzesten Weg, auch wenn dadurch die einzelnen Spieler ihre eigentliche Position in der Abwehr nicht einnehmen können.

Die wichtigsten technisch-taktischen Handlungen:
- Sichern eines defensiven Gleichgewichtes. Das ist eine Maßnahme, die noch im Angriff vorbereitet wird; sie besteht darin, daß die Rückraumspieler, die nicht den Ball spielen, sich etwas mehr zurückziehen, um dadurch eventuell einen Gegenstoß zu verhindern. Da sie ja nicht direkt an Ballaktionen beteiligt sind, haben sie die Möglichkeit, sich zuerst zurückzuziehen.
- Stoppen des Gegenstoßes. Diese wichtige technisch-taktische Handlung soll nur ein Spieler unternehmen. Er kann dabei beim gegnerischen Torwart beginnen, den er durch seine Stellung hindert, den Ball gut abzuspielen oder abzuwerfen. Wird der Ball vom Torwart zu einem nahestehenden Gegner gespielt, so wird er versuchen, diesen am Zuspiel zu hindern.
- Die anderen Spieler müssen versuchen, den Ball herauszuspielen oder herauszufangen.

Die 2. Phase: die zeitweilige Mann- oder Raumdeckung

Wie schon vorher erwähnt, werden nicht alle Spieler ihre Positionen beim Zurückziehen einnehmen können, so wie es auch schwer sein wird, daß alle Spieler gleichzeitig in die Abwehr zurückkommen. Läuft nur ein Gegner einen Gegenstoß und es zieht sich ein Abwehrspieler mit ihm zurück, wird er durch Manndeckung versuchen, ihn zu stoppen. Die Manndeckung kann auch bei zwei Angreifern angewendet werden. Gelingt es zwei bis drei Abwehrspielern vor dem Gegner am eigenen Torraum zu sein, müssen sie versuchen, den zentralen Raum vor dem Tor abzudecken, da von hier am leichtesten ein Tor erzielt werden kann. Die anderen Spieler stellen sich dann links und rechts dieser Raumdeckung auf und versuchen nun gemeinsam durch diese zeitwei-

lige Raumdeckung den gegnerischen Angriff abzufangen.
Die technisch-taktischen Handlungen in dieser Phase sind die gleichen wie in der 4. Phase und werden dort beschrieben.

Die 3. Phase: die Organisation der Abwehr

Da in der 2. Phase die Spieler bestrebt sind, so schnell wie möglich und auf dem kürzesten Weg in die Abwehr zurückzulaufen, können sie gewöhnlich ihre Positionen, auf denen sie eingespielt sind, nicht einnehmen. Nach der zeitweiligen Mann- oder Raumdeckung muß nun die Abwehr organisiert werden. Das kann auf zwei Arten geschehen:

■ Während des Spieles. Dabei können aber nur zwei benachbarte Spieler, wenn der Ball auf der Gegenseite gespielt wird, schnell ihre Plätze wechseln.
■ Bei einer Spielunterbrechung. Auch in dieser Situation muß schnell und vorsichtig gehandelt werden. Es darf vor allem dem Gegner keine Gelegenheit gegeben werden, einen erfolgreichen Torwurf anzubringen.

Die 4. Phase: die Abwehr in einem System

Die Abwehrtätigkeit einer Mannschaft wird vor allen durch die geschlossenen, organisierten und wohlüberlegten Handlungen aller Spieler nach bestimmten Regeln und Grundsätzen erfolgreich. Jede Mannschaft verwendet, abhängig von den Qualitäten und Kenntnissen der eigenen Spieler sowie den gegnerischen Handlungen, eines oder mehrere Abwehrsysteme in einem Spiel. Ob dies nun Varianten der Mann-, Raum- oder kombinierten Deckung sind, immer werden als Grundelemente die individuelle und Gruppentaktik verwendet. Von besonders großer Wichtigkeit sind die Grundfertigkeiten der Manndeckung, die als eine Voraussetzung für die Raumdeckung angesehen werden können. Ein Spieler, der die Grundfertigkeiten der Manndeckung beherrscht, wird sich in eine Raumdeckung leicht einfügen, weil er diese Fertigkeiten hier gut anwenden kann. Das unsportliche und unfaire Spiel in der Abwehr wäre längst verschwunden, wenn alle Spieler die Fertigkeiten der Manndeckung gut beherrschen würden.

Die individuelle Abwehrtaktik

Die individuelle Abwehrtaktik ist die Fähigkeit des Spielers, sich mit einem angreifenden Gegner auseinandersetzen zu können. Dafür braucht er technisch-taktische Fertigkeiten der Abwehr. Das Erlernen und korrekte Anwenden dieser Fertigkeiten bestimmt im Handball zum größten Teil das faire Spiel. Deshalb muß dem große Bedeutung beigemessen werden. Im allgemeinen vernachlässigt man die Abwehrarbeit, weil sie ohne Torerfolg bleibt und für die meisten Spieler und Trainer langweilig ist. Sie setzt bestimmte körperliche Eigenschaften voraus, die man sich meist nur durch harte, fleißige Arbeit aneignen kann.

Die Manndeckung

Die Manndeckung ist das Auseinandersetzen des einzelnen Abwehrspielers mit einem bestimmten, ihm zugeordneten Gegner. Dieser Zweikampf setzt beim Abwehrspieler das Erlernen von Fertigkeiten voraus, die er auch in der Raumdeckung notwendig braucht.

Folgende Grundsätze müssen beachtet werden:

■ Der Abwehrspieler muß immer zwischen seinem Gegenspieler und dem eigenen Tor stehen.
■ Der Abwehrspieler muß seinen Gegenspieler aufmerksam beobachten, um situationsgerecht reagieren zu können.
■ Der Abwehrspieler muß das ganze Spielgeschehen um sich herum beobachten.

Aufgaben der Abwehrspieler in der Manndeckung:

■ Einengen des Bewegungsraumes des Gegners.
■ Verhindern, daß sich der Gegner freiläuft.
■ Verhindern der Ballannahme, des Abspiels und Torwurfes.
■ Herausspielen des Balles.
■ Abdrängen des Gegners in ungünstige Positionen.

Grundbedingungen in der Manndeckung ist die läuferische Überlegenheit. Ein langsamer Abwehrspieler wird mit einem schnellen Angreifer nie fertig werden. Dieser Grundbedingung muß beim Zuordnen der Gegner für die Manndeckung Rechnung getragen werden.

Methodische Tips zur Manndeckung

Für die Schulung dieser Fertigkeiten eignen sich besonders Spielformen, in denen der Spielgedanke den Zweikampf enthält. Dazu gehören alle Parteiballspiele und kleine Spiele mit handballähnlichem Charakter. Empfehlenswert ist es, kleine Gruppen von Spielern zu bilden (3 : 3 oder 4 : 4) und diese in größeren Räumen spielen zu lassen.

Das Decken des Gegners

Der direkte Gegner kann vom einzelnen Abwehrspieler durch folgende Arten der Deckung ausgeschaltet werden.

- Enge, hautnahe Deckung. Die setzt Körperkontakt zum Gegner und eine Position zwischen Gegner und eigenem Tor voraus. Sie wird angewendet, wenn der Angreifer innerhalb des 9-m-Kreises spielt und besonders dann, wenn er in Ballbesitz ist.
- Überwachungsdeckung heißt, den Gegner nur aufmerksam beobachten und bereit sein einzugreifen, wenn der Gegner gefährlich wird. Verwendet wird dieses Überwachen bei Gegnern, die ohne oder mit Ball weiter vom Tor entfernt sind und nicht unmittelbar eine Gefahr darstellen.
- Deckung durch Stellen zwischen Ballbesitzer und eigenem Gegner. Verwendung findet das Dazwischenstellen beim Decken des Kreisspielers und der Außen. Es kann für kurze Augenblicke auch sonst verwendet werden, um das direkte und schnelle Zuspiel des Balles zu verhindern.

Die taktische Anwendung der Bewegungen des Abwehrspielers

Die Technik der Bewegungen wurde auf S. 110 beschrieben.

Taktische Anwendung finden diese Bewegungen in folgenden Spielsituationen:
- Beim Heraustreten zum Gegner mit dem Ball und Wiedereinrücken in den Abwehrverband wird die Vorwärts-, Rückwärts- oder Diagonal-Bewegung verwendet.
- Beim Übernehmen – Begleiten – Übergeben des Gegners und Sichern des Nachbarn wird die Bewegung seitwärts verwendet.
- Beim Blocken hoher Bälle oder Herausspielen und Herausfangen des Balles werden die Sprünge verwendet.

Diese Bewegungen werden in Einzelübungen, isoliert von anderen Abwehrspielern oder als individuelle Aufgaben in einer Gruppe oder Mannschaftsverband gelernt und geübt.

Der taktische Körpereinsatz in der Abwehr

Die Regel 6,3 erlaubt dem Abwehrspieler »den Gegner mit dem Rumpf zu sperren, auch wenn er nicht in Ballbesitz ist«.
Taktische Handlungen des regelgerechten Körpereinsatzes:
- Schließen der Durchbruchslücken für den Gegner ohne Ball, indem sich der Abwehrspieler in diese Lücken stellt, den Gegner mit dem Körper auffängt, ohne dabei die Arme oder Beine regelwidrig zu gebrauchen.
- Blockieren der Laufwege des Gegners, Querstellen oder Verstellen des gegnerischen Laufweges. Verhindert oder verzögert wird dadurch das Einlaufen der Außen, das In-die-Sperre-Laufen oder das Mitwirken des Gegners an Spielzügen seiner Mannschaft. Der zeitlich-räumliche Ablauf verschiedener taktischer Kombinationen wird dadurch gestört oder unterbunden.
- Das Abdrängen des Gegners, besonders des Ballführenden, in ungünstige Wurfpositionen. Dabei muß darauf geachtet werden, daß der Wurfarm des Gegners immer abgedeckt ist.

Das Bekämpfen des gefährlichsten Gegners

Oft gelingt es dem Gegner im Angriff eine Überzahl oder eine sehr günstige Torwurfposition für einen Spieler in der Mitte des Spielfeldes herauszuspielen. Es ist nun von großer Wichtigkeit, daß der am nächsten stehende Abwehrspieler den in diesem Fall gefährlichsten Gegner mit dem Ball entschlossen und schnell angreift und ihn zwingt, den Ball auf eine ungünstigere

Position (z. B. nach außen) abzuspielen, von wo der Torwart größere Möglichkeiten besitzt, den Ball abzuwehren.
Im allgemeinen muß der Abwehrspieler, auch wenn er seinen eigenen Gegner dadurch aufgeben muß, den Ballführenden, der frei zum Wurf kommen würde, direkt angreifen.

Die taktische Anwendung des Herausspielens des Balles

Das Herausspielen ist eine erlaubte Handlung des Abwehrspielers (Regel 6,1 + 2). Dazu darf er Arme und Hände benützen. Die Hand darf nicht zur Faust geballt sein. Der Ball darf dem Gegner nicht entrissen werden (Regel 6,4 + 5).

Die taktische Verwendung des Herausspielens:
- Der Gegner prellt den Ball. Der Abwehrspieler versucht, mit der offenen Hand den Ball auf seinem Weg zum Boden und zur Hand herauszuspielen oder einem Mitspieler zuzudrücken. Dabei muß er sich zum Gegner regelgerecht verhalten.
- Wenn der Gegner zum Wurf ausholt, kann der Ball aus der Hand gespielt werden. Der Abwehrspieler muß in diesem Fall sehr vorsichtig sein, um nicht den Wurfarm des Gegners zu fassen, was mit einem »7-m« bestraft wird. Steht der Angreifer, gelingt dieses Herausspielen leichter, als wenn er läuft oder springt.
- Es muß mit offener Hand nach dem Ball gegriffen werden und mit einer leichten Bewegung darf nur der Ball berührt werden. Diese Übung erfordert viel Training, das sich aber lohnt, da durch korrektes Herausspielen des Balles viele Tore verhindert werden können.

Das Erkämpfen des Balles

Das Erkämpfen des Balles kann als taktisches Verhalten der Spieler einer Mannschaft angesehen werden, wenn der Ball sich nicht in ihrem unmittelbaren Besitz befindet, z. B. bei Abprallern vom Tor, Schiedsrichterbällen oder langen Pässen, in die hineingelaufen werden kann. Dabei spielt die Schnelligkeit und Gewandtheit eine große Rolle. Wichtig ist das regelgerechte Verhalten zum Gegner, da sonst der Schiedsrichter einen Frei- oder Strafwurf verhängt. Der Ball kann vom Spieler selber angenommen werden oder einem Mitspieler zugedrückt oder zugepritscht werden.

Der taktische Einsatz des Blockens

Der taktische Einsatz des Blockens ist eine der wichtigsten Handlungen des Abwehrspielers, setzt aber Mut und gutes Reaktionsvermögen voraus. Zum Blocken werden die Arme, Hände, der Körper und die Beine benützt. Der Abwehrspieler muß auf der Hut sein, um vom Gegner nicht mit einer Finte überlistet zu werden. Man unterscheidet das Blocken hoher, seithoher und tiefer Bälle. Immer wird der Abwehrspieler versuchen, Hände, Arme, Körper oder Beine in die Fluglinie des Balles zu bringen. Dabei muß er den Ball genau beobachten (Augen nicht schließen) und eventuell das Gesicht mit einem Arm schützen. Sehr gute und erfahrene Spieler lassen dem Werfer absichtlich eine Lücke offen, um dann beim Wurf blitzschnell die Lücke zu schließen. Da die meisten Wurfversuche aus einer Entfernung ausgeführt werden, die das direkte Eingreifen erschwert, bleibt das Blocken die einzige Möglichkeit des Abwehrspielers, ein Tor zu verhindern. Der blockende Spieler muß sich bei hohen Bällen (Sprungwurf) bis an den Kreis zurückziehen, damit er den Ball sicherer blocken kann. Bei tiefen Bällen

sollte er so nah wie möglich am Werfer sein, um den Wurfwinkel verkleinern zu können.

Die Gruppentaktik in der Abwehr

Die Gruppentaktik befaßt sich mit der Zusammenarbeit von zwei bis vier Spielern. Sie ist die Grundlage der Abwehrtaktik, da in der unmittelbaren Auseinandersetzung mit dem ballführenden Gegner immer nur Gruppen von Spielern verwickelt sind, und der Rest der Mannschaft sich einsatzbereit verhält.

Das Sichern

Das Sichern ist eine gruppentaktische Handlung in der Zweier- oder Dreiergruppe und dient dem Zweck, die Abwehrlücke, entstanden durch das Heraustreten auf den ballbesitzenden Gegner, so klein wie möglich zu halten. Der Ablauf ist folgendermaßen: Ein Abwehrspieler muß zu einem gefährlichen Rückraumspieler heraustreten, um ihn am Torwurf zu hindern. Dadurch entsteht in der Abwehr eine Lücke, in die sich ein Kreisspieler oder ein anderer Spieler freilaufen könnte und durch gutes Anspiel zu einer Tormöglichkeit kommen könnte. Andererseits wäre es für den Rückraumspieler möglich, den herausgetretenen Abwehrspieler zu umspielen oder durch eine Finte zu täuschen, um dann durch die Lücke in der Abwehr einen Durchbruch auf das Tor zu starten. Durch das Sichern der Nachbarspieler werden diese Möglichkeiten weitgehend verhindert (Abb. 184).
In der Zweier- bzw. Dreiergruppe wird das Sichern geübt (gegen eine Zweier- bzw. Dreiergruppe von Angreifern), bis es automatisch abläuft.

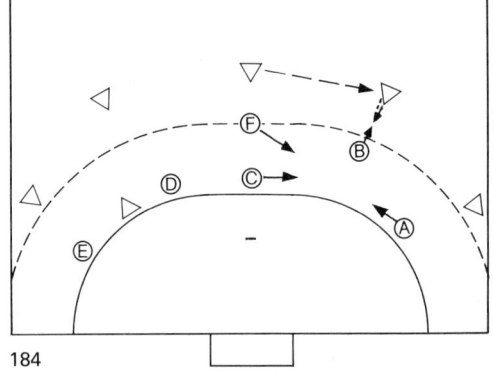

184

Das Übernehmen – Begleiten – Übergeben

Das Übernehmen – Begleiten – Übergeben ist eine taktische Abwehrhandlung gegen einlaufende, kreuzende oder wechselnde Angreifer.
Der einlaufende, kreuzende oder wechselnde Spieler wird vom Abwehrspieler beim Eindringen in dessen Raum übernommen. Ist er im Ballbesitz, wird Körperkontakt zu ihm aufgenommen und so begleitet, daß sein Wurfarm zum Tor hin abgeschirmt ist. Dabei bewegt sich der Abwehrspieler mit kurzen Nachstellschritten seitwärts, ohne die Beine zu überkreuzen oder zu hüpfen. Er versucht den Gegner vor allem von einem günstigen Laufweg abzudrängen oder zu blockieren und übergibt ihn an seinen Nachbarspieler. Gelingt es dem Angriffsspieler hinter die Abwehr zu kommen, muß der Abwehrspieler ihn weiter begleiten, bis er wieder vor die Abwehr kommt, dann kann er ihn übergeben. Kommt bei der Übergabe an den Nachbarn ein Angreifer aus dessen Raum, übernimmt der Abwehrspieler nun

diesen und begleitet ihn wieder zum nächsten Nachbarn.

Ist nach der Übergabe an den Nachbarspieler kein Angreifer zu erwarten, orientiert sich der frei gewordene Abwehrspieler zum Ball, um hier mannschaftsdienlich zu handeln. Das Übergeben-Übernehmen muß mit großer Aufmerksamkeit ausgeführt werden. Vor allem ist darauf zu achten, daß nicht zu weit mit dem Angreifer mitgegangen wird und deshalb der zu übernehmende Angreifer nicht rechtzeitig übernommen werden kann.

Das Gleiten

Das Gleiten ist eine gruppentaktische Handlung, die der Sperre der Angreifer entgegenarbeitet. Verwendung findet das Gleiten sowohl in der Mann- als auch in der Raumdeckung, bei absichtlichen oder unabsichtlichen (zufälligen) Sperren.

Ein Abwehrspieler muß immer damit rechnen, daß er gesperrt wird. Aus der Sperre entkommen kann er, indem er vorwärts oder rückwärts geht und auf diese Art am sperrenden Angreifer vorbeigleitet. Als Hauptregel gilt hier, daß immer der Abwehrspieler Vorrang hat, der den ballführenden Gegner eng-deckt. Z. B.: Rückraum-Mitte geht ballführend in Sperrstellung zum Abwehrspieler von Rückraum-Links, der manndeckt. Der Abwehrspieler von Rückraum-Mitte C begleitet diesen in hautnaher Deckung. Der Abwehrspieler von Rückraum-Links B erkennt die Absicht, zieht sich zurück und gewährt C den Vortritt, da er den Ballbesitzer deckt. Er ist dadurch aus der Sperre geglitten und orientiert sich, nachdem das Spielerpaar Rückraum-Mitte und C vorbeigegangen ist, wieder seinem direkten Gegner, Rückraum-Links zu (Abb. 185). Ist in diesem Fall Rückraum-Links in Ballbesitz

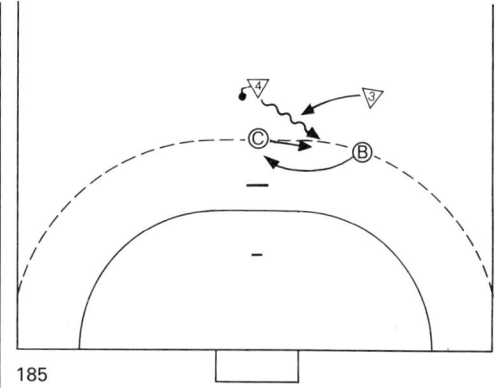

185

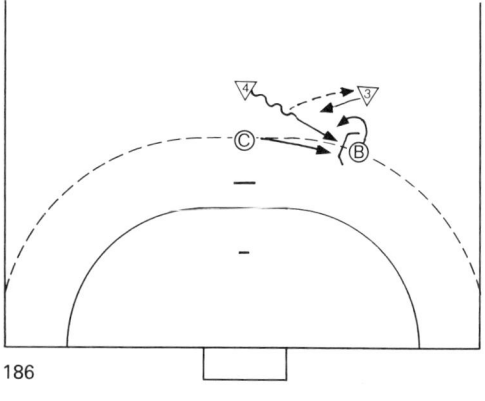

186

gekommen und Rückraum-Mitte will B sperren, gleitet B vorwärts aus der Sperre, indem er näher an den ballbesitzenden Rückraum-Links herangeht (Abb. 186). Gelingt die Sperre trotzdem, muß C den freigesperrten Rückraum-Links übernehmen und B den sperrenden Rückraum-Mitte (Abb. 187). Wichtig ist in dieser Situation die mündliche Verständigung der Abwehrspieler! Auch diese gruppentaktische Handlung muß lange und gründlich geübt werden, bis sie ohne Schwierigkeiten von allen Spielern verwendet werden kann.

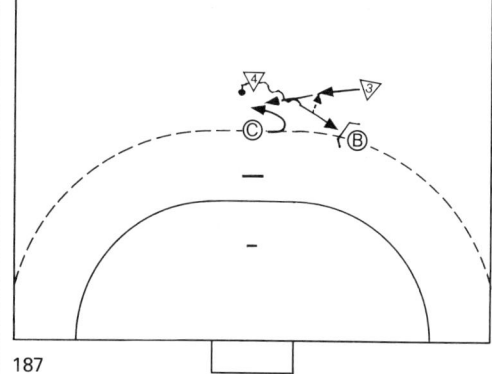

187

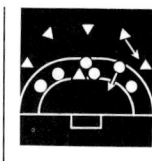

Das Blocken der Torwürfe

Die Möglichkeit Torwürfe zu blocken wächst, wenn zwei oder drei Abwehrspieler gemeinsam als ein Zweier- oder Dreierblock handeln. Auch hier ist es wichtig, sich vom Gegner nicht ausspielen zu lassen, sondern nur bei einem wirklichen Torwurf zu handeln.

Die zwei oder drei Spieler gehen eng zusammen, heben die Arme hoch und bilden auf diese Weise einen geschlossenen Block, der auch springt, wenn der Gegner versucht, mit einem Sprungwurf über diesen Block zu werfen. Wichtig ist, daß in diesem Block keine Lücken zum Durchwerfen bleiben. Bei einem Wurf durch die Lücke hat der Torwart keine Chance, weil ihm die Sicht verdeckt ist.

Die Mauer bei Freiwürfen

Die Mauer bei Freiwürfen ist eine gruppentaktische Handlung mit deren Hilfe versucht wird, ein Tor aus einem 9-m-Freiwurf zu verhindern. Sie wird aus zwei Abwehrspielern gebildet, wenn der Freiwurf von einer seitlichen Position erfolgt und kann aus drei Abwehrspielern gebildet werden, wenn der Freiwurf aus einer zentralen Position erfolgt. Die Mauer stellt sich so auf, daß sie zwischen dem Werfer und dem Tor steht. Dabei deckt sie gewöhnlich die Ecke der Wurfarmseite des Tores ab. Bei direkten Freiwürfen, die seltener erfolgen, muß darauf geachtet werden, daß die Mauer nicht über- oder umworfen werden kann.

Die meisten 9-m-Freiwürfe werden indirekt ausgeführt. Der Ball wird einem guten Weitwerfer zugespielt, für den gewöhnlich ein Schirm gebildet wird, der dann in den meisten Fällen mit einem Sprungwurf über die Abwehr zum Torerfolg zu kommen versucht. Die Aufgabe der Mauer ist es, diesen Weitwurf zu blocken. Wird der Ball vom Weitwerfer noch einmal abgespielt, löst sich die Mauer auf und geht zum Abwehrsystem der Mannschaft über. Bei erfolgreichen Weitwerfern kann neben die Mauer noch ein Spieler placiert werden, der nach der Freigabe des Balles versucht, an den Werfer heranzukommen, um den Weitwurf zu verhindern. Vorsicht, daß dadurch keine Überzahl des Gegners entsteht!

Die an der Mauer nicht unmittelbar beteiligten Abwehrspieler müssen sich so am eigenen Torraum aufstellen, daß es dem Gegner unmöglich gemacht wird, ein Tor zu erzielen, falls aus dem Freiwurf abgespielt wird.

Die Zusammenarbeit mit dem Torwart

Die Zusammenarbeit mit dem Torwart ist von großer Bedeutung für eine erfolgreiche Abwehrtätigkeit. Für das Tor direkt verantwortlich ist der Torwart. Seine Aufgabe kann durch gute Zusammenarbeit mit den Abwehrspielern erheblich erleichtert werden.

Der Abwehrspieler muß grundsätzlich zwischen seinem Gegner und dem eigenen Tor stehen, und zwar auf der Linie Wurfarm – Tormitte. Auf diese Art wird es dem Gegner unmöglich gemacht, in die Torecke der Wurfarmseite ungehindert zu werfen. Der Torwart kann seine Aufmerksamkeit dann mehr auf die andere Ecke des Tores konzentrieren. Er kann durch kurze, sachliche Zurufe die Stellung des Abwehrspielers verbessern. Er wird seine Stellung im Tor immer der des Abwehrspielers anpassen, also zuerst den Abwehrspielern handeln lassen und dann die entsprechenden Maßnahmen ergreifen.

Sind zwei Abwehrspieler in dem Kampf mit dem Ballbesitzer verwickelt, können sie als ein geschlossener Zweierblock handeln. In diesem Fall gelten dieselben Grundsätze wie bei einem Abwehrspieler. Handeln sie getrennt, bleibt für den Angreifer eine Lücke zwischen den Abwehrspielern frei. Diese Lücke muß so eng wie möglich gemacht werden. Hinter dieser Lücke postiert sich der Torwart und versucht, durch genaue Beobachtung des ballbesitzenden Gegners, dessen Absicht zu erraten und sich darauf einzustellen. Nach längerem Zusammenspiel entwickelt sich in der Zusammenarbeit Abwehrspieler–Torwart eine klare Linie, die dazu beiträgt, die Abwehr erfolgreich zu gestalten.

Das Verhalten in der Gruppe bei Gleich- und Unterzahl

Bei Gegenstößen des Gegners ergeben sich immer wieder Situationen, in denen sich kleinere Gruppen von Spielern gegenüberstehen. Eine Aussicht auf Erfolg für die Angreifer gibt es nur bei Gleich- und Unterzahl der Abwehr. Die Abwehr wird natürlich versuchen, das Beste aus jeder Situation zu machen, auch wenn sie noch so aussichtslos ist.

Bei Gleichzahl kann sich die Abwehr sowohl der Manndeckung als auch der Raumdeckung bedienen, um die Situation zu meistern.

Beispiele:

- Ein Gegenstoß 2 : 2 ist am günstigsten mit einer Manndeckung schon in der Spielfeldmitte zu lösen, falls die Abwehrspieler besser als die Angreifer sind. Ist es dagegen wahrscheinlich, daß die Angreifer wegen ihrer guten Technik durchkommen, ziehen sich die beiden Abwehrspieler an den eigenen Torraum zurück und versuchen, durch geschickte Raumdeckung die beiden Angreifer auseinanderzudrängen, wobei sie besonders das Zuspiel, das Kreuzen und Wechseln zu verhindern suchen. Dann muß der Ballbesitzer entscheidend angegriffen und regelgerecht gestoppt werden.

- Beim Gegenstoß 3 : 3 wird eine Raumdeckung vor dem eigenen Torraum gebildet und versucht, den Angreifer in der Mitte hauteng zu decken und die beiden äußeren Angreifer nach außen abzudrängen. Auf diese Weise ist das organisierte Zusammenspiel der drei Angreifer nicht mehr möglich. Dann wird so wie bei 2 : 2 verfahren.

- Beim Gegenstoß 4 : 4 sollten die Abwehrspieler am eigenen Torraum eine gewöhnliche Raumdeckung aufbauen und versuchen, das Spiel so lange zu verzögern, bis der Rest der Mannschaft sich zurückgezogen hat.

Bei Unterzahl in der Abwehr hängt der Erfolg von der Geschicklichkeit und der Spielerfahrung sowie der Kampfmoral ab.

Beispiele:

- Beim Gegenstoß 2 : 1 zieht sich der Abwehrspieler erst einmal zurück, um nicht überlaufen zu werden und placiert sich vor und zwischen die beiden Angreifer. Haben diese die Mittellinie überschritten, täuscht er einen Angriff auf den ballführenden Angreifer an. Unterbricht dieser nun das Prellen, geht der Abwehrspieler entschlossen zum anderen Gegner. Wenn der nicht angespielt werden kann, ist vorerst der Gegenstoß gestoppt und die eigene Mannschaft kann sich zurückziehen. Kann er angespielt werden, muß ihn nun der Abwehrspieler so angreifen, daß er nicht mehr abspielen kann und, wenn möglich, auch nicht auf das Tor werfen kann. Das reicht unter Umständen aus, um den Gegenstoß so lange zu verzögern, bis die eigene Mannschaft in der Abwehr mithelfen kann.
- Beim Gegenstoß 3 : 2 führen die beiden Abwehrspieler in der Mitte vor dem Torraum Raumdeckung durch, aus welcher heraus entweder so verfahren wird wie vorher oder versucht wird, den Deckungsverband so schnell zum Ball zu schieben, daß ein Torwurf nur aus dem Rückraum möglich ist.
- Beim Gegenstoß 4 : 3 gelingt es durch geschickte Raumdeckung der drei Abwehrspieler, das Spiel so lange zu verzögern, bis der Rest der eigenen Mannschaft sich auch zurückgezogen hat. Dabei sollte man vor allem den Angriffsspieler auf der Außenposition, der am weitesten vom Ball weg ist, vernachlässigen, da der Ball ihm normalerweise nie direkt zugespielt werden kann.

Methodische Tips zur Gruppentaktik

- Praktische Arbeit gegen langsam und vorbestimmt handelnde Angreifer, so daß die Abwehrgruppe in der Praxis das Grundsätzliche der gruppentaktischen Handlung begreift.
- Dieselbe Übung wie vorher, aber schneller ausgeführt. Die Angreifer versuchen nun, bewußt die Abwehrgruppe zu überwinden. Diese handelt nach den gültigen Grundsätzen der Gruppentaktik.
- Einbauen der gruppentaktischen Abwehrhandlungen in ein bestimmtes Abwehrsystem.

Die Mannschaftstaktik in der Abwehr

Die Mannschaftstaktik in der Abwehr befaßt sich mit der Zusammenarbeit aller Abwehrspieler (ganze Mannschaft) im Kampf mit dem gegnerischen Angriff. Es ist notwendig, daß eine Mannschaft in der Abwehr als geschlossenes Ganzes den kollektiven gegnerischen Angriffshandlungen entgegentritt. Individuelles Handeln, auch wenn es fehlerlos ist, steht dem Mannschaftsspiel des Gegners machtlos gegenüber. Die Grundelemente der Mannschaftstaktik in der Abwehr sind die individuelle und die Gruppentaktik. Die Mannschaftstaktik schließt diese in ein Abwehrsystem zusammen, das allein Aussicht hat, einen gegnerischen Angriff mit Erfolg zu bekämpfen.

Man unterscheidet drei Deckungsarten:

- Manndeckung
- Raumdeckung
- kombinierte Deckung

Die Manndeckung

Die Manndeckung ist eine Abwehrart, in der jeder Abwehrspieler einen bestimmten Angriffsspieler deckt und sich mit ihm solange auseinanderzusetzen hat, so lange die gegnerische Mannschaft in Ballbesitz ist. Das ganze Mannschaftsspiel löst sich sozusagen in sechs Zweikämpfe auf. Der Einzelerfolg bedingt den Erfolg oder Mißerfolg der gesamten Mannschaft. Wenn nämlich einer oder mehrere Gegner technisch und körperlich der Abwehr klar überlegen sind, kommen diese immer wieder zum Torerfolg. Die notwendigen Fähigkeiten und Fertigkeiten für die Manndeckung wurden auf S. 110 beschrieben und müssen nun in der mannschaftlichen Zusammenarbeit verwendet werden.

Grundsätze für die Manndeckung:

- Immer zwischen seinem Gegner und dem eigenen Tor stehen. Ist der Gegner vom Tor weiter entfernt, kann der Abstand Angreifer–Abwehrspieler auch größer sein. Je näher der Angreifer zum Tor kommt, um so enger muß der Abwehrspieler ihn decken. Im 9-m-Raum wird diese Deckung hautnah, vor allem, wenn der Angreifer auch noch in Ballbesitz ist.
- Der Gegenspieler muß immer unter Blickkontrolle sein, um jede Bewegung mitmachen zu können und eventuell sogar vorauszusehen.

Sind diese beiden Grundsätze berücksichtigt, kann der Abwehrspieler in bestimmten Formen der Manndeckung noch andere Grundsätze befolgen:

- Den Ball und das Spielgeschehen mitbeobachten.
- Einen Angreifer, der mit dem Ball durchgegangen ist, abfangen.

157

- Den Ball eventuell herausfangen, wenn er in Reichweite vorbeigespielt wird.

Die Manndeckung wird heute nur noch in bestimmten Situationen und mit besonderer Absicht verwendet. Dadurch wird die Form der Manndeckung bestimmt.

Beispiele:
- Wenn ein bedeutend spielschwächerer Gegner durch langsames, langes Aufbauen versucht, seine Niederlage in erträglichen Grenzen zu halten, kann die Manndeckung dem Gegner in eigener Tornähe Schwierigkeiten machen. Sie zwingt ihn zu Handlungen, die Ballverlust zur Folge haben können (überhastetes, ungenaues Abspielen; technische Fehler wie Schritte, doppeltes Tippen).
- Eine andere Form der Manndeckung ist das konsequente, hautnahe, offensive Decken des Gegners auf dem ganzen Spielfeld, um unbedingt in Ballbesitz zu kommen. Sie findet Anwendung bei Tore-Gleichstand oder knappem Rückstand in den letzten Spielminuten.

Vorteile der Manndeckung:
- Einem bedeutend schwächeren Gegner kann der Ball häufiger abgenommen werden als bei der Raumdeckung.
- Die Schiedsrichter werden eher auf ein Zeitspiel der Angreifer aufmerksam gemacht.

Nachteile der Manndeckung:
- Ein enormer Energieverschleiß, den nicht alle Mannschaften verkraften können.
- Bei schwachen Abwehrspielern einer Mannschaft wird die Abwehr leicht überspielt.
- Ein gegenseitiges Aushelfen wie in der Raumdeckung ist fast nicht möglich.

Die Raumdeckung

Zum Unterschied zur Manndeckung wird bei der Raumdeckung dem einzelnen Abwehrspieler kein Gegner, sondern ein bestimmter Raum zugewiesen, in dem er sich mit einem Angreifer auseinanderzusetzen hat. Sobald dieser den Raum verlassen hat, übernimmt ein anderer Abwehrspieler ihn, und der so frei gewordene Abwehrspieler kann einen anderen Angreifer übernehmen, der in seinen Abwehrraum kommt. Bleibt er ohne Angreifer in seinem Raum, rückt er in Ballrichtung, um hier mannschaftsdienlich zu wirken.

Unter bestimmten Bedingungen muß der Abwehrspieler seinen Raum auch verlassen, um den Gegner zu begleiten.

Der Abwehrspieler hat also natürlich einen Angreifer, nicht den Raum, zu decken, diesen aber nur in einem bestimmten Raum. Er muß grundsätzlich keine »langen Wege« mit einem Gegner laufen, was sehr kräftesparend ist und sich konditionell unter dem Strich zugunsten der Abwehr auswirkt. Durch die Aufstellung der Abwehrspieler und die Aufgaben, die sie in einer solchen Raumdeckung zu erfüllen haben, ergeben sich verschiedene Abwehrsysteme, die je nach der Angriffsform des Gegners und nach den Möglichkeiten der Abwehrspieler verwendet werden. Dabei bilden die Abwehrspieler eine, zwei oder drei Abwehrlinien, wobei die dem Gegner am nächsten stehende als erste, die nächste als zweite und die letzte als dritte Abwehrlinie bezeichnet wird (Abb. 188).

Charakteristisch für die Raumdeckung und großes Plus ist, daß dort, wo sich der Ball befindet, ein Abwehrschwerpunkt gebildet werden kann und mindestens zwei oder sogar drei Abwehrspieler zum Handeln bereitstehen. Ein Abwehrspieler greift dabei

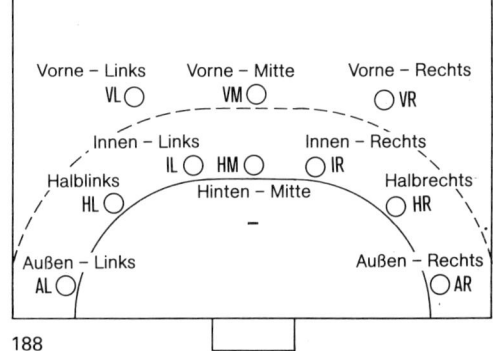

188

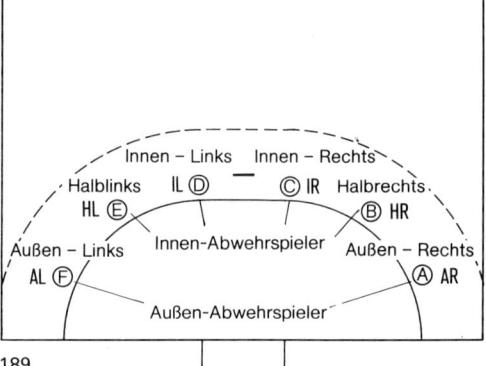

189

den Ballbesitzer an und der oder die anderen sichern und unterstützen ihn.
Die Raumdeckung wird nach bestimmten Regeln aufgestellt. Das Zusammenspiel aller Abwehrspieler erfolgt nach bestimmten Regeln, bis es automatisch abläuft. Zusammen mit kurzen, verständigenden Zurufen garantiert das Einhalten dieser Regeln eine erfolgreiche Abwehrarbeit.

Die 6:0-Raumdeckung

Die 6:0-Raumdeckung ist ein Abwehrsystem, in dem alle sechs Spieler in einer Linie am Torraum oder etwas vor diesem Aufstellung nehmen, also nur eine Abwehrlinie bilden. Das 6:0 heißt also, sechs Spieler in der zweiten Abwehrlinie, kein Spieler in der ersten Abwehrlinie. Dieses Abwehrsystem ist das einfachste und dient als Grundlage für die anderen. Die Schulung der Raumdeckung sollte mit der 6:0-Abwehr beginnen.
Die Positionen in der 6:0-Abwehr sind folgende (Abb. 189): Außen-Links, Halblinks, Innen-Links, Innen-Rechts, Halbrechts, Außen-Rechts. Die Abwehrspieler Außen-Links und Außen-Rechts werden als Außen-Abwehrspieler bezeichnet, während die Spieler Halblinks, Innen-Links, Halbrechts, Innen-Rechts als Innenabwehrspieler bezeichnet werden.

Aufstellungsregeln für die 6:0-Raumdeckung:
- Die großen Spieler in die Mitte der Abwehr placieren (die größten auf die Positionen Innen-Links und Innen-Rechts), die etwas kleineren auf die Positionen Halblinks und Halbrechts, die kleinen an den Rand der Abwehrlinie.
- Die Linkshänder werden von der Mitte nach rechts postiert.

Die sechs Regeln der 6:0-Raumdeckung:
1. Alle sechs Abwehrspieler bewegen sich wie ein Ganzes seitwärts zum Ball, um vor dem Ball einen Abwehrschwerpunkt zu bilden.
2. Die Innen-Abwehrspieler treten zu den gegnerischen Rückraumspielern heraus, wenn diese in Ballbesitz sind, um sie am Torwurf zu hindern. Ihre Nachbarn sichern links und rechts des Heraustretenden. Hat der Rückraumspieler den Ball abgespielt, rückt der Innen-Abwehrspieler schräg in Richtung Ball wieder in den Abwehrverband ein.
3. Die Außen-Abwehrspieler verlassen den Kreis grundsätzlich nicht.
4. Der/die Kreisspieler werden von demjenigen Abwehrspieler gedeckt, der/die auf der entgegengesetzten Seite des Wurfarmes stehen.
5. Beim Kreuzen oder Positionswechsel der Angreifer vor der Abwehr, wird der Gegner bis zum Nachbarn begleitet, dort an diesen übergeben, und der in den eigenen Raum laufende Gegner vom Nachbarn übernommen.
Läuft ein Angreifer hinter die Abwehr, muß er von dem Abwehrspieler, in dessen Raum er eingedrungen ist, so lange manngedeckt werden, bis er wieder vor den Abwehrverband heraustritt. Der Abwehrspieler ordnet sich hier wieder in die 6:0-Raumdeckung ein und nimmt erst bei einer günstigen Gelegenheit (Spielunterbrechung) wieder seinen Stammplatz ein.
6. Bei Sperre muß übernommen – übergeben werden.
Diese sechs Regeln sind allgemein gültig für alle Raumdeckungssysteme. Sie erfahren allerdings in den anderen Systemen einige unwesentliche Änderungen, bedingt durch das Verwenden mehrerer Abwehrlinien.

Die Aufgaben der Spieler in der 6:0-Raumdeckung:
Die Außen-Abwehrspieler
- bekämpfen die gegnerischen Außen (einschränken ihrer Aktionsräume).
- verhindern, daß der Außen auf das Tor wirft oder über den Torraum abspielt.
- verhindern durch Querstellen und Abdrängen, daß ein Außen die Abwehr hinterläuft.
- fangen Bälle ab, die über den Torraum zum Außen gespielt werden.
- sichern, wenn ihr Nebenspieler hinaustritt.
- verhindern, daß Bälle, die vom Tor zurückprallen, in den Besitz des Gegners gelangen.

Die Innen-Abwehrspieler
- treten zu den Rückraumspielern des Gegners heraus, um diese am Torwurf zu hindern. Das geschieht mit kleinen Nachstellschritten, wenn der Gegner ganz nah ist. Bei größerer Entfernung (12–15 m) muß entsprechend gesprintet werden. Ist der Rückraumspieler Rechtshänder, geht der Abwehrspieler mit dem linken Bein und dem linken Arm voran hinaus, ist er Linkshänder, umgekehrt. Dabei muß er immer auf der Hut sein, von seinem Gegner nicht getäuscht zu werden. Sobald der Gegner den Ball abgespielt hat, rückt der herausgetretene Abwehrspieler schräg in Richtung Ball wieder in den Abwehrverband ein.
- sichern den hinaustretenden Nachbarspieler.
- decken den oder die Kreisspieler. Grundsätzlich wird der Kreisspieler von dem Abwehrspieler gedeckt, der auf der entgegengesetzten Seite des Wurfarmes steht. Nach Absprache mit dem Nachbarn kann, wenn es zweckmäßig er-

Gemeinsamer
Blockversuch zweier
Abwehrspieler.

scheint, der Kreisspieler auch von einem anderen Abwehrspieler gedeckt werden. Da die Kreisspieler heute technisch sehr gut sind und ein großes Repertoire an Torwurf-Verfahren beherrschen, sollten sie so gedeckt werden, daß sie nicht in Ballbesitz kommen können. Dieses geschieht durch Dazwischenstellen zwischen Kreisspieler und Ballbesitzer. Der Kreisspieler wird also »zugedeckt«. Dabei sollte der Abwehrspieler immer wieder am Torraum stehen, so daß er vom Kreisspieler nicht hinterlaufen werden kann.

- blocken die Torwürfe des Gegners aus dem Rückraum.
- schließen die Durchbruchs- und Durchwurfslücken.
- bilden bei 9-m-Freiwürfen die Mauer.
- verhindern, daß vom Tor abprallende Bälle in den Besitz des Gegners gelangen.
- verhindern Sperren durch Abdrängen des Gegners.

Vorteile der 6:0-Raumdeckung:
- Sie ist sehr breit. Die Abwehrräume am Torraum sind sehr klein, so daß Kreisspieler und Außen des Gegners große Mühe haben, zum Erfolg zu kommen.
- Die Aufgaben der einzelnen Abwehrspieler sind klar, verständlich und ändern sich wenig im Laufe des Spieles.
- Die Außenabwehrspieler können unbesorgt zum Gegenstoß starten, da der Torraum genügend von den anderen abgedeckt wird.

Nachteile der 6:0-Raumdeckung:
- Anfällig gegen Weitwürfe, da sie keine Tiefe hat.
- Stört die Bewegungsfreiheit des Gegners nur sehr gering.
- Unwirksam gegen das Ballhalten des Gegners.

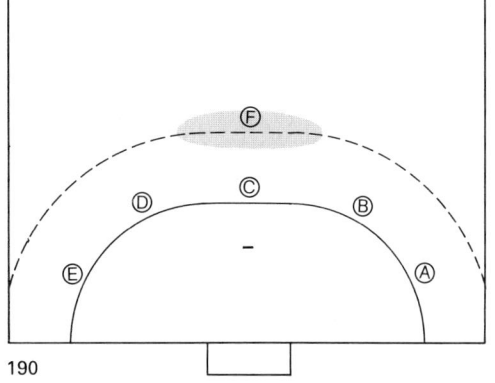

190

Die 5:1-Raumdeckung
Bei diesem Abwehrsystem stehen fünf Abwehrspieler am oder etwas vor dem Torraum in der zweiten Abwehrlinie. Ein Abwehrspieler bildet zwischen 7 bis 10 m die erste Abwehrlinie (Abb. 190).
Aus dem Abwehrverband am Torraum wird ein Spieler als Vorne-Mitte vorgeschoben, der den zentralen Raum vor dem Tor abdeckt, wodurch der Abwehr eine gewisse Tiefe verliehen wird. Der Vorne-Mitte muß ein sehr schneller, gewandter und ausdauernder Spieler sein, wobei die Körpergröße keine große Rolle spielt. Auch der Hinten-Mitte muß nicht unbedingt groß sein, weil er keine Weitwürfe aus dem mittleren Raum verhindern soll. Dafür sollte man auf der halblinken und halbrechten Position große Spieler einsetzen.
Die sechs Regeln aus der 6:0-Raumdeckung haben auch hier ihre Gültigkeit. Die Aufgaben der Spieler bleiben dieselben mit kleinen Änderungen, die sich auf den Hinten-Mitte beziehen. Der muß sich fast ausschließlich mit dem Kreisspieler, wenn dieser mehr zentral operiert, auseinanderset-

zen. Teilweise wird der Kreisspieler sogar manngedeckt.
Neu hinzu kommt der Vorne-Mitte mit seinen speziellen Aufgaben, mit denen er sich aber harmonisch in die Tätigkeit des ganzen Abwehrsystems einordnet. Seine Aufgaben sind:
- Aus dem zentralen Raum vor dem Tor keine Weitwürfe zuzulassen.
- Zu verhindern, daß der Kreisspieler angespielt wird.
- Das Spiel der Angreifer in der Weitwurfzone zu stören und Bälle herauszufangen.
- Durchbrüche in diesem Raum zu verhindern.
- Besonders die Spieler Halblinks und Halbrechts in der Bekämpfung der Rückraumspieler zu unterstützen.
- Als Erster einen Gegenstoß zu starten.

Die 5:1-Raumdeckung kann defensiv und offensiv gespielt werden. Bei der defensiven 5:1 treten die Abwehrspieler nur sehr wenig zu den Rückraumspielern des Gegners heraus und beschränken sich mehr auf das Blocken von Weitwürfen. Bei einer offensiven 5:1 treten dagegen Halblinks und Halbrechts bis zur Freiwurflinie heraus und greifen die Gegner mit Ball an. Durch dieses offensive Verhalten entsteht eine elastische Abwehr mit Tiefe und Breite, die aus 5:1 in eine 3:2:1 oder 3:3-Raumdeckung übergeht und wieder zur 5:1 wird. Bei guten, beweglichen Abwehrspielern kann dieses Abwehrsystem alle Probleme lösen.
Wichtig ist, daß der Vorne-Mitte seine Aufgaben richtig löst, ganz besonders bei einer offensiven 5:1. Genau wie bei der 6:0 rückt der ganze Abwehrverband immer in Ballrichtung. Die Spieler Halblinks und Halbrechts treten bis zur 9-m-Linie zum Gegner mit dem Ball heraus. Der Vorne-Mitte geht höchstens einen Schritt über die 9-m-Linie vor. Der Hinten-Mitte beschäftigt sich haupt-

sächlich mit dem Kreisspieler, den er bewußt vernachlässigt, wenn er auf der Gegenseite des Balles ist.

Beispiele zur Funktion der 5 : 1-Raumdeckung:

■ Ist 3 in Ballbesitz, tritt B zu ihm hinaus, um einen Torwurf zu verhindern. A und C rücken zum Sichern näher an B. F zieht sich in Ballrichtung bis auf 8 m zurück. Gelingt es 3 seinen Abwehrspieler B aussteigen zu lassen, so wird ihm zur Mitte von F der Durchbruch verwehrt. D und E sind auch zur Ballseite gerückt (Abb. 191).

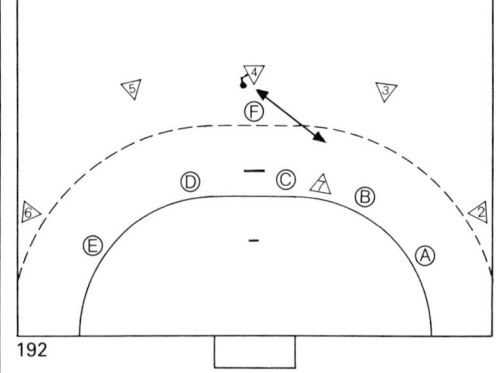

192

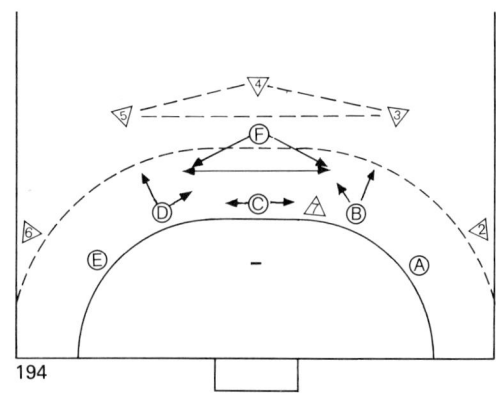

194

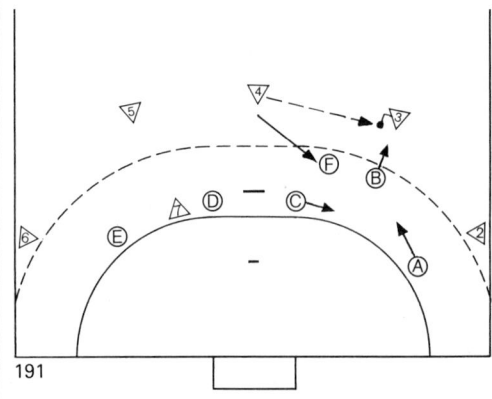

191

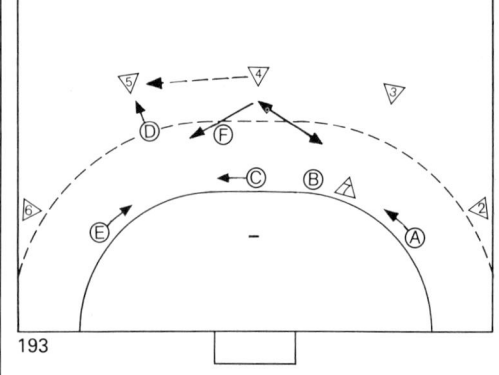

193

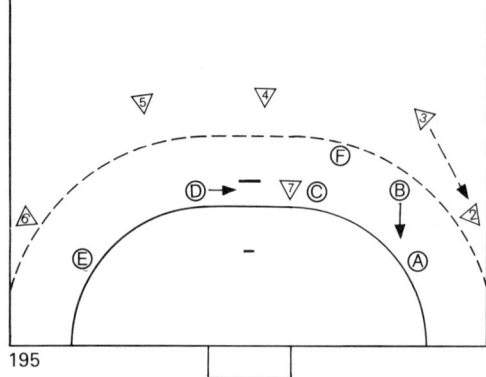

195

■ Erhält 4 den Ball, tritt F in der Mitte bis einen Schritt über die 9-m-Linie ihm entgegen und verhindert einen Torwurf oder Anspiel an den Kreis. C deckt 7 so ab, daß er nicht angespielt werden kann. Der ganze Abwehrverband hat sich zur Mitte zusammengezogen und dadurch die Durchbruchs- oder Wurflücken so eng wie möglich gemacht (Abb. 192).

- Erhält 5 den Ball, wiederholt sich dasselbe wie im obenstehenden Beispiel auf der linken Seite (Abb. 193). Wird der Ball zwischen 3 und 5 gespielt, rückt F aus der zurückgezogenen Position rechts direkt in die zurückgezogene Position links. Er bewegt sich also auf einem Dreieck, das mit einer Spitze zum gegnerischen Tor zeigt (Abb. 194).
- Erhält 2 den Ball, rückt B zum Sichern nach rechts. F zieht sich in die zurückgezogene Position rechts zurück. C postiert sich so, daß 7 nicht von 2 angespielt werden kann. D ist zur Ballseite gerückt. E stellt sich so auf, daß er 2 mit dem Ball beobachten kann, um eventuell einen Paß über den Torraum zu verhindern. Dabei muß er darauf achten, daß er von 6 nicht hinterlaufen wird, oder dieser unbemerkt einläuft (Abb. 195).

Vorteile der 5:1-Raumdeckung:
- Sie hat Breite und bei offensiver Spielweise auch Tiefe, besonders im zentralen Raum der Abwehr.
- Durch die Tiefe können Weitwürfe größtenteils verhindert werden.
- Der Kreisspieler kann gut abgeschirmt werden.

Nachteile der 5:1-Raumdeckung:
- Sie ist sehr anfällig gegen zwei Kreisspieler.
  Als eine Lösung gegen zwei Kreisspieler gilt der Wechsel einer 5:1 in eine 6:0. Als zweite Lösung das enge Manndecken des gefährlichsten der beiden Rückraumspieler. Da ein Spieler im Rückraum nicht spielen kann, muß der zweite Kreisspieler wieder in den Rückraum gehen. Dann kann wieder 5:1 gespielt werden.
- Defensiv gespielt, wird der Aufbau des gegnerischen Angriffs nicht gestört.

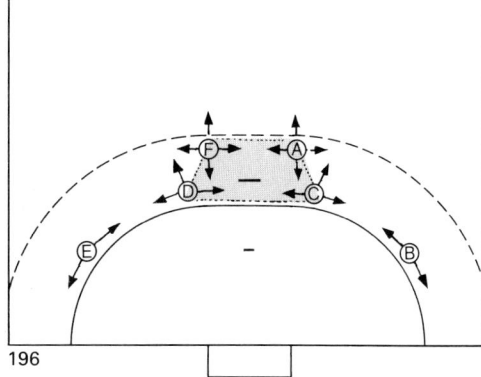
196

Die 4:2-Raumdeckung

Die 4:2-Raumdeckung ist ein Abwehrsystem, in dem vier Spieler am Torraum die zweite Abwehrlinie und zwei Spieler am 9-m-Kreis die erste Abwehrlinie bilden. Sie eignet sich gegen einen 2:4-Angriff mit zwei guten Rückraumspielern. Die Spieler D, C, A und F bilden im zentralen Abwehrraum ein Parallelogramm; mit dieser Aufstellung wird der Abwehr Tiefe verliehen, so daß das Angriffsspiel in der Weitwurfzone gestört und eingeengt wird (Abb. 196). Auch hier ist es sehr wichtig, daß alle sechs Spieler eine Einheit bilden, deren gutes Funktionieren den Abwehrerfolg garantiert.

Die Aufgaben der einzelnen Spieler:
- Die Außen-Abwehrspieler haben dieselben Aufgaben wie in allen Raumdeckungs-Systemen. In der 4:2-Raumdeckung sind die Abwehrräume bedeutend größer geworden, so daß die Außen-Abwehrspieler bedeutend mehr leisten müssen als in den anderen Systemen.
- Die Innen-Abwehrspieler setzen sich grundsätzlich mit Kreisspielern und ein-

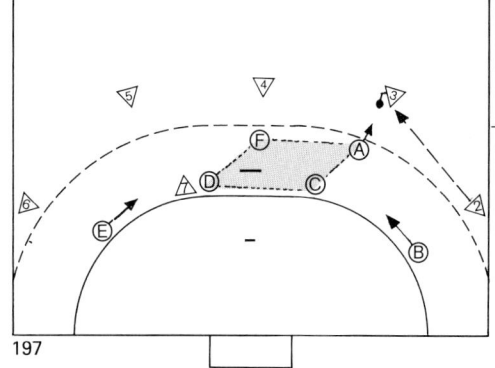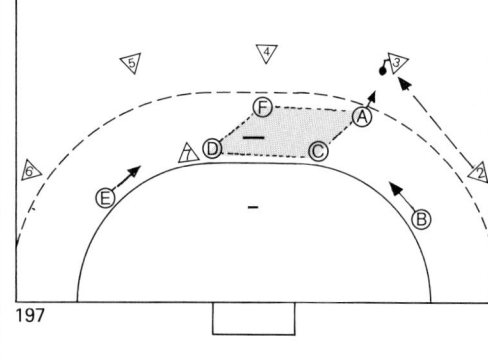
197

laufenden Angreifern auseinander. Sie sichern die vorgeschobenen Abwehrspieler und übernehmen durchbrechende Angreifer.
In bestimmten Situationen, z.B. bei einem 3:3-Angriff, muß einer auch einmal bis zur 9-m-Linie auf einen Rückraumspieler hinaustreten.
Sie müssen vor allem Sperren durch Abdrängen und Zurufe verhindern.
- Die vorgeschobenen Abwehrspieler bekämpfen die Spieler in der Weitwurfzone und verhindern Weitwürfe.
Sie müssen versuchen, durch sehr schnelles Verschieben, das Abwehrparallelogramm aufrecht zu erhalten.
Sie müssen versuchen, dem Gegner den Ball herauszuspielen oder herauszufangen und dann ihre vorgeschobene Stellung nützen, um einen Gegenstoß zu starten.

Beispiele für die Funktionsweise der 4:2-Raumdeckung gegen einen 3:3-Angriff:
- Ist 3 in Ballbesitz, wird er von A angegriffen. B rückt zur Mitte, um auszuhelfen, C

163

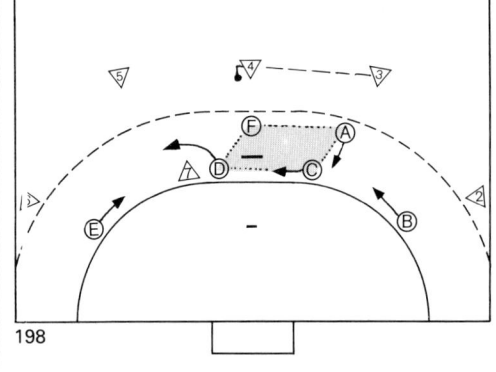

198

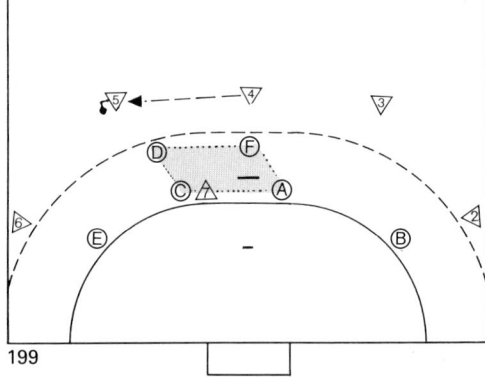

199

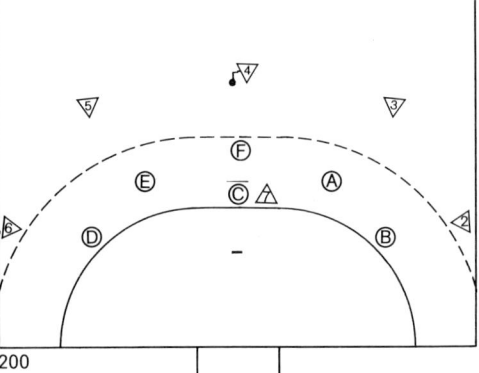

200

sichert hinter A ab. D übernimmt den Kreisspieler, E rückt zur Ballseite nach innen. F sichert seinen Raum gegen 4 (Abb. 197).

■ Ist 4 in Ballbesitz, wird er von F angegriffen. A sichert seinen Raum, C übernimmt den Kreisspieler, D sichert hinter F. B ist noch mehr zur Mitte gerückt (Abb. 198). Erhält 5 den Ball, wird er von D angegriffen, C deckt den Kreisspieler, F sichert seinen Raum, A hat sich an den Kreis zurückgezogen. E sichert bei D. Das Abwehrparallelogramm ist also wieder vollständig (Abb. 199). Geht der Ball auf demselben Weg wieder zurück, spielt sich derselbe Vorgang in umgekehrter Reihenfolge wieder ab.

Vorteile der 4:2-Abwehr:
■ Sie kann gut gegen einen 2:4-Angriff eingesetzt werden.
■ Durch ihre Breite und Tiefe deckt sie den zentralen Abwehrraum gut ab.
■ Die vorgeschobenen Spieler stören und verhindern das Spiel und die Würfe aus der Weitwurfzone.

■ Sie kann leicht in ein anderes Raumdeckungs-System verwandelt werden.
■ Sie ist nicht schwerer zu spielen als andere Systeme, wenn jeder Spieler seine Aufgaben löst, und alle Spieler die technisch-taktisch-körperlichen Voraussetzungen für ein solches System mitbringen.

Nachteile der 4:2-Abwehr:
■ Sie ist eine offene Abwehr und deshalb gegen Einzeldurchbrüche anfällig.
■ Die großen Räume geben den Kreisspielern gute Gelegenheit, ihre technisch-taktischen Fertigkeiten anzuwenden.
■ Die Außenräume sind schwache Punkte, auf denen technisch gute Spieler leicht zum Erfolg kommen.
■ Sie ist anfällig gegen einen 3:3-Angriff mit drei guten Rückraumspielern.

Die 3:2:1-Raumdeckung
Zum Unterschied zu den anderen Raumdeckungs-Systemen hat diese Abwehr drei Abwehrlinien.
Der Außen-Rechts, Hinten-Mitte und Au-

ßen-Links bilden die dritte Abwehrlinie am Torraum.

Der Vorne-Rechts und der Vorne-Links bilden die zweite Abwehrlinie, die ungefähr zwei Schritte vor dem Torraum operiert.

Der Vorne-Mitte bildet auf der 9-m-Linie die erste Abwehrlinie (Abb. 200).

Die Aufgaben der einzelnen Spieler:

■ Außen-Rechts, Hinten-Mitte und Außen-Links operieren am Torraum. Außen-Rechts und Außen-Links haben dieselben Aufgaben wie alle Außen-Abwehrspieler in einem Raumdeckungs-System zu erfüllen und müssen vor allem beim Decken des Kreisspielers mithelfen.

Hinten-Mitte deckt den Kreisspieler und hilft Weitwürfe blocken.

Die Bewegungen der drei sind hauptsächlich seitwärts, um den Raum am Kreis zu decken. Sie müssen besonders das körperbetonte Spiel und das Herausspielen des Balles bei Sprung- und Fallwürfen beherrschen. Bei Ballgewinn, vor allem nach mißglückten Torwürfen, stellen sie sich in Tornähe frei, um eventuell als Vermittler eines Gegenstoßes anspielbar zu sein. Sie sind verantwortlich für das Starten der 2. Phase des Angriffs und der Würfe aus dem Rückraum in dieser Phase. Es sollten, wenn möglich, die drei Rückraumspieler auf diesen Positionen spielen.

■ Vorne-Rechts und Vorne-Links bilden die zweite Abwehrlinie. Ihre Bewegungen sind hauptsächlich vor- und rückwärts gerichtet. Sie greifen die gefährlichsten Rückraumspieler auf der linken und rechten Position an, die sie beim Ballspielen, Torwurf und Anspiel an den Kreis stören. Sie blockieren die Wege hereinlaufender Außen und ziehen sich an den Kreis zurück, wenn der Ball auf der entgegengesetzten Seite gespielt wird. In diesem

Fall helfen sie, die Kreisspieler zu decken. Durch ihre vorgeschobene Stellung haben sie gute Ausgangspositionen für Gegenstöße. Auf diesen Positionen sollten Rechtsaußen und Linksaußen spielen.

■ Vorne-Mitte muß beweglich, gewandt und ausdauernd sein. Er bewegt sich vor-, rückwärts und seitlich. Er verhindert und stört den Wechsel des Spieles von einer auf die andere Seite, blockt Weitwürfe und Anspiel zum Kreis sowie Durchbrüche in der Mitte des Abwehrverbandes. Durch seine am weitesten vorgeschobene Position hat er ideale Bedingungen für Gegenstöße. Auf diesem Posten sollte der Kreisspieler spielen.

Durch die Aufteilung der Spieler: Rückraumspieler in die dritte Abwehrlinie, Außenspieler in die zweite Abwehrlinie und Kreisspieler in die erste Abwehrlinie werden gleichzeitig gute Bedingungen für ein organisiertes und schnelles Starten eines Angriffs nach Ballgewinn geschaffen.

Beispiele für die Funktionsweise der 3:2:1-Raumdeckung:

■ Die Grundaufstellung 3:2:1 nimmt die Abwehr nur ein, wenn der Ball bei 4 ist. In diesem Fall greift F 4 an, und A und E sichern und greifen ein, falls 4 F ausspielen kann. Sie blocken Weitwürfe oder Anspiel an den Kreis von 4, blockieren einen einlaufenden Spieler. C hat den Kreisspieler zu decken. B und D sichern die Außenräume und helfen C beim Decken des Kreisspielers (Abb. 200).

■ Ist 3 in Ballbesitz, wird er von A angegriffen. B sichert neben A. C sichert zur Mitte hin und deckt gleichzeitig den Kreisspieler ab. F hat sich etwas zurückgezogen und verhindert einen Einbruch von 3 zur

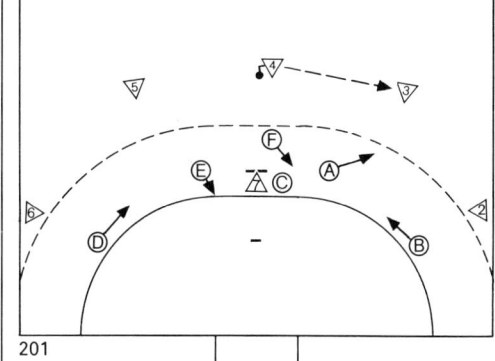

201

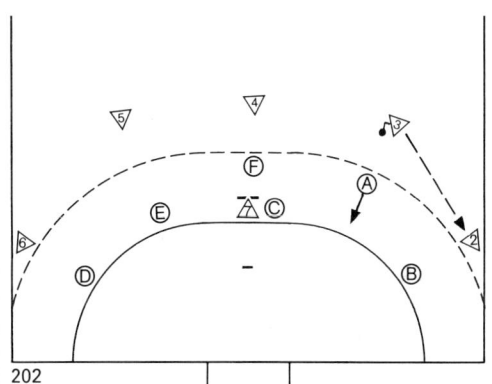

202

Mitte oder ein Anspiel an den Kreis. E ist bis an den Torraum zurückgegangen und hilft beim Decken des Kreisspielers. D rückt mehr zur Mitte und verhindert ein Zuspiel an 6 (Abb. 201).

■ Hat 2 den Ball, wird er von B daran gehindert, von außen auf das Tor zu werfen, den Kreisspieler oder 6 über den Torraum anzuspielen. A hat sich an den Kreis zurückgezogen, so daß eine 5:1-Deckung entstanden ist. F verhindert ein langes Zuspiel zur anderen Seite (Abb. 202).

165

Dasselbe Verhalten gilt auch für die andere Seite des Abwehrverbandes.

- Greift der Gegner mit zwei Kreisspielern an (2 : 4-Angriff), wird folgendermaßen verfahren: Ist 3 in Ballbesitz, wird er von A angegriffen; C übernimmt 4. B sichert den Außenraum gegen 2 und hilft beim Decken von 4. F hat sich zurückgezogen und sichert die Mitte gegen einen Durchbruch von 3. E steht am Torraum, so daß 7 nicht angespielt werden kann. D rückt etwas zur Mitte (Abb. 203).
- Spielt 3 den Ball zu 2, zieht sich A zurück, so daß 4 von 2 Abwehrspielern gedeckt ist (Abb. 204).
- Wechselt der Ball über 3 zu 5, zieht sich A zu 4 zurück, C rückt nach links und übernimmt 7. E greift 5 an. F rückt nach links und sichert die Mitte (Abb. 205).

Vorteile der 3 : 2 : 1-Abwehr:

- Sie kann sich leicht anpassen, wenn der Gegner seine Angriffsform ändert, ohne sich selbst grundsätzlich zu verändern.
- Der Ballbesitzer ist ständig von zwei Abwehrspielern bewacht.
- Sie hat Breite und Tiefe. Offensiv gespielt, stört sie das Spiel der Angreifer in der Weitwurfzone.
- Sie bietet gute Möglichkeiten für Gegenstöße.

Nachteile der 3 : 2 : 1-Abwehr:

- Sie ist nur durch viel Bewegung wirksam zu spielen.
- Gegen ein gut organisiertes Spiel mit zwei Kreisspielern und gute Außen ist sie anfällig.

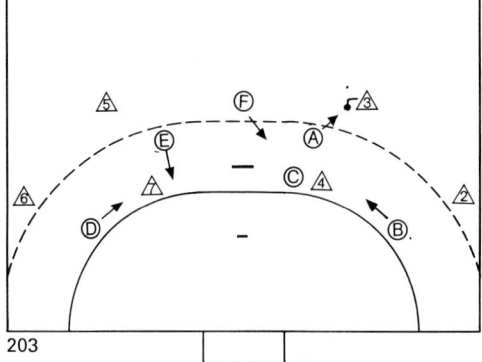

203

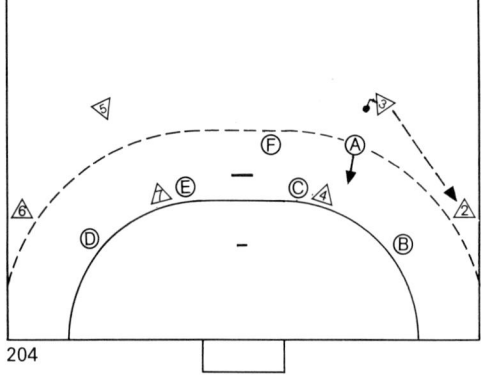

204

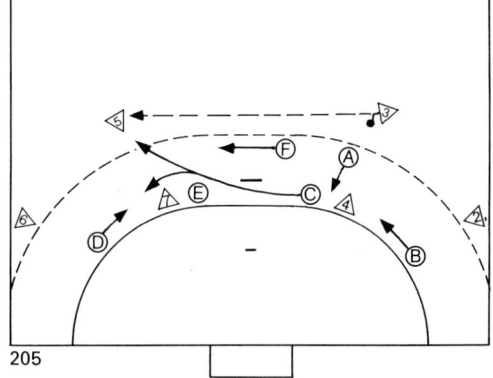

205

Die kombinierte Deckung

Es gibt viele Mannschaften, die in ihren Reihen einen hervorragenden Regisseur oder Torjäger haben, der allen Angriffsaktionen seinen Stempel aufdrückt. Gelingt es der Abwehr, diesen Mann auszuschalten, wird der angreifenden Mannschaft viel Wirkung genommen. Diese Sonderbewachung erfolgt am wirkungsvollsten in einer kombinierten Deckung. Einer oder sogar zwei Abwehrspieler erhalten die Aufgabe, den/die gefährlichen Gegner eng mannzudek-

ken. Wir sprechen hier von einer 5 : 0 + 1- oder 4 : 0 + 2-Abwehr. Fünf bzw. vier Spieler spielen am Torraum eine klare Raumdeckung, während einer bzw. zwei Spieler spezielle Manndeckungsaufgaben erfüllen. Für diese spezielle Aufgabe werden gute, schnelle und gewandte Spieler verwendet, die ihrem Gegner vor allem läuferisch überlegen sein müssen. Sie müssen besonders geschickt eine Sperre umgehen können, und so dem enggedeckten Gegner jede Möglichkeit nehmen, seine Rolle im Angriff zu spielen. Dabei müssen sie von den anderen Abwehrspielern unterstützt werden, die bei einer Sperre übernehmen müssen.

Die Abwehr in speziellen Situationen

Die Abwehr in der Überzahl

In fast jedem Spiel kommt es vor, daß der Gegner durch das Hinausstellen eines oder zweier Spieler gezwungen ist, in der Unterzahl anzugreifen. Einer gut organisierten Abwehr sollte es gelingen, bei dieser Gelegenheit in Ballbesitz zu kommen und durch die eigene Überzahl ein Tor zu erzielen. Die Mannschaft kann folgendermaßen handeln:

- Fünf Spieler decken den Gegner »Mann«. Der sechste Spieler steht am Torraum, um eingreifen zu können, falls ein Angreifer seinem Mann entschlüpft.
- Der überzählige Mann kann in die gegnerische Spielhälfte als Angriffsspitze gestellt werden, um bei Ballgewinn angespielt zu werden und ein Tor zu erzielen.
- Hat die abwehrende Mannschaft einen klaren Torvorsprung, kann defensiv 5 : 1 gespielt werden, um so die eigenen Kräfte zu schonen.
- Die Abwehr kann sehr offensiv 5 : 1 spielen, und so versuchen, den Ball abzufangen.

Die Abwehr in der Unterzahl

Hat die abwehrende Mannschaft einen Spieler weniger, muß sie versuchen, ohne Tor über die »2-Minuten« zu kommen. In diesem Fall wird nur mit einer 5 : 0-Abwehr gespielt. Allerdings müssen die Abwehrspieler ein größeres Arbeitspensum leisten, um den sechsten Mann zu ersetzen. Man wird sich mehr darauf beschränken, den Gegner aus der Weitwurfzone werfen zu lassen und dann zu blocken.

Die Abwehr bei 9-m-Freiwürfen

Im heutigen, harten und teilweise unfairen Handball gibt es eine Menge von 9-m-Freiwürfen. Viele Mannschaften versuchen aus dieser Tatsache Nutzen zu ziehen, indem sie abgeschirmte Werfer über die Abwehr einsetzen und diese Ausführung mit gut geschulten Kombinationen verbinden. Die Abwehr sollte grundsätzlich auf solche 9-m-Ausführungen mit einer Mauer antworten, sobald der Ausführungsort so weit zur Mitte des Spielfeldes liegt, daß ein Torerfolg möglich wäre. Liegt der Ausführungspunkt mehr seitlich, wird eine Mauer aus zwei Spielern gebildet. Liegt dieser Punkt mehr in der Mitte, kann man sogar drei Abwehrspieler in die Mauer stellen. Die anderen Abwehrspieler stellen sich so auf, daß es möglich ist, beim Abspiel aus dem Freiwurf eine Überzahl des Gegners zu verhindern.

Bildet beim Gegner nur ein Mann den Schirm, droht nur vom Weitwerfer oder durch eine Kombination Gefahr.
Sind zwei Spieler im Schirm und ein weiterer Spezialist dahinter, sollte besonders auch auf den Mann im Schirm geachtet werden, der den Ball nicht hält. Er kann kurz angespielt werden und an der Mauer vorbeiwerfen.
Dasselbe gilt, wenn der Schirm aus drei Spielern gebildet wird. Hier ist die Gefahr größer, weil die Ausführungsmöglichkeiten wachsen. Diese Würfe an der Mauer vorbei sind sehr gefährlich, da sie als Überraschung oft zum Torerfolg führen.
Die Mauer soll keine Lücke lassen und geschlossen versuchen, den Weitwurf zu blocken. Spielt der Weitwerfer nach dem ersten Zuspiel noch einmal ab, löst sich die Mauer sofort auf, und die Mannschaft geht zu ihrem Abwehrsystem über.
Man kann neben die Mauer einen schnellen Spieler stellen, der versucht, nach Freigabe des Balles an den Weitwerfer heranzukommen und ihn am Wurf zu hindern.

Die Abwehr bei Eck- und Einwürfen

Bei Einwürfen in eigener Tornähe oder Eckwürfen muß die Abwehr zuerst danach trachten, daß nicht ein gut placierter Kreisspieler angespielt wird, der leicht ein Tor werfen kann.
Durch die Ausführung des Ein- oder Eckwurfes ist die Mannschaft praktisch in Unterzahl und gute, schnell reagierende Abwehrspieler können beim Gegner Fehlreaktionen verursachen, indem sie kurzfristig alle fünf Angreifer manndecken. Dieses muß natürlich mit aller Vorsicht geschehen, um nicht dem Gegner eine Torwurfmöglichkeit anzubieten.

Die Abwehr bei 7-m-Würfen

Es ist von großer Bedeutung bei einem 7-m-Wurf des Gegners die Abwehr so zu organisieren, daß ein abprallender Ball nicht vom Gegner gefangen und in ein Tor verwandelt werden kann. Grundsätzlich sollten alle sechs Spieler sich so postieren, daß kein Gegenspieler die Möglichkeit hat, einen Abpraller in ein Tor zu verwandeln.

Das Verhalten bei Schiedsrichterbällen

Die meisten Mannschaften wissen von vornherein, wie ihre Erfolgsaussichten bei Schiedsrichterbällen sind. Haben sie einen oder zwei sehr große, sprungkräftige Spieler in der Mannschaft, ist ihnen der Ball fast sicher.
Man sollte aber, besonders in eigener Tornähe, immer damit rechnen, daß der Gegner den Ball auch erkämpfen kann und für diesen Fall so organisiert sein, daß die Torgefahr auf ein Minimum herabgesetzt wird.
Hat man einen sicheren Mann für den Schiedsrichterball, genügt es, wenn der zum Ball geht. Die anderen stellen sich so auf, daß ein defensives Gleichgewicht hergestellt ist und ein eventuelles Zupritschen des Balles zu einem Gegenstoß führen kann.
Ist kein sicherer Mann da, kann man so viele Spieler zum Ball schicken wie der Gegner. Auch in diesem Fall sollten alle Spieler darauf eingestellt sein, daß beim Ballgewinn durch den Gegner keine unmittelbare Torgefahr vorhanden ist und bei Ballgewinn durch die eigene Mannschaft sofort ein Gegenstoß gestartet werden kann.

Der Torwart

Der Torwart nimmt in der Mannschaft eine Ausnahmestellung ein. Er ist letzten Endes für einen Torerfolg des Gegners verantwortlich. Jeder Fehler, den er begeht, wird gewöhnlich mit einem Tor bestraft, dagegen kann er die von den Feldspielern begangenen Fehler noch ausbessern.

Ein guter Torwart beeinflußt ein Spiel entscheidend. Einige Paraden schon am Anfang des Spieles stärken das Vertrauen und die Sicherheit der eigenen Mannschaft und entmutigen den Gegner. Gelingt es dem Torwart noch einige gute Gegenstöße einzuleiten, kann dieses für ein Spiel vorentscheidend sein.

Die Auswahl und Vorbereitung des Torwarts ist also eine sehr wichtige Aufgabe für Lehrer und Trainer. So wie die Feldspieler bestimmte Qualitäten für ihre Posten benötigen, gibt es auch für den Torwart körperliche und psychische Voraussetzungen.

Im folgenden sollen die Idealvorstellungen, die man von einem Torwart haben könnte, aufgezählt werden:

- Größe: 187–192 cm
- Gewicht: 82–86 kg
- Armspannweite ungefähr 11 cm mehr als die Körpergröße
- Handspannweite: 23–25 cm
- Vor allem reaktionsschnell
- Sprungkräftig
- Sehr beweglich im Hüftgelenk
- Gewandt und geschmeidig
- Mit sehr gutem Gleichgewichtssinn und Koordinationsvermögen
- Sehr mutig
- Beherrscht, konzentrationsfähig und selbstbewußt
- Sehr willens- und kampfstark

Darüber hinaus muß der Torwart auch theoretische Kenntnisse über die Abwehr und den Angriff besitzen.

Diesen Torwart gibt es in Wirklichkeit natürlich nicht. Man sollte aber versuchen, diesem Ideal nahe zu kommen. Die Gestalt des Torwarts, die psychischen und motorischen Eigenschaften bestimmen seinen Abwehrstil.

Man unterscheidet typmäßig zwei große Gruppen:

- den großen, ruhigen »Steher«, der den Werfer ruhig erwartet;
- den kleinen, spritzigen, kämpferischen »Springer«, der dem Gegner entgegengeht.

Dazwischen gibt es im fließenden Übergang natürlich eine Unmenge anderer Torwarttypen, die mehr zum einen oder zum anderen tendieren.

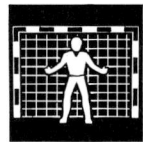

Die Torwarttechnik

Die Grundstellung

Die Grundstellung des Torwarts im Tor muß ihm ermöglichen, jede Abwehrbewegung in der kürzesten Zeit und unter den besten Bedingungen auszuführen.

Bewegungsablauf:
Die Beine sind schulterbreit gegrätscht, die Knie leicht gebeugt, das Gewicht gleichmäßig auf beide Beine verteilt. Der Oberkörper wird etwas vorgeneigt, der Blick auf den Ball gerichtet. Die Arme werden seithoch gehalten, im Ellbogen leicht angewinkelt, so daß die Unterarme schräg nach oben und die Handflächen nach vorne zeigen. Die Arme können auch locker herabhängen und nur beim Fangen oder Abwehren hochgenommen werden. Aus dieser bewegungsberei-

◁ Manfred Hofmann, einer der besten Handball-Torwarte, bereit zum Eingreifen.

169

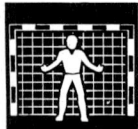

206

207

ten Stellung kann der Torwart alle Bewegungen zur Ballabwehr schnell und sicher ausführen (Abb. 206).

Bei Würfen von den Außenpositionen stellt er sich an den Pfosten der Wurfseite, so daß zwischen ihm und dem Pfosten kein Ball durchgehen kann. Die Stellung ist etwas aufrechter als in der Mitte des Tores. Mit dem zum Pfosten zeigenden Arm deckt er den Raum über seinem Kopf ab. Der andere Arm hat ungefähr dieselbe Stellung wie bei der Grundstellung in der Tormitte. Er kann auch beide Hände über dem Kopf halten. Das Körpergewicht ist mehr auf das Bein am Pfosten verlagert, so daß das andere Bein schnell und leicht zur Ballabwehr verwendet werden kann. Der Fuß dieses Beines wird rechtwinklig zum anderen gestellt, so daß er eine möglichst breite Fläche dem zu erwartenden Ball zukehrt (Abb. 207).

Die Bewegungen im Tor

In der vorher beschriebenen Grundstellung bewegt sich der Torwart mit kleinen Nachstellschritten zu der Seite, auf der der Ball gespielt wird. Dabei versucht er immer auf der Wurfwinkelhalbierenden zu stehen (Abb. 208). Sein Weg von Pfosten zu Pfosten ist ein Halbkreis, Dreieck oder zwei kleine Halbkreise (Abb. 209, 210, 211).

Seine Bewegungen sind gleitend, wobei er große Schritte und Sprünge vermeiden muß. Gleichgewicht und Bewegungsbereitschaft sind entscheidend für das Fangen und Abwehren des Balles. Ein großer Torwart kann sich dabei erlauben, weiter vor die Torlinie zu gehen als ein kleiner. Bei seinen Bewegungen wird er immer versuchen, den Wurfarm des Gegners mit dem Ball zu sehen.

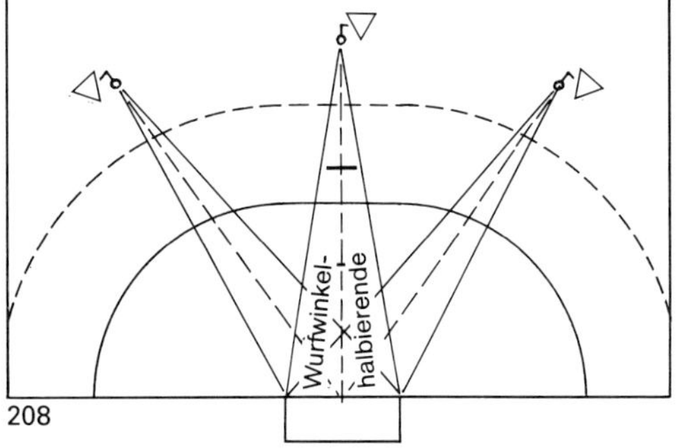

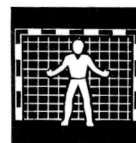

208 *Wurfwinkel-halbierende*

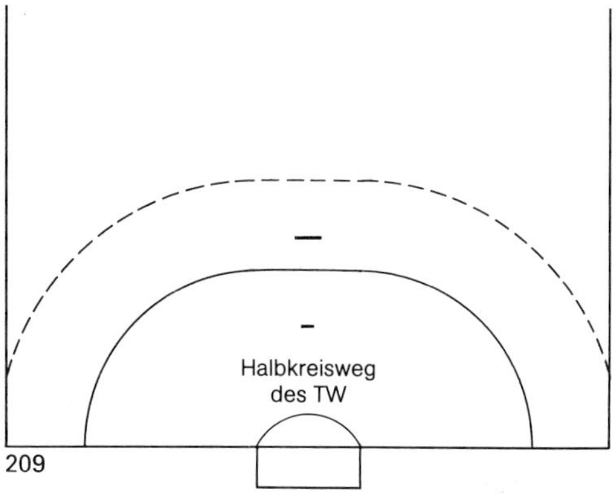

209 *Halbkreisweg des TW*

210 *Dreieckweg des TW*

211 *2 Halbkreise*

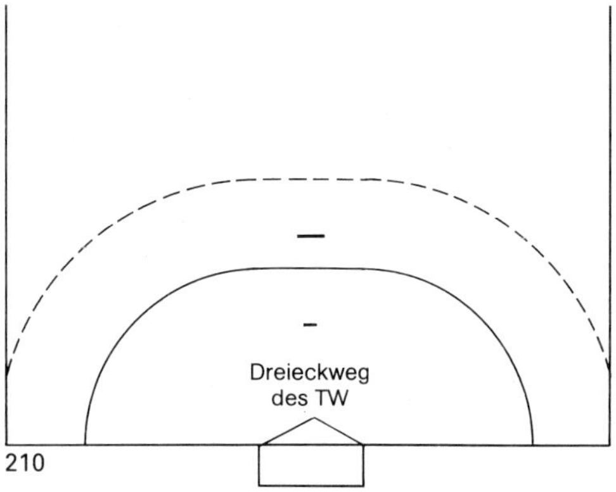

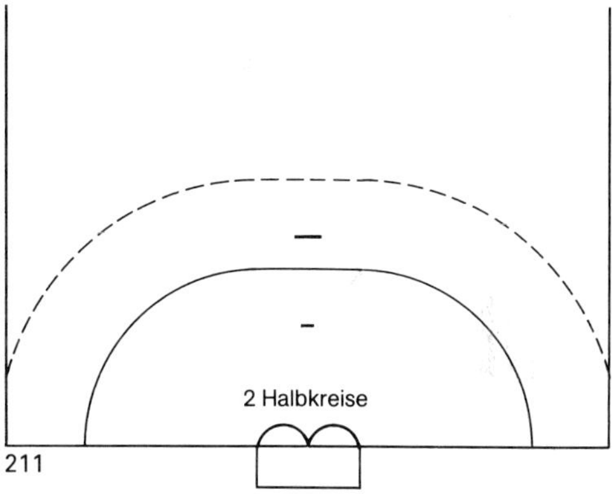

Das Fangen des Balles

Das Fangen des Balles ist und bleibt ein wichtiges technisches Element der Torwarttechnik. Es unterscheidet sich nicht wesentlich vom Ballfangen des Feldspielers. Gefangene Bälle sind die Voraussetzung für einen Gegenstoß.

Der Torwart muß selber beurteilen, welche Bälle zum Fangen geeignet sind und welche abgewehrt werden müssen. Man sollte auf keinen Fall dem Torwart vom Fangen des Balles abraten.

Das Abwehren des Balles

Die meisten Bälle, die im Handball auf das Tor geworfen werden, können wegen ihrer Schärfe und Wucht nicht gefangen werden, sondern müssen abgewehrt werden.

Die Armabwehr

Die Armabwehr spielt die größte Rolle. Alle Bälle, die 25 bis 30 cm über dem Boden bis zur Querlatte kommen oder vom Boden abprallen, müssen mit dem Arm bzw. der Hand abgewehrt werden.

Bewegungsablauf:
Der Torwart stößt die Hand in die Flugbahn des Balles oder zieht den gestreckten Arm von unten nach oben in die Ballflugbahn, um den Ball zu stoppen oder abzulenken. Zur Unterstützung führt er mit dem ballseitigen Bein einen Ausfallschritt aus, der besonders bei hüft-, knie- und bodennahen Bällen weit sein muß (Abb. 212).
Sehr harte Bälle sollten nicht gestoppt, sondern abgelenkt werden, da Hände und Arme verletzt werden können.
Leichte Bälle sollten gestoppt oder abge-

212

klatscht werden, aber so, daß sie für einen Gegner unerreichbar sind. Der Torwart muß den Ball sofort unter Kontrolle bringen, um einen startenden Gegenstoßspieler anspielen zu können.

Die Fußabwehr

Besonders schwer abzuwehren sind für den Torwart Bälle, die auf die Torlinie oder kurz vor dieser aufsetzen. Sie können nur mit dem Fuß abgewehrt werden.

Bewegungsablauf:
Der Torwart versucht durch einen großen Ausfallschritt oder Sprung den Fuß mit der Innenseite vor den Ball zu bringen und

diesen zu stoppen oder abzulenken. Dabei gleitet der Fuß auf der Ferse über den Boden und erreicht den Ball dort, wo er den Boden berührt. Der Torwart läßt sich dabei gewöhnlich in den Hürdensitz gleiten, wobei er versucht, die Abwehrfläche durch den Körper und den Arm zu vergrößern (Abb. 213).

Die Körperabwehr

Aus verschiedenen Gründen (Abfälschen, schlechter Wurf, selten mit Absicht) fliegen Bälle direkt auf den Torwart zu und müssen von diesem mit dem Körper abgewehrt werden. Der Torwart versucht, eine möglichst große Fläche des Körpers zum Ball zu bringen. Um von diesen Bällen nicht schmerzhaft getroffen oder verletzt zu werden, sollte der Torwart entsprechende Schutzkleidung tragen.

Das Hechten nach dem Ball

Überraschungswürfe, abgefälschte Bälle oder solche, die der Torwart erst sieht, wenn sie am Abwehrspieler vorbei sind, können oft nur durch Hechten abgewehrt werden.

Bewegungsablauf:
Der Torwart drückt sich von einem oder beiden Beinen, meistens aus dem Stand, ab und hechtet in die Flugbahn des Balles, um ihn abzulenken (Abb. 214). Die Landung sollte weich durch Abrollen über Oberschenkel und Hüfte erfolgen. Auch hier ist es wichtig, daß der Torwart sich durch Polsterung an den Knien, Hüfte und Ellbogen vor schmerzhaften Prellungen oder anderen Verletzungen schützt.

213

Die Finten des Torwarts

Der Werfer kann durch geschickt eingesetztes Antäuschen des Torwarts oft zu einem Wurf verleitet werden, der dann sicher gehalten wird. Dabei muß der Torwart aber sehr aufmerksam sein, vor allem, wenn der Werfer den Wurf verzögert.
- Der Torwart kann durch seine Stellung im Tor dem Werfer eine Lücke »anbieten«, die er dann während der Wurfausführung schließt.
- Eine tiefe oder sehr hohe Stellung mit weitausgebreiteten Armen kann hohe bzw. tiefe Würfe provozieren, auf die der Torwart sich rechtzeitig einstellen kann.

- Ein Heraustreten kann angetäuscht werden und den Gegner zu einem Bogenwurf verleiten.
Der Torwart soll mit Finten nicht übertreiben. Bei allen Finten aber sollte er versuchen, im Augenblick des Wurfes wieder in der richtigen Grundstellung und auf der entsprechenden Wurfwinkelhalbierenden zu stehen, dann wird es ihm möglich sein, viele Bälle zu halten.

Das Abspiel und der Abwurf

Der Torwart muß versuchen, nach erfolgreicher Abwehr den Ball so schnell wie möglich unter Kontrolle zu bringen, um seine

Mannschaft beim Angriff zu unterstützen. Für Würfe über kurze Entfernungen kann er zum Abspiel oder Abwurf jedes Wurfverfahren verwenden. Für längere Bälle, vor allem bei Gegenstößen sollte er unbedingt einen Schlagwurf mit Schwungschritt verwenden, um dem Ball die nötige Beschleunigung für die entsprechende Weite geben zu können. Die Flugbahn des Balles muß einen Bogen beschreiben, um vom Gegner nicht abgefangen werden zu können. Ein zu hoher Bogen allerdings gibt dem Ball eine lange Flugzeit, so daß der Gegner rechtzeitig eine Abwehraktion einleiten kann.
Besonders für Gegenstöße ist es günstig, wenn der Torwart zur gegenüberliegenden Seite des Torraumes läuft und von dort

214

1

2

zuspielt, da ein solcher Paß nicht so steil ist, deshalb leichter zugespielt und leichter angenommen werden kann.

Die Torwarttaktik

Das Spiel des Torwarts wird entscheidend von folgenden Faktoren geprägt:

- Spielerfahrung und Fähigkeiten
- Genaue Kenntnis der Abwehrtaktik der eigenen Mannschaft
- Beurteilung der gegnerischen Taktik im Angriff.

Der letzte Punkt vor allem bedeutet, daß der Torwart genaue Kenntnisse über Abwehr- und Angriffstaktik besitzen muß, um die Spielsituation in jedem Augenblick überschauen zu können.

Das Stellungsspiel

Das Stellungsspiel des Torwarts ist von größter Wichtigkeit und zeichnet den guten Torwart aus. Grundsätzlich wird er versuchen, auf der Wurfwinkelhalbierenden zu stehen. Weiter wird seine Stellung von der Bewegung des Gegners mit dem Ball und der Stellung seiner Abwehrspieler zum Gegner, besonders zu dessen Wurfarm, beeinflußt. Durch kleine Nachstellschritte paßt er diese Stellung immer der jeweiligen Spielsituation an. Ist der Winkel des Ballbesitzers zum Tor kleiner als 30°, muß er am Pfosten stehen, so daß ein Torwurf nur in die lange Ecke möglich ist.

Bei den Würfen von den Außenpositionen kann der Torwart das Tor auf zwei Arten abdecken:

- Er steht am Pfosten und wehrt den Ball ab wie auf S. 171 beschrieben.

- Er steht am Pfosten mit etwas geänderter Grundstellung. Er hält beide Arme über dem Kopf, das Körpergewicht auf beide Beine verteilt. Beim Wurf »hüpft« er beidbeinig, rechtwinklig in die Ballflugbahn und versucht, so den Ball abzuwehren. Auf diese Art kann er hoch sehr schwer überworfen werden. Da er die Füße nur sehr wenig vom Boden abhebt, kann unten kein Ball durchgehen. Die halbhohen Bälle wehrt er mit der Hüfte und dem ganzen Körper ab.

Die Abwehr von Weitwürfen

Wird aus der Weitwurfzone frei auf das Tor geworfen, steht der Torwart auf der Wurfwinkelhalbierenden und geht rechtwinklig in die Fluglinie des Balles, um ihn abzuwehren. Dieses ist besonders bei Würfen von der linken und rechten Aufbauposition wichtig. Der Weg entlang der Torlinie in die Flugbahn des Balles ist oft bedeutend länger als der rechtwinklige. Versuchen bei Weitwürfen einer oder zwei Abwehrspieler zu blocken, muß der Torwart sich dieser Situation anpassen. Da der Werfer jetzt nicht mehr das ganze Tor zur Verfügung hat und hart nur noch in eine Ecke werfen kann, muß der Torwart dieser Ecke mehr Aufmerksamkeit widmen.
Versucht der Angriffsspieler durch eine Lücke zwischen zwei Abwehrspielern durchzuwerfen, muß der Torwart hinter dieser Lücke stehen.

Die Abwehr von Nahwürfen

Am schwierigsten abzuwehren sind die Würfe von der Mitte des Kreises. Durch Hinaustreten und Verkürzen des Wurfwin-kels gelingt es, auch solche Würfe zu meistern. Wichtig dabei ist, daß der Torwart im Moment des Wurfes ruhig steht und dann mit Armen, Beinen und dem ganzen Körper versucht, den Ball abzuwehren. Er muß auch immer damit rechnen, daß der Werfer versuchen wird, ihn mit einem Bogenwurf zu überwinden. Wenn er da blitzschnell zurückgeht, kann er auch diese Bälle abwehren.
Bei Würfen von den Außenpositionen steht der Torwart, wie vorher schon beschrieben, am Pfosten und läßt dem Werfer nur die lange Ecke offen. Er kann auch bei diesen Würfen hinaustreten, um den Wurfwinkel zu verkleinern, muß dann aber mit Bogenwürfen rechnen. Wartet er lange genug auf den Wurf, während er die kurze Ecke völlig abdeckt, kann er fast sicher sein, daß der Gegner in die lange Ecke wirft. Auch hier gilt: rechtwinklig in die Fluglinie des Balles gehen und eine möglichst breite Körperfläche dem Wurf entgegenstellen. Gute Polsterung schützt ihn dabei vor schmerzhaften Treffern.

Die Abwehr der 7-m-Würfe

Die 7-m-Würfe eines guten Schützen sind sehr schwer zu halten. Trotzdem muß der Torwart versuchen, ein Tor zu verhindern. Dafür braucht er vor allem starke Nerven und alle Qualitäten eines guten Torwarts. Seine Spielerfahrung und Kenntnisse über den Werfer tragen auch dazu bei, den Wurf abzuwehren.
Der Torwart soll auf keinen Fall auf der Torlinie stehenbleiben, sondern so weit aus dem Tor hinausgehen, daß er Bogenwürfe des Gegners halten kann. Das Hinausgehen kann vor oder nach dem Pfiff des Schiedsrichters erfolgen. Richtig angewendete Fin-ten können auch zum Erfolg beitragen. Der Torwart muß auf alle Fälle im Augenblick des Wurfes ruhig in der Grundstellung stehen. Jede Bewegung während des Wurfes wird von guten Spielern unweigerlich ausgenutzt.
Es darf nicht bei allen 7-m-Würfen während eines Spiels auf die gleiche Art reagiert werden, da sonst der Gegner sich von vornherein darauf einstellen kann. Der Torwart sollte versuchen, vor allem, wenn er längere Zeit in derselben Spielklasse spielt, also meist dieselben Gegner hat, die 7-m-Werfer zu beobachten und sich genaue Aufzeichnungen über jeden einzelnen machen, um dann beim jeweiligen Spieler richtig reagieren zu können.

Die Zusammenarbeit mit der Abwehr

Die Arbeit des Torwartes wird durch eine gute Zusammenarbeit mit der Abwehr erheblich erleichtert.
Der Abwehrspieler muß auf der Linie Wurfarm – Tor stehen, so daß ungehindert nur in eine Ecke geworfen werden kann, die der Torwart besonders bewacht. Durch kurze Zurufe kann der Torwart die Position des Abwehrspielers immer wieder verbessern und seine eigene dann anpassen.
Bei 9-m-Würfen deckt die Mauer ebenfalls die Wurfarmecke des Werfers und der Torwart konzentriert sich mehr auf die freigebliebene Ecke.
Trotz der Zusammenarbeit mit der Abwehr ist der Torwart natürlich für das ganze Tor verantwortlich. Er muß also auch bereit sein, Bälle zu halten, die durch die Deckung kommen.

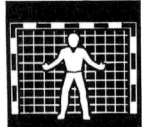

Das Spiel des Torwartes außerhalb des Torraumes

Der Torwart muß seine Mannschaft auch im Angriff unterstützen. Dieses geschieht vor allem durch die Ausführung aller Frei- und Einwürfe in Nähe des eigenen Tores. Während des Angriffs der eigenen Mannschaft steht der Torwart vor dem Torraum, um im Notfall angespielt werden zu können (Eckwürfe der eigenen Mannschaft oder Manndeckung des Gegners). Aus dieser Stellung kann er bei langen Gegenstoßpässen, durch entschlossenes, richtiges Eingreifen, den Ball abfangen und so ein sicheres Tor vereiteln. Gelingt ihm dies einige Male, wird der Gegner von Anfang an auf solche Gegenstöße verzichten. Natürlich muß der Torwart, wenn seine Mannschaft den Ball verliert, blitzschnell wieder im Tor sein, um vom Gegner nicht überworfen zu werden.

Methodische Tips zum Erlernen der Torwarttechnik und -taktik

Der erste Schritt ist die Auswahl eines geeigneten Spielers. Maßgebend dabei sind Reaktionsschnelligkeit, Mut und eine gewisse Körpergröße. Besonders die Fähigkeiten Reaktionsschnelligkeit und Mut sind durch nichts zu ersetzen. Natürlich sollen die Vorstellungen und Neigungen der einzelnen Spieler berücksichtigt werden. Es wäre aber Zeitverschwendung, wenn ein Spieler, dem die notwendigen Voraussetzungen für den Torwartposten fehlen, sich darauf vorbereiten wollte. Bis zum Alter von 14 Jahren sollte der angehende Torwart nicht ausschließlich im Tor stehen. Er soll sich zusammen mit den anderen Spielern die allgemeinen körperlichen Fähigkeiten ver-

bessern und technisch-taktische Fertigkeiten aneignen, um später ein solides Fundament für die Torwartausbildung zu besitzen. An Torwarttechnik und -taktik soll er sich folgendes aneignen:

- Grundstellung und Bewegung im Tor
- Arm- und Fußabwehr
- Schnelles und genaues Abspiel aus dem Torraum
- Stellungsspiel im Tor.

Zwischen 14 und 18 Jahren setzt erst die eigentliche Torwartausbildung ein. In dieser Zeit eignet sich der zukünftige Torwart alles Notwendige an Technik und Taktik an und sorgt durch spezielle Vorbereitung für eine solide körperliche Grundlage.

Die Formung zur Torwartpersönlichkeit vollzieht sich in den nächsten drei bis vier Jahren. Die körperlichen, technischen und taktischen Fähig- und Fertigkeiten reifen in dieser Zeit aus. Es wird genügend Spielerfahrung in der Praxis harter Spiele gesammelt.

Ist der Torwart im Alter von ca. 20 Jahren noch nicht so weit, daß er in einer Spitzenmannschaft spielen kann, besteht geringe Aussicht auf eine noch erfolgreiche Entwicklung auf diesem Posten.

Spielregeln

1:1 Die Spielfläche (Fig. 1), die ein Spielfeld und zwei Torräume umfaßt, ist ein Rechteck von 40 m Länge und 20 m Breite. In Ausnahmefällen dürfen die Maße 38–44 m Länge und 18–22 m Breite betragen. Die Längsseiten heißen Seitenlinien, die Breitseiten Torlinien. Bei offiziellen IHF-Spielen muß die Spielfläche 40 × 20 m messen.

Kommentar

- *Wünschenswert ist eine Sicherheitszone entlang der Spielfläche (Fig. 1) mit mindestens 1 m neben der Seitenlinie und 2 m hinter der Torlinie.*
Die Beschaffenheit der Spielfläche darf nicht durch irgendwelche Maßnahmen zugunsten einer Mannschaft verändert werden.

1:2 Das Tor (Fig. 2) steht in der Mitte der Torlinie. Es muß fest verankert sein und ist im Lichten 2 m hoch und 3 m breit. Die Pfosten des Tores sind durch eine Querlatte fest verbunden, ihre hintere Kante muß mit der hinteren Seite der Torlinie verlaufen. Torpfosten und Latte müssen aus demselben Material (z. B. aus Holz, Leichtmetall oder aus diesen Materialien entsprechenden Kunststoffen) mit einem quadratischen Querschnitt von 8 cm sein. Sie müssen rund herum in zwei Farben gestrichen sein, die sich wirkungsvoll vom Hintergrund abheben.
Die Farbfelder messen in der Ecke je 28 cm und sind in derselben Farbe zu streichen. Die übrigen Farbfelder messen 20 cm (Fig. 2). Das Tor muß mit einem Netz versehen sein.
Das Netz muß so aufgehängt sein, daß ein in das Tor geworfener Ball niemals unmittelbar nachher herausspringen kann.

1:3 Der Torraum wird geschaffen, indem vor dem Tor in 6 m Abstand parallel zu der Torlinie eine 3 m lange Linie gezogen wird, an der sich beiderseits mit 6 m Halbmesser von den hinteren Innenkanten der Torpfosten aus gezogene Viertelkreise anschließen (Fig. 2). Die den Torraum begrenzende Linie heißt Torraumlinie. In einem Abstand von 4 m von der Hinterseite der Torlinie vor der Mitte jedes Tores wird parallel zu dieser eine 15 cm lange Linie gezogen (Fig. 1).

1:4 Die gestrichelte Freiwurflinie wird geschaffen, indem vor dem Tor in 9 m Abstand parallel zu der Torlinie eine 3 m lange gestrichelte Linie gezogen wird, an der sich beiderseits mit 9 m Halbmesser von den hinteren Innenkanten der Torpfosten aus gezogene und gestrichelte Viertelkreise anschließen (Fig. 2).
Die Striche der Freiwurflinie müssen 15 cm messen und der zwischen ihnen liegende Abstand ebenfalls (Fig. 1).

1:5 Die 7-m-Linie wird in Form einer 1 m langen Linie vor der Mitte jedes Tores parallel zu der Torlinie in einem Abstand von 7 m gezogen (Fig. 1).

1:6 Die Mittellinie verbindet die Mittelpunkte der beiden Seitenlinien (Fig. 1 und 3).

1:7 In je 4,5 m Abstand von der Mittellinie werden auf dem Spielfeld 2 parallele, 15 cm lange Linien gezogen, welche die Auswechselräume begrenzen (Fig. 1 und 3).

1:8 Alle Linien der Spielfläche gehören zu dem Raum, den sie begrenzen. Die Linien müssen 5 cm breit sein (ausgenommen 1:9). Sie sind in jedem Falle deutlich sichtbar zu ziehen.

1:9 Die Torlinie muß zwischen den Torpfosten in der Breite der Torpfosten (8 cm) durchgezogen sein (Fig. 2).

Regel 2 – Der Ball

2:1 Der Ball besteht aus einer einfarbigen Leder- oder Kunststoffhülle. Er muß rund und darf nicht zu hart aufgepumpt sein. Das Außenmaterial darf nicht glänzend oder glatt sein.

Kommentar

- *Ein erst nach der Herstellung gespritzter, gestrichener oder auf andere Weise präparierter Ball ist nicht erlaubt.*

2:2 Für Männer und männliche Junioren muß der Ball bei Beginn des Spieles einen Umfang von 58–60 cm und ein Gewicht von 425–475 g aufweisen.

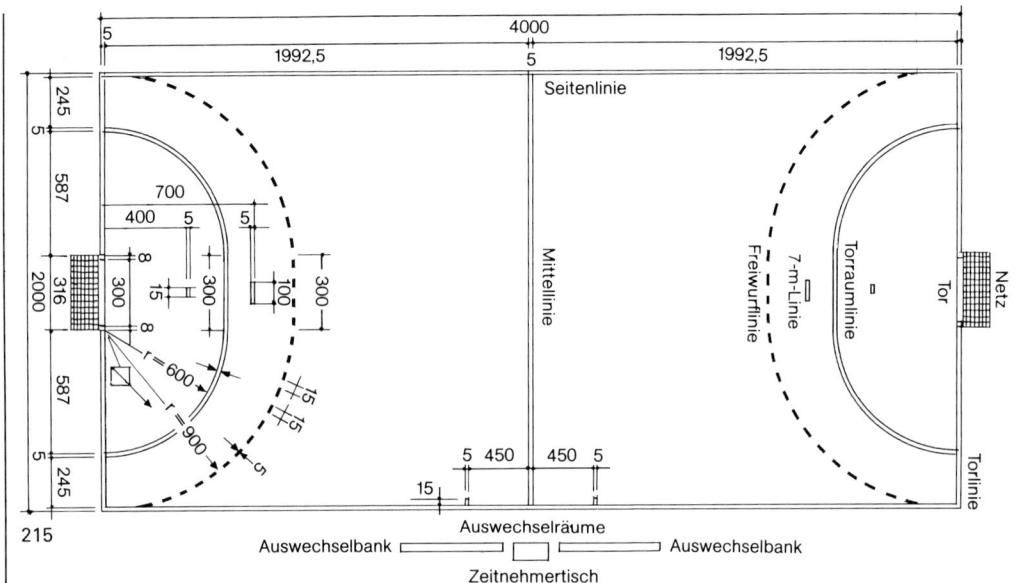

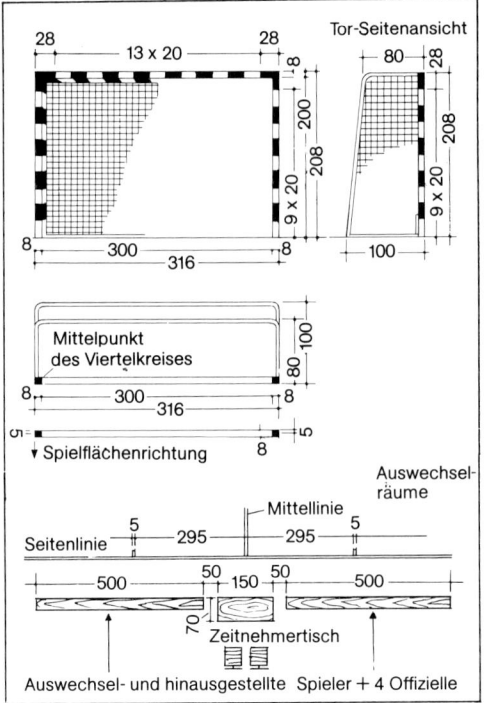

Diagram labels (top court diagram):

5 | 4000 |
1992,5 | 5 | 1992,5
245
5
587
700
400 | 5 | 5
2000 | 316
300
300
300
100
300
r = 600
15 | 15
r = 900
587
5
245
5 | 450 | 450 | 5
15
215
Seitenlinie
Mittellinie
Freiwurflinie
7-m-Linie
Torraumlinie
Tor
Netz
Torlinie
Auswechselräume
Auswechselbank
Auswechselbank
Zeitnehmertisch

Goal diagram labels:
Tor-Seitenansicht
28 | 13 x 20 | 28
80 | 28
8
200
208
208
208
9 x 20
9 x 20
8 | 300 | 8
316
100
Mittelpunkt des Viertelkreises
100
80
8 | 300 | 8
316
5 | 5
Spielflächenrichtung
8
Auswechselräume
Mittellinie
Seitenlinie
5 | 295 | 295 | 5
50 | 150 | 50
500 | 500
70
Zeitnehmertisch
Auswechsel- und hinausgestellte Spieler + 4 Offizielle

Für Frauen und jüngere Jugendliche muß der Ball bei Beginn des Spieles einen Umfang von 54–56 cm und ein Gewicht von 325–400 g aufweisen.

Nur gültig für den Bereich des DHB:

Für Männer und männliche A-Jugend muß der Ball bei Beginn des Spieles einen Umfang von 58–60 cm und ein Gewicht von 425–475 g aufweisen.

Für Frauen, männliche Jugend B und C sowie weibliche Jugend A und B muß der Ball bei Beginn des Spieles einen Umfang von 54–56 cm und ein Gewicht von 325–400 g aufweisen.

Für männliche Jugend D und E und weibliche Jugend C muß der Ball bei Beginn des Spieles einen Umfang von mindestens 52 cm und ein Gewicht von mindestens 300 g aufweisen (Minihandball: 48–50 cm).

2 : 3 Bei jedem Wettspiel müssen zwei der Regel entsprechende Bälle vorhanden sein. Die Schiedsrichter kontrollieren diese und bestimmen den Ball, mit dem gespielt werden muß.

2 : 4 Der Ball darf während des Spiels nur aus zwingenden Gründen gewechselt werden.

Kommentar

■ *Der zuerst verwendete Ball muß bei der ersten Unterbrechung, bei der er wieder spielbar ist, wieder verwendet werden.*

Regel 3 – Die Spieler

3 : 1 Eine Mannschaft besteht aus 12 Spielern (10 Feldspielern und 2 Torwarten).
Auf der Spielfläche dürfen sich gleichzeitig höchstens 7 (6 Feldspieler und 1 Torwart) befinden (Freiwurf, 3 : 6 bzw. 7-m-Wurf, 3 : 7).
Die übrigen Spieler sind Auswechselspieler.
Auf der Auswechselbank dürfen nur die Auswechsel- und hinausgestellten Spieler sowie 4 Offizielle anwesend sein (Fig. 3).
Die Torwarte dürfen niemals die Feldspieler ersetzen; ein Feldspieler dagegen darf den Torwart ersetzen (8 : 14).

Kommentar

■ *Der im Tor eingesetzte Feldspieler darf jederzeit wieder als Feldspieler mitwirken.*

3 : 2 Bei Wettspielen müssen wenigstens 5 Spieler von jeder Mannschaft auf der Spielfläche antreten. Die Mannschaft darf sich bis zum Schluß der Spielzeit, einschließlich Verlängerungen, auf 12 ergänzen. Sinkt die Anzahl der Spieler einer Mannschaft unter 5, wird weitergespielt.

3 : 3 Ein Spieler ist spielberechtigt, wenn er beim Anpfiff anwesend und im Spielprotokoll eingetragen ist.
Später ankommende und hinausgestellte Spieler müssen von Sekretär und Zeitnehmer die Spielberechtigung erhalten.
Der spielberechtigte Spieler kann jederzeit vom eigenen Auswechselraum (1 : 7) aus eintreten.
Wenn ein nicht spielberechtigter Spieler in das Spiel eingreift, ist Freiwurf bzw. 7-m-Wurf (14 : 1a, b, c, d) zu geben, und der fehlbare Spieler muß je nach Art des Vergehens wie ein spielberechtigter Spieler bestraft werden und ist in allen Fällen sofort mindestens zu disqualifizieren (17 : 18, 20).

178

216

3:4 Ein Spieler der die Spielfläche auf unsportliche Art und Weise verläßt, ist zu disqualifizieren (17:18).

Kommentar

- *Der Spieler ist von dem Moment an, wo er die Seiten- oder Torlinie der Spielfläche überschritten hat, disqualifiziert.*

3:5 Wenn ein Spieler im Verlaufe des Spiels außerhalb der Spielfläche gerät und diese unmittelbar darauf wieder betritt, gilt dies nicht als ein Verlassen der Spielfläche.

Kommentar

- *Verläßt ein Spieler absichtlich die Spielfläche, um einen Vorteil zu erhalten, wird Freiwurf verhängt.*

3:6 Auswechselspieler dürfen während des Spiels jederzeit und wiederholt, ohne Meldung beim Zeitnehmer, eingesetzt werden, sofern die zu ersetzenden Spieler das Spielfeld verlassen haben (Freiwurf bzw. 7-m-Wurf; 3:7). Das Verlassen und Betreten des Spielfeldes darf nur innerhalb der Markierung des eigenen Auswechselraumes (1:7, analog 3:3) erfolgen. Dies gilt auch für den Torwartwechsel.
Erfolgt das fehlerhafte Auswechseln während einer Spielunterbrechung, ist der fehlbare Spieler zu bestrafen (3:7; 17:16) und das Spiel mit dem der Spielsituation entsprechenden Wurf wieder aufzunehmen (4:8).
Nur wenn die Spielzeit von den Schiedsrichtern unterbrochen worden ist, dürfen die Auswechselspieler eintreten, bevor die zu ersetzenden Spieler das Spielfeld verlassen haben.

3:7 Das erste fehlerhafte Auswechseln ist mit Freiwurf an der Stelle zu bestrafen, an welcher der Spieler die Seitenlinie überschritten hat.
Bei allen weiteren Auswechselfehlern ist außerdem der fehlbare Spieler auf 2 Minuten hinauszustellen (17:16). Der Zeitnehmer darf bei fehlerhaftem Auswechseln der nicht ballbesitzenden Mannschaft nicht pfeifen, wenn die ballbesitzende Mannschaft eine klare Torgelegenheit hat.

Entfällt diese klare Torgelegenheit, ist das Spiel sofort zu unterbrechen und der fehlbare Spieler zu bestrafen. Danach ist das Spiel wieder aufzunehmen mit Freiwurf für die regulär in Ballbesitz gelangte Mannschaft an der Stelle, wo sich der Ball bei der Spielunterbrechung befand oder mit dem der Spielsituation entsprechenden Wurf.
Wird bei fehlerhaftem Auswechseln eine klare Torgelegenheit vereitelt, ist die fehlbare Mannschaft mit 7-m-Wurf zu bestrafen (14:1b). Der fehlbare Spieler ist zu disqualifizieren (17:18).
Ist bei oder nach fehlerhaftem Auswechseln auch unsportliches Spiel oder unsportliches Verhalten festgestellt worden, ist der fehlbare Spieler je nach Art des Vergehens zusätzlich zu bestrafen (17:13, 14, 16, 18, 20).

3:8 Die Feldspieler einer Mannschaft müssen einheitliche Spielkleidung tragen, von der sich die Farbe der Kleidung der Torwarte beider Mannschaften deutlich unterscheiden muß (17:23).
Die Mannschaftsführer müssen eine etwa 4 cm breite Armbinde von kontrastierender Farbe rund um den linken Oberarm tragen. Die Spieler müssen auf dem Rücken mindestens 20 cm und auf der Brust mindestens 10 cm hohe Ziffern von 1–20 tragen, von welchen die Ziffern 1, 12 und 16 den Torwarten vorbehalten sind. Die Farbe der Ziffern muß sich deutlich von der Spielkleidung abheben.

Die Spieler müssen Schuhe tragen. Beim Spiel auf hartem Boden dürfen nur leichtere Schuhe ohne Absätze getragen werden. Beim Spiel auf weichem Boden dürfen die Schuhe mit Leisten, eventuell konischen oder zylindrischen Klötzen aus Leder, Gummi oder aus diesem Material entsprechendem Kunststoff versehen sein. Die Stollen müssen flach und mindestens 12 mm breit sein. Die Stollen müssen am unteren Ende von mindestens 12 mm Durchmesser sein. Das Tragen von Nagelschuhen oder von Schuhen mit scharfen Stollen ist verboten.
Armbänder, Armbanduhren, Ringe, Halsketten, Brillen ohne festes Gestell und ohne Haltebänder sowie alle anderen Dinge, welche die Spieler gefährden können, sind allen Spielern nicht erlaubt.

Die Schiedsrichter haben vor dem Spiel die Ausrüstung zu prüfen. Regelwidrigkeiten sind zu beseitigen. Fehlbare Spieler dürfen nicht mitspielen, bis die Regelwidrigkeit behoben ist.

Regel 4 – Die Spielzeit

4:1 Die Spielzeit dauert:
für Männer 2 × 30 Minuten mit 10 Minuten Pause (bei Turnieren in der Regel 2 × 15 Minuten ohne Pause);
für männliche Junioren und für Frauen 2 × 25 Minuten mit 10 Minuten Pause (bei Turnieren in der Regel 2 × 10 Minuten ohne Pause);
für alle anderen Mannschaften 2 × 20 Minuten mit 10 Minuten Pause (bei Turnieren in der Regel 2 × 10 Minuten ohne Pause). Sind beide Mannschaften einverstanden, dürfen die Schiedsrichter die Pause verkürzen.

Nur gültig für den Bereich des DHB:
Für Männer, Frauen und männliche A-Jugend 2 × 30 Minuten mit 10 Minuten Pause (bei Turnieren in der Regel 2 × 15 Minuten ohne Pause);

für männliche Jugend B und weibliche Jugend A 2 × 25 Minuten mit 10 Minuten Pause (bei Turnieren in der Regel 2 × 10 Minuten ohne Pause);

für alle anderen Mannschaften 2 × 20 Minuten mit 10 Minuten Pause (bei Turnieren in der Regel 2 × 10 Minuten ohne Pause).

4:2 Die Spielzeit beginnt nach dem Losen (17:5) mit dem Anpfiff des Anwurfs durch den Feldschiedsrichter und endet mit dem Schlußsignal des Zeitnehmers.
Der Anwurf erfolgt in beliebiger Richtung von der Mitte des Spielfeldes aus (Freiwurf). (Ausführung 16:1, 2, 5, 6, 8, 9.)

4:3 Beim Anwurf müssen sich alle Spieler in ihrer Hälfte der Spielfläche befinden, die Gegner dürfen nicht näher als 3 m an den Werfer herantreten (Freiwurf).

4:4 Der Anwurf kann beim Gegner nicht unmittelbar zu einem Tor führen (Abwurf 12:1b).

179

Kommentar

■ *Unmittelbar heißt: Wenn der Ball in das Tor gelangt, ohne einen Spieler berührt zu haben.*

4:5 Nach der Pause werden Seiten und Anwurf gewechselt.

4:6 Die Schiedsrichter allein entscheiden, wann die Spielzeit unterbrochen und fortgesetzt werden muß (16:4). Sie geben dem Zeitnehmer das Zeichen zum Anhalten und Weiterlaufen der Uhren. Dies gilt auch für die Hinausstellungszeit.

Kommentar

■ *Eine öffentliche Zeitmeßanlage darf nur benutzt werden, wenn sie vom Zeitnehmertisch aus zu bedienen ist.*
Ersatzweise kann eine Tischstoppuhr (Mindestdurchmesser 21 cm) Verwendung finden.
Sind diese Voraussetzungen nicht gegeben, muß der Zeitnehmer eine zusätzliche Handstoppuhr verwenden. Beim Zeichen der Schiedsrichter zur Spielzeitunterbrechung ist:
a) die Zeitmeßanlage oder Tischstoppuhr anzuhalten und beim Anpfiff zur Aufnahme des Spieles wieder in Gang zu setzen;
b) die Handstoppuhr zu starten und beim Anpfiff zur Aufnahme des Spieles anzuhalten. Hier ist die Zeit einer oder mehrerer Spielzeitunterbrechungen den Mannschaftsbetreuern bekanntzugeben.
Das Zeichen der Spielzeitunterbrechung ist ein mit beiden Unterarmen signalisiertes »T« (Time out). Das Spiel wird nach einer Spielzeitunterbrechung mit Anpfiff fortgesetzt (16:4).
Als akustisches Signal zur Spielzeitunterbrechung können zusätzlich 3 kurze Pfiffe erfolgen.
Bei falscher Zeitmessung am Zeitnehmertisch entscheiden allein die Schiedsrichter über die Richtigkeit der Spielzeit.

4:7 Wird kurz vor Halbzeitende oder Spielschluß ein Freiwurf oder 7-m-Wurf verhängt, ist das unmittelbare Resultat eines solchen Wurfes abzuwarten, bevor der Zeitnehmer das Schlußsignal gibt, obwohl die Uhr der öffentlichen Zeitmeßanlage den Ablauf der Spielzeit angibt.

Der Zeitnehmer hat das Schlußsignal zu geben:
a) wenn der Ball ohne Regelverstoß in das Tor geworfen wurde. Es ist ohne Bedeutung, ob der Ball den Torwart, die Torlatte, die Torpfosten oder einen Feldspieler der verteidigenden Mannschaft berührt hat;
b) wenn der Ball die Torlinie außerhalb des Tores passiert hat;
c) wenn der Ball im Torraum liegen bleibt oder vom Torwart festgehalten wird;
d) wenn der Ball von Torwart, Torpfosten oder Latte in das Spielfeld zurückgelangt.
Regelverstöße vor oder während der Ausführung des Freiwurfes oder 7-m-Wurfes müssen bestraft werden.

4:8 Stellen die Schiedsrichter fest, daß das Spiel vom Zeitnehmer zu früh abgepfiffen worden ist, müssen die Schiedsrichter wieder zum Spiel anpfeifen, sofern die Spieler die Spielfläche noch nicht verlassen haben.
Ist bei der Unterbrechung eine Mannschaft im Ballbesitz, wird das Spiel durch Freiwurf mit Anpfiff an der Stelle, an der sich der Ball bei der Unterbrechung befand, von der ballbesitzenden Mannschaft wieder aufgenommen.
Ist bei der Unterbrechung der Ball im Torraum, wird das Spiel durch Abspiel aus dem betreffenden Torraum aufgenommen. In allen anderen Fällen, in denen das Spiel vorher von den Schiedsrichtern unterbrochen worden ist, wird es mit dem entsprechenden Wurf aufgenommen.
Ist bei der Unterbrechung keine Mannschaft im Ballbesitz, wird das Spiel durch Schiedsrichterwurf mit Anpfiff von der Mitte des Spielfeldes aus aufgenommen.
Ist die 1. Halbzeit zu früh abgepfiffen worden und haben die Spieler die Spielfläche bereits verlassen, müssen die Schiedsrichter die für die Pause festgelegte Zeit einhalten. Die Mannschaften treten wieder in jener Hälfte der Spielfläche an, die sie zu Beginn des Spiels innehatten. Das Spiel wird durch einen Schiedsrichterwurf mit Anpfiff von der Mitte des Spielfeldes begonnen, die von der

1. Halbzeit verbliebene Zeit wird nachgespielt. Danach wird das Spiel abgepfiffen. Die Mannschaften wechseln die Seiten, das Spiel wird ohne Pause durch einen Anwurf begonnen.

Kommentar

■ *Ist die erste Halbzeit zu spät abgepfiffen worden, muß die 2. Halbzeit um die entsprechende Zeit gekürzt werden.*

4:9 Soll nach unentschiedenem Spiel bis zur Entscheidung weitergespielt werden, ist nach einer Pause von 5 Minuten nochmals um die Seiten oder den Anwurf zu losen.
Die Spielverlängerung dauert für alle Mannschaften 2 × 5 Minuten (Seitenwechsel ohne Pause).
Ist das Spiel nach dieser Verlängerung noch nicht entschieden, erfolgt nach einer Pause von 5 Minuten und erneutem Losen eine zweite Verlängerung von 2 × 5 Minuten (Seitenwechsel ohne Pause).
Fällt auch so keine Entscheidung, sind die Bestimmungen der Spielordnung zu beachten.

4:10 Während der Verlängerung darf die Zusammensetzung der Mannschaft nicht geändert werden (vorbehalten Spielerergänzung laut 3:2), das heißt, nur diejenigen Spieler, die vor der Spielverlängerung spielberechtigt waren, dürfen in der Verlängerung teilnehmen, zusätzlich diejenigen Spieler, die die Mannschaft auf 12 ergänzen.

Regel 5 – Das Spielen des Balles

5:1 Es ist erlaubt:
den Ball unter Benutzung von Händen, Armen, Kopf, Rumpf, Oberschenkeln und Knie in jeder beliebigen Art und Richtung zu werfen, schlagen, stoßen, fausten, stoppen und fangen;

5:2 den Ball höchstens 3 Sekunden zu halten, auch wenn dieser auf dem Boden liegt;

5:3 sich mit dem gehaltenen Ball höchstens 3 Schritte zu bewegen. Ein Schritt gilt als ausgeführt:
a) wenn der mit beiden Füßen auf dem

Boden stehende Spieler einen Fuß abhebt und ihn wieder hinsetzt;

b) wenn der mit beiden Füßen auf dem Boden stehende Spieler einen Fuß von einer Stelle zu einer andern hinbewegt;

c) wenn der Spieler den Boden mit einem Fuß berührt, den Ball faßt und danach mit dem anderen Fuß den Boden berührt;

d) wenn der Spieler nach einem Sprung nur mit einem Fuß den Boden berührt und danach auf demselben Fuß einen Sprung ausführt oder den Boden mit dem anderen Fuß berührt;

e) wenn der Spieler nach einem Sprung mit beiden Füßen gleichzeitig den Boden berührt und danach einen Fuß abhebt und ihn wieder hinsetzt;

f) wenn der Spieler nach einem Sprung mit beiden Füßen gleichzeitig den Boden berührt und danach einen Fuß von einer Stelle zu einer andern Stelle hinbewegt;

Kommentar

- *Wenn ein Fuß von einer Stelle zu einer andern hinbewegt wird, darf der zweite Fuß bis zum ersten Fuß nachbewegt werden.*

5:4 den Ball sowohl am Ort als auch im Laufen einmal auf den Boden zu prellen und mit einer Hand oder beiden Händen wiederzufangen. Es ist ebenfalls erlaubt, den Ball sowohl am Ort als auch im Laufen wiederholt mit einer Hand auf den Boden zu prellen oder den Ball am Boden wiederholt mit einer Hand zu rollen und mit einer Hand oder beiden Händen wiederzufangen. Sobald der Ball mit einer Hand oder mit beiden Händen gefaßt wird, muß er nach höchstens 3 Schritten beziehungsweise 3 Sekunden abgespielt werden (Freiwurf).
Das Prellen des Balles beginnt immer erst dann, wenn der Spieler absichtlich mit irgendeinem Körperteil den Ball berührt und auf den Boden lenkt.
Wenn der Ball einen anderen Spieler, die Torpfosten oder die Latte berührt hat, ist ein erneutes Prellen des Balles auf den Boden und Wiederfangen erlaubt.
Es ist ohne Bedeutung, wieviele Schritte zwischen den Berührungen des Balles gemacht werden;

5:5 den Ball von einer Hand in die andere zu führen;

5:6 den Ball mit einer Hand oder beiden Händen zu stoppen und ihn dann ohne Raumgewinn nachzufangen;

Kommentar

- *Raumgewinn heißt: Der Spieler ändert zu seinem Vorteil seinen Standort.*

5:7 den Ball kniend, sitzend oder liegend weiterzuspielen.

5:8 Es ist verboten:
den Ball mehr als einmal zu berühren, bevor dieser inzwischen den Boden, einen anderen Spieler, die Torpfosten oder die Latte berührt hat (Freiwurf, siehe jedoch 5:6). Die Fangfehler bleiben straffrei;

Kommentar

- *Ein Fangfehler liegt vor, wenn beim Versuch, den Ball zu fangen, derselbe nicht unter Kontrolle gebracht wird. Dagegen verursacht der einwandfrei unter Kontrolle gebrachte Ball beim nochmaligen Berühren einen »Doppelfang« und ist zu bestrafen.*

5:9 den Ball mit Unterschenkel oder Fuß zu berühren (Freiwurf), außer er wird vom Gegner dem Spieler angeworfen.
Das Berühren des Balles mit Unterschenkel oder Fuß ist straffrei, wenn dadurch dem Spieler oder seiner Mannschaft kein Vorteil erwächst;

5:10 sich nach dem liegenden oder rollenden Ball zu werfen (Freiwurf). Ausgenommen ist der Torwart im eigenen Torraum;

5:11 den Ball absichtlich über die Seiten- oder eigene Torlinie außerhalb des Tores zu spielen (Freiwurf). Ausgenommen ist der Torwart im Torraum, wenn er den nicht unter Kontrolle gebrachten Ball über die eigene Torlinie außerhalb des Tores spielt (Abwurf, 12:1a).

Kommentar

- *Der Freiwurf wird von der Stelle ausgeführt, wo der Ball die Linie passiert hat (analog 13:2).*

5:12 Berührt der Ball einen Schiedsrichter, geht das Spiel weiter.

Regel 6 – Das Verhalten zum Gegner

6:1 Es ist erlaubt:
Arme und Hände zu benutzen, um in den Besitz des Balles zu gelangen;

6:2 dem Gegner mit einer offenen Hand den Ball aus jeder Richtung wegzuspielen (ausgenommen 7:4);

6:3 den Gegner mit dem Rumpf zu sperren, auch wenn er nicht im Ballbesitz ist.

6:4 Es ist verboten:
die Faust zu benutzen, um dem Gegner den Ball wegzuspielen (Freiwurf, siehe jedoch 6:10);

6:5 dem Gegner den gefaßten Ball mit einer oder beiden Händen zu entreißen oder wegzuschlagen (Freiwurf, siehe jedoch 6:10);

6:6 dem Gegner absichtlich den Ball anzuwerfen oder als gefährliches Täuschungsmanöver den Ball gegen den Gegner zu führen (Freiwurf, siehe jedoch 6:10);

6:7 den Gegner mit Armen, Händen oder Beinen zu sperren (Freiwurf, siehe jedoch 6:10);

6:8 den Gegner festzuhalten, ihn mit einem oder beiden Armen zu umklammern, mit den Händen zu behindern, zu schlagen, zu stoßen, ihn anzurennen, anzuspringen, ihm das Bein zu stellen, sich vor ihm hinzuwerfen oder ihn auf andere Weise zu gefährden (Freiwurf, siehe jedoch 6:10; 13:6; 14:8; 17:13; 16).

6:9 den Gegner in den Torraum zu stoßen oder zu drängen (Freiwurf, siehe jedoch 6:10).

6:10 Bei groben Verstößen im Verhalten zum Gegner innerhalb der eigenen Hälfte der Spielfläche (6:4–9) oder bei regelwidrigem Vereiteln einer klaren Torgelegenheit auf der ganzen Spielfläche (6:4, 5, 7, 8, 9) ist 7-m-Wurf zu geben (14:1a, b; siehe auch 17:13, 16, 20).

6:11 Kommen Spieler mit dem Ball zu Fall und liegt er unter ihnen fest, haben die Schiedsrichter auf Schiedsrichterwurf zu entscheiden, falls nicht eine Strafe ausgesprochen worden ist (15:1c).

Regel 7 – Der Torraum

7:1 Der Torraum darf nur vom Torwart betreten werden. Der Torraum, einschließlich Torraumlinie, ist betreten, wenn er von einem Feldspieler mit irgendeinem Körperteil berührt wird.

7:2 Bei einem Betreten des Torraumes durch einen Feldspieler ist wie folgt zu entscheiden:
a) Freiwurf, wenn ein Feldspieler mit dem Ball den Torraum betritt;
b) Freiwurf, wenn ein Feldspieler ohne Ball den Torraum betritt und sich dadurch einen Vorteil verschafft (siehe jedoch 7:2c);
c) 7-m-Wurf, wenn ein Feldspieler absichtlich und zum deutlichen Zwecke der Abwehr seinen eigenen Torraum betritt.

7:3 Das Betreten des Torraumes bleibt straffrei, wenn ein Spieler, nachdem er den Ball gespielt hat, den Torraum betritt, sofern dies für den Gegner keinen Nachteil hat.

7:4 Im Torraum gehört der Ball dem Torwart. Jedes Berühren des im Torraum liegenden, rollenden oder vom Torwart gehaltenen Balles ist verboten (Freiwurf).

Kommentar

■ *Wenn der Ball die Torraumlinie berührt, ist er im Torraum und gehört dem Torwart. Ein sich über dem Torraum befindlicher Ball darf gespielt werden.*

7:5 Gelangt der Ball während des Spiels in den Torraum, so muß er vom Torwart durch Abspiel in Richtung Spielfeld geworfen werden (ausgenommen 7:7b, c). Beim Abspiel dürfen die Gegner an der Torraumlinie stehen. Das Abspiel kann unmittelbar (Kommentar 4:4) zu einem Tor führen.

7:6 Der aus dem Torraum in das Spielfeld zurückgelangende Ball bleibt im Spiel (siehe auch 7:7d).

7:7 Bei absichtlichem Spielen des Balles in den eigenen Torraum ist wie folgt zu entscheiden:
a) Tor, wenn der Ball in das Tor gelangt;
b) 7-m-Wurf, wenn der Torwart den Ball berührt und dieser nicht in das Tor gelangt;

c) Freiwurf, wenn der Ball im Torraum liegen bleibt oder die Torlinie außerhalb des Tores passiert;
d) das Spiel geht weiter, wenn der Ball den Torraum überschreitet, ohne den Torwart zu berühren und ohne die Spielfläche zu verlassen (7:6).

7:8 Berührt ein Feldspieler der verteidigenden Mannschaft bei der Abwehr den Ball, der dann vom Torwart gehalten wird oder im Torraum liegen bleibt, ist das Spiel nicht zu unterbrechen.

Regel 8 – Der Torwart

8:1 *Es ist dem Torwart erlaubt:*
im Torraum bei der Abwehr den Ball mit allen Körperteilen zu berühren;

8:2 sich im Torraum mit dem Ball unbeschränkt zu bewegen (siehe jedoch 16:10);

8:3 den Torraum ohne Ball zu verlassen und im Spielfeld mitzuspielen (siehe jedoch 8:13). Er unterliegt in diesem Fall denselben Bestimmungen wie die Feldspieler. Der Torraum gilt als verlassen, sobald der Torwart mit irgendeinem Körperteil den Boden außerhalb der Torraumlinie berührt.

Kommentar

■ *Der im Spielfeld spielende Torwart hat jederzeit das Recht, mit oder ohne Ball seinen eigenen Torraum zu betreten, so lange er noch mit irgendeinem Körperteil das Spielfeld berührt. Er darf jedoch nur ohne Ball in den Torraum zurückgehen (7-m-Wurf, 8:12).*

8:4 Bei der Abwehr den Torraum mit dem nicht unter Kontrolle gebrachten Ball zu verlassen und ihn im Spielfeld weiterzuspielen.

8:5 *Es ist dem Torwart verboten:*
bei jeder Abwehr den Gegner zu gefährden (Freiwurf bzw. 7-m-Wurf, 6:4, 5, 7–10);

8:6 den sich in Richtung Spielfeld bewegenden Ball mit Fuß oder Unterschenkel zu berühren (Freiwurf);

8:7 den unter Kontrolle gebrachten Ball absichtlich über die eigene Torlinie außerhalb des Tores zu spielen (Freiwurf, 5:11);

8:8 den Torraum mit dem unter Kontrolle gebrachten Ball zu verlassen (Freiwurf);

8:9 nach Abwurf (12:2) oder nach Abspiel (7:5) den Ball außerhalb des Torraumes zu berühren, wenn dieser nicht vorher einen anderen Spieler berührt hat (Freiwurf);

8:10 den außerhalb des Torraumes am Boden liegenden oder rollenden Ball zu berühren, solange er sich im Torraum befindet (Freiwurf);

8:11 den außerhalb des Torraumes am Boden liegenden oder rollenden Ball in den Torraum hereinzuholen (7-m-Wurf, 14:1e);

8:12 mit dem Ball vom Spielfeld in den eigenen Torraum zurückzugehen (7-m-Wurf, 14:1e);

8:13 die Mittellinie mit irgendeinem Körperteil (Freiwurf bzw. 7-m-Wurf 14:1f), bzw. bei der Ausführung eines 7-m-Wurfes die 4-m-Linie zu überschreiten (Regel 14:7).

8:14 Ein Ersetzen des Torwartes durch einen Feldspieler (3:1) während des Spiels ist den Schiedsrichtern zu melden (7-m-Wurf). Der Feldspieler muß die Spielkleidung wechseln, bevor er einen Torwartwechsel vom Auswechselraum aus vornimmt (3:6).

Regel 9 – Der Torgewinn

9:1 Ein Tor ist erzielt, wenn der Ball in seinem vollen Umfang die Torlinie des Gegners innerhalb des Tores überschritten hat (Fig. 4) und dabei vom Werfer oder seinen Mitspielern kein Fehler begangen wurde. Begeht ein Verteidiger eine Regelwidrigkeit und geht trotzdem der Ball ins Tor, so ist Tor. Ein in das eigene Tor geworfener Ball ist immer Torgewinn für den Gegner. Es ist ebenfalls auf Tor zu entscheiden, wenn der Torwart beim Abspiel den Ball hinter die Torlinie innerhalb des Tores führt (Ausholbewegung zum Wurf) oder ihn hinter die Torlinie innerhalb des Tores fallen läßt (dies gilt aber nie beim Abwurf).

Kommentar

■ *Haben die Schiedsrichter oder der Zeitnehmer gepfiffen, bevor der Ball die Tor-*

linie innerhalb des Tores überschritten hat, darf nicht auf Tor entschieden werden. Wird einem Ball der Eintritt in das Tor durch einen am Spiel Nichtbeteiligten verwehrt (Funktionär, Zuschauer usw.), muß auf Tor entschieden werden – auch wenn der Ball die Torlinie innerhalb des Tores nicht überschritten hat –, falls die Schiedsrichter vom möglichen Torerfolg überzeugt sind.

Figur 4

9:2 Nach jedem Tor hat die Mannschaft den Anwurf, gegen die das Tor erzielt worden ist.

Kommentar

■ *Wenn die Schiedsrichter auf Tor entschieden haben, und der Anwurf ausgeführt worden ist, kann das Tor nicht annulliert werden.*

Wird am Ende einer Halbzeit (oder Verlängerung) ein Tor erzielt und vor dem Anwurf erfolgt der Schlußpfiff des Zeitnehmers, so ist dieses Tor anzuerkennen. Die Schiedsrichter haben den Sekretär und die Mannschaftsbetreuer darauf aufmerksam zu machen. Der Anwurf wird nicht mehr ausgeführt.

9:3 Die Mannschaft, die die meisten Tore erzielt hat, ist Sieger.

9:4 Ist die Zahl die gleiche, oder ist kein Tor erzielt worden, so endet das Spiel unentschieden.

Regel 10 – Der Einwurf

10:1 Auf Einwurf wird entschieden, wenn der Ball in seinem vollen Umfang die Seitenlinie überschritten hat (siehe jedoch 5:11).

10:2 Der Einwurf wird von der Mannschaft ausgeführt, deren Spieler den Ball vor dem Überschreiten der Seitenlinie nicht zuletzt berührt haben.

10:3 Der Einwurf ist an der Stelle auszuführen, an der der Ball die Seitenlinie überschritten hat.

Kommentar

■ *Wird der Einwurf von einer falschen Stelle ausgeführt, muß er von der richtigen Stelle wiederholt werden.*

10:4 Der Einwurf ist ohne Anpfiff (siehe jedoch 16:10) in Richtung Spielfeld auszuführen (16:1, 3, 5, 6, 8, 9). Der Werfer muß außerhalb der Seitenlinie stehen und darf weder Seitenlinie noch Spielfeld betreten, bis der Ball die Hand verlassen hat (Freiwurf). Niederlegen und Wiederaufnehmen oder Prellen und Wiederannehmen des Balles ist demselben Spieler nicht erlaubt (Freiwurf analog 13:2). Die Spieler der verteidigenden Mannschaft dürfen sich an der Torraumlinie aufstellen, auch wenn dabei der Abstand weniger als 3 m beträgt.

10:5 Der Einwurf kann beim Gegner nicht unmittelbar (Kommentar 4:4) zu einem Tor führen (Abwurf, 12:1b).

Regel 11 – Eckwurf

11:1 Auf Eckwurf wird entschieden, wenn der Ball vor dem Verlassen der Spielfläche über die Torlinie außerhalb des Tores einen Spieler der verteidigenden Mannschaft zuletzt berührt hat (siehe jedoch 5:11). Der Torwart im Torraum unterliegt nicht dieser Bestimmung (Abwurf 12:1a).

11:2 Der Eckwurf wird nach Anpfiff des Feldschiedsrichters (17:7) in beliebiger Richtung im Schnittpunkt der Torlinie mit der Seitenlinie auf der Seite des Tores ausgeführt, an der der Ball die Torlinie überschritten hat (Ausführung 16:1, 2, 5–9). Die Spieler der verteidigenden Mannschaft dürfen sich an der Torraumlinie aufstellen, auch wenn dabei der Abstand weniger als 3 m beträgt.

Kommentar

■ *Ein Fuß des Werfers muß im Schnittpunkt stehen, bis der Ball die Hand des Werfers verlassen hat (Freiwurf). Es ist jedoch erlaubt, den anderen Fuß wiederholt vom Boden anzuheben und wieder hinzusetzen,*

sowohl innerhalb als auch außerhalb des Spielfeldes.

11:3 Der Eckwurf kann unmittelbar (Kommentar 4:4) zu einem Tor führen.

Regel 12 – Der Abwurf

12:1 Auf Abwurf wird entschieden:
a) wenn der Ball von der angreifenden Mannschaft oder vom Torwart der verteidigenden Mannschaft, der sich innerhalb seines eigenen Torraumes befindet, über die Torlinie außerhalb des Tores gespielt worden ist (5:11);
b) wenn der Ball beim Anwurf (4:4), Einwurf (10:5) oder Abwurf (12:4) unmittelbar (Kommentar 4:4) in das gegnerische Tor gespielt worden ist.

12:2 Der Abwurf muß durch den Torwart aus dem Torraum über die Torraumlinie ausgeführt werden (Freiwurf); (Ausführung 16:1, 3, 6–8, 10).

Kommentar

■ *Der Abwurf gilt als ausgeführt, wenn der Ball von der Hand des Torwartes die Torraumlinie passiert hat.*
Versucht der Torwart den Abwurf außerhalb des Torraumes auszuführen, so ist er von den Schiedsrichtern zu korrigieren und muß nach Anpfiff den Abwurf aus dem Torraum innerhalb 3 Sekunden ausführen (Freiwurf).
Ausholen über die Torlinie, auch zwischen den Torpfosten ist erlaubt.

12:3 Der Abwurf kann beliebig ausgeführt werden.

12:4 Der Abwurf kann nicht unmittelbar (Kommentar 4:4) zu einem Tor führen (Abwurf, 12:1b).

12:5 Die Gegner dürfen beim Abwurf die Freiwurflinie weder berühren noch überschreiten (Freiwurf); (16:8).

Regel 13 – Der Freiwurf

13:1 Auf Freiwurf wird entschieden:
a) bei regelwidrigem Spielerein- und -austritt (3:1, 3, Kommentar 5, 6–7 erster Abschnitt; 8:14);

b) bei fehlerhaftem Anwurf (4 : 2, 3; 16 : 2, 5, 6, 8, Kommentar 9);

c) bei Fehlern beim Spielen des Balles (5 : 4, 8–10);

d) bei absichtlichem Spielen des Balles über die Seiten- oder Torlinie außerhalb des Tores (5 : 11);

e) bei Fehlern im Verhalten zum Gegner (6 : 4–9);

f) bei Fehlern der Feldspieler im Torraum (7 : 2 a, b; 4);

g) bei absichtlichem Spielen des Balles in den eigenen Torraum (7 : 7c);

h) bei Fehlern des Torwartes (8 : 5–10, 13; 12 : 2;16 : 10);

i) bei falschem Verhalten beim Einwurf (10 : 4; 16 : 4; 16 : 5, 6, 8, Kommentar 9, 10);

k) bei falschem Verhalten beim Eckwurf (Kommentar 11 : 2; 16 : 1, 2, 5, 6, 8; Kommentar 9);

l) bei falschem Verhalten der angreifenden Mannschaft beim Abwurf (12 : 5; 16 : 6, 8);

m) bei falschem Verhalten beim Freiwurf (13 : 2, 3; 16 : 4, 5, 6, 8, Kommentar 9, 10);

n) bei falschem Verhalten beim 7-m-Wurf (14 : 2, 3, 5 c; 16 : 2, 5, 6, 8);

o) bei falschem Verhalten beim Schiedsrichterwurf (15 : 3);

p) bei Spielunterbrechung (3 : 7, 4 : 8 zweiter Abschnitt; Kommentar 15 : 1);

q) bei unsportlichem Verhalten (17 : 13, 14 fünfter Abschnitt);

r) bei passivem Spiel (17 : 21).

13 : 2 Der Freiwurf erfolgt ohne Anpfiff der Schiedsrichter (siehe jedoch 16 : 10), an der Stelle, wo der Fehler begangen wurde (Ausführung 16 : 1, 3, 5–9). Liegt die Stelle bei einem Freiwurf der angreifenden Mannschaft zwischen Torraum- und Freiwurflinie, so ist dieser Freiwurf von der nächsten Stelle unmittelbar außerhalb der Freiwurflinie auszuführen.
Befindet sich der Freiwurfausführende mit dem Ball an der richtigen Stelle zur Ausführung bereit, ist kein Niederlegen und Wiederaufnehmen oder Prellen des Balles durch ihn erlaubt (Freiwurf, siehe auch 16 : 9).

13 : 3 Bei der Ausführung des Freiwurfs dürfen die Spieler der angreifenden Mannschaft die Freiwurflinie weder berühren noch überschreiten (Freiwurf).

Kommentar

■ *Befinden sich während der Ausführung des Freiwurfs Mitspieler des Werfers zwischen Torraum- und Freiwurflinie, müssen die Schiedsrichter diese fehlerhaften Stellungen korrigieren, falls sie Einfluß auf das Spiel haben. Alsdann pfeifen sie das Spiel an (13 : 2; 16 : 3).*

13 : 4 Bei der Ausführung des Freiwurfs an der Freiwurflinie dürfen sich die Spieler der verteidigenden Mannschaft an der Torraumlinie aufstellen.

13 : 5 Der Freiwurf kann unmittelbar (Kommentar 4 : 4) zu einem Tor führen.

13 : 6 Die Schiedsrichter dürfen bei Vergehen der verteidigenden Mannschaft nicht auf Freiwurf entscheiden, wenn dadurch die angreifende Mannschaft benachteiligt wird. Wird der Spieler der angreifenden Mannschaft durch eine Regelwidrigkeit derart benachteiligt, daß seine Mannschaft den Ball verliert, ist immer wenigstens auf Freiwurf zu entscheiden. Wenn trotz der Regelwidrigkeit der Spieler der angreifenden Mannschaft unter voller Ball- und Körperkontrolle bleibt, darf nicht auf Freiwurf entschieden werden.

Regel 14 – Der 7-m-Wurf

14 : 1 Auf 7-m-Wurf wird entschieden:

a) bei groben Verstößen im Verhalten zum Gegner innerhalb der eigenen Hälfte der Spielfläche (6 : 4–10);

b) bei regelwidrigem Vereiteln einer klaren Torgelegenheit auf dem ganzen Spielfeld (3 : 3, 6, 7; 6 : 4, 5, 7–10);

c) bei absichtlichem Betreten des eigenen Torraums zum deutlichen Zwecke der Abwehr (7 : 2c);

d) bei absichtlichem Spielen des Balles an den eigenen in seinem Torraum sich befindenden Torwart (7 : 7b);

e) beim Hereinholen des Balles in den Torraum durch den Torwart (8 : 11, 12);

f) beim Vereiteln einer klaren Torgelegenheit durch den Torwart auf der gegnerischen Hälfte der Spielfläche (8 : 13);

g) bei falschem Torwartwechsel (8 : 14).

14 : 2 Bei der Ausführung des 7-m-Wurfes darf der Werfer die 7-m-Linie weder berühren noch überschreiten (Freiwurf); (Ausführung 16 : 1, 2, 5, 6, 8, 9).

Kommentar

■ *Zurufe vom Gegner sind in keiner Art und Weise erlaubt. Verwarnung, eventuell Hinausstellung, Ausschluß (17 : 14, 16, 20) für Feldspieler und Torwart sowie Disqualifikation für Auswechsel- und hinausgestellte Spieler und Offizielle (17 : 18). Wird ein Torerfolg durch solche Zurufe verhindert, erfolgt eine Wiederholung des 7-m-Wurfes. Falls ein hinausgestellter Spieler das Spielfeld betritt und den 7-m-Wurf ausführt, muß der Wurf wiederholt werden. Der nicht berechtigte Werfer ist zu disqualifizieren (17 : 18).*

14 : 3 Der 7-m-Wurf ist nur als Torwurf auszuführen (Freiwurf).

14 : 4 Bei der Ausführung des 7-m-Wurfs dürfen sich außer dem Werfer keine Spieler zwischen der Torraum- und Freiwurflinie befinden.

14 : 5 Berührt oder überschreitet ein Spieler der angreifenden Mannschaft die Freiwurflinie, bevor der Ball die Hand des Werfers verlassen hat, wird wie folgt entschieden:

a) Wiederholung des 7-m-Wurfs, wenn der Ball ins Tor gelangt;

b) Abwurf, wenn der Ball am Tor vorbeigeht;

c) Freiwurf für die verteidigende Mannschaft, wenn der Ball vom Torwart, von den Torpfosten oder von der Latte in das Spielfeld zurückgelangt;

d) Abspiel, wenn der Ball vom Torwart gehalten wird oder im Torraum bleibt.

14 : 6 Berührt oder überschreitet ein Spieler der verteidigenden Mannschaft die Freiwurflinie, bevor der Ball die Hand des Werfers verlassen hat, wird wie folgt entschieden:

a) Tor, wenn der Ball ins Tor gelangt;

b) Wiederholung des 7-m-Wurfs in allen anderen Fällen.

14 : 7 Der Torwart darf sich beim 7-m-Wurf frei bewegen. Er muß jedoch mindestens 3 m vom Werfer entfernt sein, das heißt, er darf die im Torraum gezogene Linie (1 : 3) oder

ihre Verlängerung nicht betreten, überschreiten oder in der Luft überspringen, bis der Ball die Hand des Werfers verlassen hat. Bei falschem Verhalten des Torwartes wird der 7-m-Wurf wiederholt, sofern kein Tor erzielt worden ist.

14:8 Die Schiedsrichter dürfen bei Vergehen der verteidigenden Mannschaft nicht auf 7-m-Wurf entscheiden, wenn dadurch die angreifende Mannschaft benachteiligt wird. Wird eine klare Torgelegenheit durch eine Regelwidrigkeit derart verringert, daß kein Tor erzielt wird, ist immer wenigstens auf 7-m-Wurf zu entscheiden.
Wenn trotz der Regelwidrigkeit der Spieler der angreifenden Mannschaft unter voller Ball- und Körperkontrolle bleibt, darf nicht auf 7-m-Wurf entschieden werden.

Regel 15 – Der Schiedsrichterwurf

15:1 Auf Schiedsrichterwurf wird entschieden:
a) wenn Spieler beider Mannschaften auf dem Spielfeld gleichzeitig einen Fehler begehen;
b) wenn der Ball die Decke oder festgemachte Geräte über der Spielfläche berührt;
c) wenn das Spiel unterbrochen wird, ohne daß ein Regelverstoß vorliegt und keine Mannschaft im Ballbesitz ist (4:8 vierter Abschnitt); (6:11);
d) wenn die erste Halbzeit zu früh abgepfiffen worden ist und die Spieler bereits die Spielfläche verlassen haben (4:8 fünfter Abschnitt).

Kommentar

■ *Wird das Spiel, ohne daß ein Regelverstoß vorliegt, unterbrochen und ist eine der Mannschaften im Ballbesitz, wird das Spiel an der Stelle, an der sich der Ball bei der Unterbrechung befand, mit Freiwurf nach Anpfiff von der ballbesitzenden Mannschaft wieder aufgenommen (13:2–5; 16:1, 4–9).*

15:2 Der Feldschiedsrichter (17:7) wirft ohne Anpfiff (siehe jedoch 4:8) den Ball senkrecht an der Stelle auf den Boden, an der sich der Ball im Augenblick der Spielunterbrechung befand. Liegt diese Stelle zwischen Torraum- und Freiwurflinie, wird der Schiedsrichterwurf von der nächsten Stelle unmittelbar außerhalb der Freiwurflinie ausgeführt.

15:3 Bei der Ausführung des Schiedsrichterwurfs müssen alle Spieler mindestens 3 m vom werfenden Schiedsrichter entfernt sein, bis der Ball den Boden berührt hat (Freiwurf).

Regel 16 – Die Ausführung der Würfe

16:1 Vor der Ausführung aller Würfe muß der Ball in der Hand des Werfers ruhen und alle Spieler müssen die der betreffenden Regel entsprechende Stellung eingenommen haben (siehe jedoch 16:8).

Kommentar

■ *Nur der Werfer darf während der Ausführung des Wurfes den Ball berühren (Fehler müssen von den Schiedsrichtern korrigiert werden).*

16:2 An-, Eck- und 7-m-Wurf sind nach Anpfiff des Feldschiedsrichters (17:7) in beliebiger Richtung (ausgenommen 7-m-Wurf, 14:3) innerhalb von 3 Sekunden auszuführen, und kein Niederlegen und Wiederaufnehmen oder Prellen des Balles ist erlaubt (siehe auch 16:9); Freiwurf 4:2; 11:2; 14:2).

16:3 Ein-, Ab- und Freiwurf sind grundsätzlich ohne Anpfiff der Schiedsrichter auszuführen (10:3, 4; 12:2, 3; 13:2). Werden diese Würfe ausgeführt, bevor alle Spieler die den Regeln entsprechenden Stellungen eingenommen haben, und wird dadurch das Spiel beeinflußt, müssen die Schiedsrichter die falschen Stellungen korrigieren und danach das Spiel anpfeifen (16:10).

16:4 Bei Wiederaufnahme des Spiels nach Spielzeitunterbrechung laut Kommentar 4:6, bei Schiedsrichterwurf nach Spielzeitunterbrechung, nach Verwarnung, Hinausstellung (17:13, 14, 16), Disqualifikation (17:18), Ausschluß (17:20) oder nach Zurechtweisung

eines Spielers muß das Spiel wieder angepfiffen werden.

16:5 Bei der Ausführung des An-, Ein-, Eck-, Frei- und 7-m-Wurfs muß ein Teil eines Fußes ununterbrochen am Boden bleiben (Freiwurf). Es ist jedoch erlaubt, den anderen Fuß wiederholt vom Boden abzuheben und wieder hinzuzusetzen (4:2; 10:4; 11:2; 13:2; 14:2).

16:6 Nach An-, Ein-, Eck-, Ab- und Freiwurf darf der Werfer den Ball erst wieder berühren, nachdem dieser einen anderen Spieler, Torpfosten oder Latte berührt hat (Freiwurf).
Beim 7-m-Wurf darf der Ball erst wieder gespielt werden, wenn er Torwart, Torpfosten oder Latte berührt hat (14:3) (Freiwurf).

16:7 Beim Eck-, Ab- und Freiwurf ist das Ausholen über die Grenze der Spielfläche erlaubt, solange der Werfer auf der Spielfläche steht (11:2; 12:2; 3; 13:2).

16:8 Jeder Gegner hat sich bis zur Ausführung aller Würfe mindestens 3 m vom werfenden Spieler (bei Abwurf 3 m von der Torraumlinie) aufzuhalten (Freiwurf); (siehe jedoch 10:4; 11:2; 13:4).
Eine falsche Ausgangsstellung des Gegners darf von den Schiedsrichtern nicht korrigiert werden, wenn der werfenden Mannschaft bei sofortiger Ausführung ein Vorteil erwächst. Trifft diese Bedingung nicht zu, ist die falsche Ausgangsstellung zu berichtigen.
Wenn der Gegner durch Zunahestehen oder sonstige Regelwidrigkeiten die Ausführung eines Wurfs verzögert, ist er zu verwarnen und im Wiederholungsfalle mit Hinausstellung oder Ausschluß zu bestrafen (17:13, 14, 20).

Kommentar

■ *Pfeifen die Schiedsrichter die Ausführung trotz falscher Aufstellung eines Gegners an, so ist der in der falschen Ausgangsstellung befindliche Spieler voll aktionsfähig und darf nachträglich nicht bestraft werden.*

16:9 Grundsätzlich gelten alle Würfe als ausgeführt, wenn der Ball die Hand des Werfers verlassen hat (siehe jedoch Kommentar 12:2).

Kommentar

- *Bei der Ausführung aller Würfe muß der Ball vom Ausführenden geworfen werden und darf nicht einem Mitspieler übergeben werden (Freiwurf).*

16:10 Bei Verzögerung in der Ausführung des Abspiels, des Ein-, Ab- oder Freiwurfs müssen die Schiedsrichter den Wurf anpfeifen, worauf der Ball innerhalb von 3 Sekunden zu spielen ist (Freiwurf).

Regel 17 – Die Schiedsrichter, der Sekretär und der Zeitnehmer

17:1 Jedes Spiel wird von zwei gleichberechtigten Schiedsrichtern geleitet, denen ein Sekretär und ein Zeitnehmer als Gehilfen zur Seite stehen.
Im Bereich des DHB können Spiele im notwendigen Fall von einem Schiedsrichter geleitet werden.

17:2 Die Aufsicht über das Verhalten der Spieler beginnt für die Schiedsrichter mit ihrem Betreten und endet mit ihrem Verlassen der Wettkampfstätte (17:15).

17:3 Die Schiedsrichter prüfen vor dem Spiel den Zustand der Spielfläche.

17:4 Grundsätzlich muß das Spiel von denselben Schiedsrichtern geleitet werden. Sie wachen über die Innehaltung der Spielregeln, und beide haben die Pflicht und das Recht, Regelverstöße zu pfeifen.

17:5 Das Losen wird von einem der Schiedsrichter vor Beginn des Spiels in Gegenwart des anderen Schiedsrichters und der beiden Mannschaftsführer vorgenommen. Die gewinnende Mannschaft wählt Seite oder Anwurf.

17:6 Ein Schiedsrichter plaziert sich bei Spielanfang als Feldschiedsrichter in der Hälfte des Spielfeldes, in der sich die anwerfende Mannschaft befindet. Er eröffnet das Spiel mit einem Anpfiff.
Wenn nach Beginn des Spiels die nichtanwerfende Mannschaft in Ballbesitz gelangt, wird

er Torschiedsrichter an der Torlinie in seiner Spielfeldhälfte.
Der andere Schiedsrichter beginnt als Torschiedsrichter an der anderen Torlinie und wird Feldschiedsrichter, wenn die Mannschaft seiner Spielfeldhälfte angreifende Mannschaft wird. Während des Spiels müssen die Schiedsrichter die Seiten wechseln.

17:7 Der Feldschiedsrichter überwacht das Spielgeschehen im Spielfeld und hält sich möglichst in der Nähe des Balles auf.
Grundsätzlich hat er zu pfeifen:
a) Spielbeginn;
b) Regelverstöße (siehe jedoch 13:6 und 14:8);
c) Überschreiten der Seitenlinie durch den Ball auf seiner Seite (10:1);
d) Ausführung des An-, Eck- und 7-m-Wurfs sowie Ausführung des Abspiels, des Ab-, Ein-, Frei- (16:10) und Schiedsrichterwurfs nach Spielzeitunterbrechung;
e) unsportliches Spiel (17:13);
f) unsportliches Verhalten gegenüber Schiedsrichtern, Funktionären, Offiziellen und Spielern (17:14).
Der Feldschiedsrichter führt den Schiedsrichterwurf aus.

17:8 Der Torschiedsrichter hat grundsätzlich zu pfeifen:
a) Betreten des Torraumes von Feldspielern beider Mannschaften (7:2);
b) Torgewinn (9:1);
c) Überschreiten der Seitenlinie durch den Ball auf seiner Seite (10:1);
d) Überschreiten der Torlinie außerhalb des Tores durch den Ball (11:1); (12:1a).

17:9 Wenn beide Schiedsrichter bei einem Regelverstoß gegen dieselbe Mannschaft pfeifen und gegensätzlicher Auffassung über die Bestrafung sind, gilt immer die strengere Strafe.

17:10 Wenn beide Schiedsrichter bei einem Regelverstoß pfeifen, aber gegensätzlicher Auffassung über die zu bestrafende Mannschaft sind, gilt immer der Entscheid des Feldschiedsrichters.

17:11 Beide Schiedsrichter sind für das Zählen der Tore verantwortlich. Außerdem notieren sie Verwarnungen, Hinausstellungen, Disqualifikationen und Ausschlüsse.

Kommentar

- *Die Schiedsrichter sollten nur eine Verwarnung je Spieler geben.*

17:12 Beide Schiedsrichter haben das Recht, das Spiel zu unterbrechen und abzubrechen. Ihre Tatsachenentscheidungen auf Grund ihrer Beobachtungen sind unanfechtbar. Gegen Entscheidungen, die im Widerspruch zu den Regeln stehen, darf Einspruch erhoben werden.
Nur der Mannschaftsführer hat das Recht, Einspruch gegen Entscheidungen der Schiedsrichter zu erheben.

17:13 Bei unsportlichem Spiel und bei absichtlich wiederholten Regelwidrigkeiten müssen die Schiedsrichter auf Freiwurf beziehungsweise 7-m-Wurf entscheiden und den schuldigen Spieler gleichzeitig auch verwarnen.
Im Wiederholungsfall ist der Spieler hinauszustellen (17:16) oder auszuschließen (17:20).
Bei groben Vergehen braucht der Hinausstellung oder dem Ausschluß keine Verwarnung vorauszugehen.

Kommentar

- *Wenn ein Spieler oder ein Offizieller verwarnt wird, müssen die Schiedsrichter deutlich sichtbar die »gelbe Karte« zeigen. Die »gelbe Karte« besteht aus einem leichten Karton und sollte ein Format von etwa 6 × 11 cm haben.*

Nur gültig für den Bereich des DHB:
*Wenn ein Spieler ausgeschlossen wird, müssen die Schiedsrichter **deutlich sichtbar** die »rote Karte« zeigen. (Qualität und Format wie »Gelbe Karte«). Eine Mitteilung gemäß Regel 17:20 Abs. 3 entfällt.*

17:14 Bei unsportlichem Verhalten müssen die Schiedsrichter den schuldigen Spieler auf der Spielfläche oder außerhalb derselben verwarnen (17:13).
Im Wiederholungsfall ist der sich auf der Spielfläche befindende Spieler hinauszustellen (17:16) oder auszuschließen (17:20), während der sich außerhalb der Spielfläche

befindende Spieler zu disqualifizieren (17:18) ist.

Die Schiedsrichter haben ebenfalls das Recht, einen Offiziellen, der sich auf der Auswechselbank oder im Auswechselraum befindet, zu verwarnen und im Wiederholungsfalle zu disqualifizieren (17:18).

Bei schweren Vergehen, das heißt, unsportlichen Handlungen, die den Spielfluß hemmen, braucht der Hinausstellung (17:16), der Disqualifikation (17:18) oder dem Ausschluß (17:20) keine Verwarnung vorauszugehen. Wird das Spiel auf Grund unsportlichen Verhaltens unterbrochen, so ist es mit Freiwurf nach Anpfiff von der nicht fehlbaren Mannschaft an der Stelle, wo sich der Ball bei der Spielunterbrechung befand, wieder aufzunehmen.

Bei unsportlichem Verhalten während der Zeitspanne einer Spielunterbrechung ist das Spiel mit dem Wurf, der dem Grund der Unterbrechung entspricht, wieder aufzunehmen.

17:15 Unsportliches Verhalten der Spieler oder der Offiziellen auf der Wettkampfstätte gegenüber den Schiedsrichtern ist wie folgt zu bestrafen:
  a) vor dem Spiel: Verwarnung (17:13) oder Disqualifikation (17:18). (Die Mannschaft darf jedoch mit 12 Spielern das Spiel beginnen);
  b) während der Pause: Verwarnung (17:13) oder Disqualifikation (17:18);
  c) nach dem Spiel: schriftliche Meldung.

17:16 Die erste und zweite Hinausstellung erfolgen für 2 Minuten, und der hinausgestellte Spieler darf während der Hinausstellungszeit nicht ersetzt werden.
Die dritte Hinausstellung erfolgt für 2 Minuten und der Spieler ist zu disqualifizieren (17:18). Die Mannschaft darf bis zum Ablauf der Hinausstellungszeit nicht ergänzt werden. Ist die Hinausstellungszeit bei Schluß der ersten Halbzeit nicht beendet, hat der hinausgestellte Spieler den Rest der Hinausstellungszeit vom Beginn der zweiten Halbzeit an nachzuholen. Bei Spielverlängerungen (4:9) muß der Rest der Hinausstellungszeit ebenfalls nachgeholt werden.
Hinausgestellte Spieler müssen während der

Zeit der Hinausstellung auf der Auswechselbank bleiben.
Die Hinausstellungszeit ist dem fehlbaren Spieler und dem Zeitnehmer durch Hochhalten eines gestreckten Armes mit zwei erhobenen Fingern deutlich anzuzeigen. Die Hinausstellungszeit beginnt beim Wiederanpfiff des Spiels.

17:17 Der Zeitnehmer gibt das Ende der Hinausstellungszeit dem Mannschaftsbetreuer bekannt.

17:18 Die Disqualifikation eines Spielers sowie eines Offiziellen gilt immer für den Rest der Spielzeit, und Spieler wie Offizieller müssen sowohl Spielfläche als auch Auswechselraum verlassen.
Bei einer Disqualifikation wird die Mannschaft um einen Spieler reduziert, es ist aber erlaubt, auf der Spielfläche mit derselben Anzahl von Spielern wie vor der Disqualifikation weiterzuspielen, ausgenommen der Fall, wo der Spieler laut 17:16 für die dritte Hinausstellung disqualifiziert worden ist.
Die Disqualifikation muß dem fehlbaren Spieler, seinem Mannschaftsbetreuer und dem Sekretär direkt mitgeteilt werden.

17:19 Wird der Torwart hinausgestellt oder ausgeschlossen, so ist es erlaubt, den Auswechseltorwart einzusetzen, wobei gleichzeitig ein Feldspieler die Spielfläche verlassen muß.

17:20 Der Ausschluß gilt immer für den Rest der Spielzeit. Der ausgeschlossene Spieler darf nicht ersetzt werden und muß den Auswechselraum verlassen.
Bei groben Vergehen braucht dem Ausschluß keine Hinausstellung vorauszugehen.
Der Ausschluß muß dem fehlbaren Spieler, seinem Mannschaftsbetreuer und dem Sekretär direkt mitgeteilt werden.

17:21 Bei passivem Spiel, bei dem jeglicher Versuch zum Torwurf zu gelangen unterlassen wird, erfolgt Freiwurf von der Stelle, wo sich der Ball bei der Spielunterbrechung befindet (13:1r).

Kommentar

■ *Das passive Spiel ist ein unsportliches Spielverhalten, bei dem die ballbesitzende Mannschaft versucht, unter Verzicht auf*

Torerfolg möglichst lange in Ballbesitz zu bleiben.
Erkennbar ist das passive Spiel am vielfachen Zuspiel mit mehreren Laufbewegungen vor der verteidigenden Mannschaft ohne Versuch des individuellen Durchbruchs, Torwurfs oder Zuspiels in Richtung Torkreiszone, sowie ohne Verwirklichung klarer Torchancen.

17:22 Spielverzögerung ist als unsportliches Verhalten zu bestrafen (17:14).

17:23 Die schwarze Spielkleidung ist den Schiedsrichtern vorbehalten.

17:24 Der Sekretär kontrolliert die Spielerliste (nur die bei Spielbeginn eingetragenen Spieler sind spielberechtigt) und mit dem Zeitnehmer das Eintreten der Spieler. Er führt weiterhin das Spielprotokoll mit den dazu erforderlichen Angaben (Zeit, Tore, Verwarnungen, Hinausstellungen, Disqualifikationen, Ausschlüsse).

17:25 Der Zeitnehmer kontrolliert:
  a) die ordnungsgemäße Besetzung der Auswechselräume (3:1 dritter Abschnitt);
  b) die Zeit (das Anhalten und Weiterlaufen der Uhr veranlassen die Schiedsrichter; siehe jedoch 4:6 und Kommentar);
  c) das Ein- und Austreten der Auswechselspieler;
  d) die Zeit der hinausgestellten Spieler;
  e) mit dem Sekretär das Eintreten der Spieler.

Bei Halbzeit und Spielende schließt der Zeitnehmer mit einem deutlichen Signal das Spiel (siehe jedoch 4:6–8). Auf nationaler Ebene ist es erlaubt, die Aufgaben von Sekretär und Zeitnehmer zu vereinigen.

Ausführungsbestimmungen für das 7-m-Werfen

Muß bei Entscheidungsspielen der Sieger nach den Bestimmungen des § 18 Ziffer 2 der DHB-Spielordnung ermittelt werden, ist wie nachstehend aufgeführt zu verfahren.
Jede Mannschaft benennt 5 Spieler, die im Wechsel mit dem Gegner je einen Wurf ausführen. Die Torwarte können ausgewech-

selt werden, die für die Würfe benannten Spieler nicht.

Durch Los wird bestimmt, welche Mannschaft mit den Würfen beginnt. Ist auch hierdurch keine Entscheidung herbeigeführt, wird das 7-m-Werfen in der Weise wiederholt, daß die Spieler der Mannschaften abwechselnd einen Wurf ausführen, bis eine Mannschaft nach einem Wurfwechsel mit einem Tor führt.

Erläuterungen:

a) Die benannten Spieler der Mannschaften führen im ersten Durchgang die einzelnen 7-m-Würfe abwechselnd aus.

b) Wird nach unentschiedenem Verlauf des ersten Durchgangs ein weiteres 7-m-Werfen bis zur Entscheidung erforderlich, bedarf es keiner weiteren Nominierung von Werfern, da sich hierbei unter Umständen sämtliche Feldspieler (bis zur Entscheidung) beteiligen müssen. Jeder Spieler darf zunächst nur einen Wurf ausführen. Zum zweiten 7-m-Wurf im zweiten Durchgang darf ein Spieler erst wieder antreten, wenn sämtliche Mitspieler bereits geworfen haben. (Beispiel: Mannschaft A hat acht Feldspieler, Mannschaft B neun Feldspieler zur Verfügung. Der jeweilige Zweitschütze darf bei Mannschaft A den neunten, bei Mannschaft B den zehnten Wurf ausführen.) Die Reihenfolge der Werfer ist den Mannschaften freigestellt.

c) Ausgeschlossen vom 7-m-Werfen sind die Torwarte (Nr. 1 und 12) sowie ausgeschlossene oder disqualifizierte Spieler.

d) Schwere Vergehen während der Zeit des 7-m-Werfens sind in allen Fällen durch Disqualifikation zu ahnden. Bei der Disqualifikation eines Werfers während des ersten Durchgangs darf ein Ersatzwerfer benannt werden.

e) Die Schiedsrichter bestimmen das Tor, auf das geworfen wird.

f) Während des 7-m-Werfens halten sich die übrigen Werfer und nicht beteiligte Spieler im Auswechselraum auf.

g) Ein Ergänzen der Mannschaft gemäß Regel 3 : 2, 3 ist nur bis zum Ende der Spielzeit einschließlich Verlängerungen möglich.

188

Die einheitlichen Handzeichen

Umklammern und festhalten

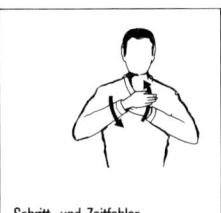
Schritt- und Zeitfehler

Fang-, Prell- und Schrittfehler

Im DHB-Bereich:
Verwarnung = gelbe Karte
Ausschluß = rote Karte

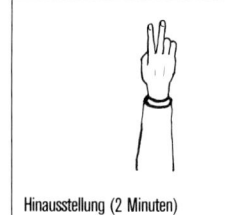
Hinausstellung (2 Minuten)

Ausschluß und Disqualifikation

Abwurf aus dem Torraum

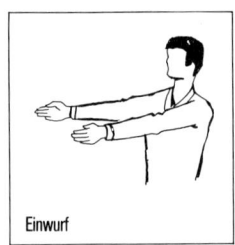
Einwurf

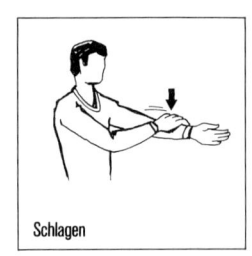
Schlagen

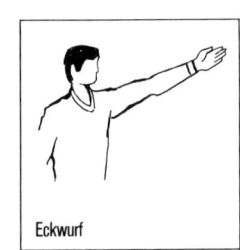
Eckwurf

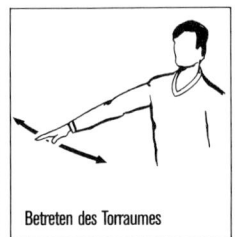
Betreten des Torraumes

Nichtbeachten des drei-Meter-Abstandes

Torgewinn (Feldschiedsrichter)

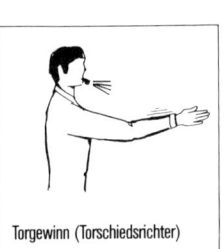
Torgewinn (Torschiedsrichter)

Freiwurf – Ausführungsort

Spielzeitunterbrechung

Passives Spiel

Stoßen, anrennen, anspringen – Stürmerfoul

Zeichenerklärung

Spieler

△ = Angriffsspieler

◬ = Angriffsspieler mit Ball

○ = Abwehrspieler/Torwart

③ Ⓑ = Numerierung der Spieler

R = Rechtshänder

L = Linkshänder

Ballwege

• = Ball

------→ = Ballweg

-----v-→ = Ballweg als Aufsetzer

◄------→ = Ballweg hin und zurück

⟹ = Torwurf

⟹ = Torwurffinte

Laufwege

△——→ = Angriffsspieler

◬——→ = Angriffsspieler mit Ball

▷〜→ = Ballführen

▷〜∧→ = Sprungwurf

▷→[△[○ = Sperre

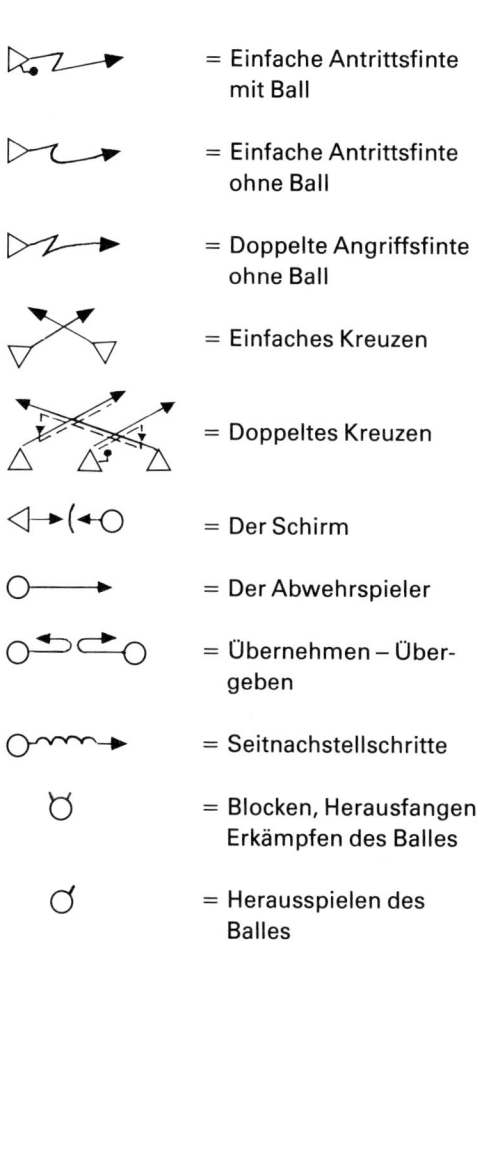

= Einfache Antrittsfinte mit Ball

= Einfache Antrittsfinte ohne Ball

= Doppelte Angriffsfinte ohne Ball

= Einfaches Kreuzen

= Doppeltes Kreuzen

= Der Schirm

= Der Abwehrspieler

= Übernehmen – Übergeben

= Seitnachstellschritte

= Blocken, Herausfangen, Erkämpfen des Balles

= Herausspielen des Balles

Literaturverzeichnis

Deutscher Handball-Bund e.V.: Internationale Hallenhandballregeln

Fischer, G. und Mitarbeiter: Handball in der Schule, Schriftenreihe des BHV 1977

Kuchenbecker, B. (Redaktion): Hallenhandball-Abwehrsysteme in DSB-Trainerbibliothek Band 11, Verlag Bartels & Wernitz 1974

Kunst-Ghermanescu, I.: Curs de handbal, Editura Didactica si Pedagogica, Bukarest 1963

Kunst-Ghermanescu, I.: Handbalul in 7. Editura UCFS 1963, Bukarest

Kunst-Ghermanescu, I.: Handbalul in 7. Editura UCFS 1966, Bukarest

Kunst-Ghermanescu, I.: Handbal, Tehnica si tactic jocului, Editura Sport-Turism, Bukarest 1978

Mras, J./Schädlich, G.: Hallenhandball, Teil 1: Zum Angriffsverhalten, 2. Auflage 1976; Teil 2: Zum Abwehrverhalten, 1977, Verlag Bartels & Wernitz

Singer, E.: Hallenhandball, Queck Verlag, Stuttgart

Stein, H.-G./Federhoff, E.: Handball, Sportverlag, Berlin 1975

Teodorescu, L./Predescu, A.: Probleme de antrenament in jocurile sportive, Editura UCFS 1962, Bukarest

Vick, W./Busch, H./Fischer, G./Koch, R.: Schulung des Hallenhandballs

Mehr Freude am Sport durch BLV

BLV Sporthandbuch
Alexander Popescu

Schwimmen

Technik – Methodik – Training

Dieses BLV Sporthandbuch widmet sich der Technik, Methodik und dem Training des Schwimmens. Das umfassende Lehr- und Nachschlagewerk behandelt die Sportart Schwimmen praxisnah und doch wissenschaftlich fundiert. Neben der Beschreibung werden die verschiedenen Schwimmtechniken durch Fotos, Bildserien und Skizzen demonstriert.

190 Seiten, 54 Farbfotos, 439 Schwarzweißfotos, 2 farbige Pläne, 76 Zeichnungen

BLV Sporthandbuch
Hartmut Baumann

Turnen

in Freizeit, Schule und Verein

Modernes Turnen hat Dynamik und ist vielseitig. Das zeigt das neue BLV Sporthandbuch überzeugend. In übersichtlicher Form bringt es – methodisch optimal aufbereitet – eine vollständige Zusammenfassung aller wichtigen Turnübungen der Grundstufe und wendet sich damit an Turner, Trainer, Lehrer, Sportlehrer und Übungsleiter. Neu bei Turnlehrbüchern ist die Systematik des Lernprozesses, die der Autor – aufgrund seiner reichen Erfahrung als Trainer und Ausbilder – einführte. Er ordnet nicht nach den »Geräten«, sondern nach der Verwandtschaft der Bewegungen an einzelnen Geräten.

190 Seiten, 198 Schwarzweißfotos, 242 Bildserien, 96 Zeichnungen

BLV Sporthandbuch
Ekkehart Ulmrich

Skisport

Praxis und Theorie der Ausbildung

Jeder, der eine Skilehrerlizenz erworben hat, ist als Lehrer ein Anfänger. Wer die Berufung zum Skilehrer ernst nimmt, muß sich ständig weiterbilden – in Theorie und Praxis. Ziel dieses Handbuches für die Skiausbildung ist es, dem Skiübungsleiter, Skilehrer und Trainer von Anfang an jenes Wissen zu vermitteln, das er für seine Lehrtätigkeit braucht. Das Buch gehört deshalb zum Handwerkszeug eines jeden Skilehrers.

215 Seiten, 79 Schwarzweißfotos, 12 Zeichnungen, 61 Übersichten, 11 Schemen

BLV Verlagsgesellschaft
München Wien Zürich

Mehr Freude am Sport durch BLV

BLV Sporthandbuch
Sigurd Baumann
Sportspiele
Technik – Methodik – Regeln

In diesem Band werden alle interessanten, bekannten und für den Sportunterricht wichtigen Sportspiele vorgestellt. Neben der genauen Beschreibung der Lernziele, Organisation, Spielregeln und Technik werden vor allem die vorbereitenden Spiele, die Übungsreihen und spieltaktischen Übungsformen behandelt. Umfangreiches Bildmaterial komplettiert den Band zum umfassenden und unentbehrlichen Werk für alle Übungsleiter, Sportstudenten, Sportlehrer, Trainer und Vereinssportler. Aus dem Inhalt: Staffeln – Wettwanderspiele – Kleine Sportspiele: Ballspiele, Laufspiele, Kraft- und Gewandtheitsspiele – Große Sportspiele: Hallenhandball, Basketball, Volleyball, Fußball – Taktik und Spiel.
215 Seiten, 692 Schwarzweißfotos, 68 Bildserien, 269 Zeichnungen

BLV Sporthandbuch
Sigurd Baumann/Klaus Zieschang
Praxis des Sports

Dieses Lehr- und Nachschlagewerk vermittelt das wichtigste sportfachliche Wissen. Dem Übungsleiter und Sportlehrer gibt das Buch einen Überblick über die theoretischen Grundlagen des Sportunterrichts. Auch alle Bereiche des Freizeitsports werden ausführlich dargestellt. Die einzelnen Lernschritte und Lehrhilfen werden detailliert und systematisch aufgeführt und in Fotos, Grafiken und Bildserien gezeigt. Aus dem Inhalt: Grundlagen des sportlichen Trainings – Gymnastik – Unfallverhütung – Geräteturnen – Kleine Spiele und Staffeln – Leichtathletik – Ballspiele – Schwimmen.
240 Seiten, 408 Schwarzweißfotos, 36 Bildserien, 205 Zeichnungen

BLV Verlagsgesellschaft
München Wien Zürich